基本練習問題１　仕訳(1)

1 次の取引の仕訳を示しなさい。

a．月末における素材の棚卸高は次のとおりであった。よって，素材勘定を修正した。
　　帳簿棚卸高　610 個　@ ¥2,000　　実地棚卸高　605 個　@ ¥2,000

b．当月の素材の消費高について，次の資料を得たので，予定価格による消費高と実際価格による消費高との差額を材料消費価格差異勘定に振り替えた。ただし，消費材料勘定を設けている。
　　実際消費数量　800kg　　予定価格　@ ¥1,250　　実際価格　@ ¥1,300

c．個別原価計算を採用している北海道製作所では，製造指図書＃3の製造過程から作業くずが発生し，これを¥6,000と評価して製造指図書＃3の製造原価から差し引いた。

d．事業主負担分の健康保険料¥95,000と従業員から預かっている健康保険料¥95,000をともに現金で支払った。

e．個別原価計算を採用している青森工業株式会社は，当月分の外注加工賃の消費高を計上した。ただし，外注加工賃の当月支払高は¥380,000　前月未払高は¥40,000　当月未払高は¥30,000であった。なお，外注加工賃は製造指図書＃5のために消費したものである。

f．個別原価計算を採用している岩手製作所では，製造指図書＃8の製品全部が仕損じとなり，新たに製造指図書を発行して，代品を製造することにした。ただし，製造指図書＃8に集計された製造原価は¥160,000であり，仕損品の評価額は¥20,000である。

g．個別原価計算を採用している宮城製作所は，補助部門費を次の配賦基準によって各製造部門に配賦した。ただし，部門費配分表に集計された補助部門費は動力部門費¥300,000　修繕部門費¥245,000であった。

	配　賦　基　準	第1製造部門	第2製造部門
動力部門費	kW 数×運転時間数	20kW × 400 時間	10kW × 450 時間
修繕部門費	修　繕　回　数	6 回	8 回

h．会計期末にあたり，製造間接費配賦差異勘定の残高を売上原価勘定に振り替えた。なお，製造間接費配賦差異勘定の前月繰越高は¥92,000（借方）であり，当月の製造間接費の予定配賦額¥1,483,000と実際発生額¥1,497,000との差額は製造間接費配賦差異勘定に振り替えられている。

	借　　方	貸　　方
a		
b		
c		
d		
e		
f		
g		
h		

基本練習問題１　仕訳(2)

2 次の取引の仕訳を示しなさい。

a．単純総合原価計算を採用している秋田製作所は，月末に工場の従業員に対する賞与の月割額を計上した。ただし，賞与の支払予定額は￥2,850,000（半年分）である。

b．等級別総合原価計算を採用している山形工業株式会社において，1級製品2,500個と2級製品4,000個が完成した。ただし，この完成品の総合原価は￥3,150,000であり，等価係数は次の各製品1個あたりの重量を基準としている。

1 級 製 品　300 g　　　2 級 製 品　150 g

c．組別総合原価計算を採用している福島製作所は，組間接費￥850,000を機械運転時間を基準にA組とB組に配賦した。なお，当月の機械運転時間はA組900時間　B組800時間であった。

d．工程別総合原価計算を採用している茨城工業株式会社は，月末に工程別総合原価計算表を作成し，各工程の完成品原価を次のとおり計上した。ただし，第1工程の完成品原価はすべて第2工程仕掛品勘定に振り替えている。

第 1 工 程　￥1,820,000　　　第 2 工 程（最終工程）￥2,970,000

e．単純総合原価計算を採用している栃木製作所で，製品の完成とともに副産物が発生した。ただし，総合原価は￥890,000であり，そのうち副産物の評価額は￥35,000であった。

f．等級別総合原価計算を採用している群馬製作所の1月分の製品の販売に関する資料は，次のとおりであった。よって，売上高および売上原価を計上する。

	1級製品	2級製品
売　上　高(掛け)	￥700,000	￥900,000
売上製品製造原価	￥525,000	￥675,000

g．工場会計が独立している埼玉製造株式会社の本社は，決算にさいし，建物の減価償却費￥720,000を計上した。ただし，このうち￥430,000は工場の建物に対するものである。なお，建物減価償却累計額勘定は本社のみに設けてある。（本社の仕訳）

	借　　　方	貸　　　方
a		
b		
c		
d		
e		
f		
g		

基本練習問題2　作表(1)

3 東京製作所は，単純総合原価計算を採用し，A製品を製造している。下記の仕掛品勘定の記録と資料によって，次の各問いに答えなさい。

(1) 単純総合原価計算表を作成しなさい。ただし，月末仕掛品原価の計算は平均法による。

(2) 月末仕掛品原価を先入先出法で計算した場合の月末仕掛品原価と完成品原価を求めなさい。

仕　掛　品

前月繰越	1,093,000	
素材	3,268,000	
工場消耗品	307,000	
賃金	1,520,000	
給料	350,000	
健康保険料	82,000	
減価償却費	150,000	
電力料	97,000	
雑費	29,000	

資　料

a．月初仕掛品原価

素材費　¥812,000

加工費　¥281,000

b．生産データ

月初仕掛品　100個（加工進捗度50%）

当月投入　380個

合計　480個

月末仕掛品　80個（加工進捗度50%）

完成品　400個

c．素材は製造着手のときにすべて投入され，加工費は製造の進行に応じて消費されるものとする。

(1)

単純総合原価計算表

令和○年/月分

摘要	素材費	加工費	合計
材料費			
労務費			
経費			
計			
月初仕掛品原価			
計			
月末仕掛品原価			
完成品原価			
完成品数量	個	個	個
製品単価	¥	¥	¥

(2)

月末仕掛品原価	¥
完成品原価	¥

基本練習問題２　作表(2)

4 千葉製作所は，等級別総合原価計算を採用し，1級製品と2級製品を製造している。当月の完成品総合原価は¥5,850,000であり，完成品数量は1級製品が2,000個　2級製品が3,500個であった。よって，等級別総合原価計算表を完成しなさい。ただし，等価係数は各製品1個あたりの重量を基準としている。

等級別総合原価計算表
令和○年2月分

等級別製品	重　量	等価係数	完成品数量	積　数	等級別製造原価	製品単価
1級製品	600g		個			¥
2級製品	400〃		〃			〃

5 神奈川製作所は，組別総合原価計算を採用し，A組製品とB組製品を製造している。次の資料によって，組別総合原価計算表を完成しなさい。

ただし，i　組間接費はA組に40%，B組に60%の割合で配賦する。
ii　素材は製造着手のときにすべて投入され，加工費は製造の進行に応じて消費されるものとする。
iii　月末仕掛品原価の計算は先入先出法による。

資　　料

a．当月製造費用

	A　組	B　組	組間接費
素　材　費	¥2,464,000	¥2,552,000	——
労　務　費	¥2,928,000	¥4,620,000	¥825,000
経　　　費	¥　238,000	¥　286,000	¥715,000

b．生産データ

	A　組		B　組	
月初仕掛品	500個	（加工進捗度60%）	300個	（加工進捗度50%）
当月投入	3,200個		2,750個	
合　計	3,700個		3,050個	
月末仕掛品	700個	（加工進捗度50%）	250個	（加工進捗度40%）
完成品	3,000個		2,800個	

組別総合原価計算表
令和○年3月分

摘　　要		A　組	B　組
組直接費	素材費		
	加工費		
組間接費	加工費		
当月製造費用			
月初仕掛品原価	素材費	370,000	270,000
	加工費	357,000	276,000
計			
月末仕掛品原価	素材費		
	加工費		
完成品原価			
完成品数量		個	個
製品単価		¥	¥

基本練習問題２　作表(3)

6 山梨製造株式会社の次の資料によって，工程別総合原価計算表を作成しなさい。
ただし，i　第１工程の完成品はただちにすべて第２工程に引き渡している。
ii　素材は製造着手のときにすべて投入され，第１工程の完成品は第２工程の始点で投入されるものとする。
iii　加工費は第１工程・第２工程ともに製造の進行に応じて消費されるものとする。
iv　月末仕掛品原価の計算は平均法による。

資　　料

a．当月製造費用

①　工程個別費および補助部門個別費

費　　目	第１工程	第２工程	補助部門
素材費	¥3,245,000	——	——
労務費	¥1,920,000	¥1,210,000	¥300,000
経　費	¥　265,000	¥　283,000	¥500,000

②　部門共通費を次のとおり配賦する。
第１工程　¥400,000　　第２工程　¥300,000　　補助部門　¥100,000

③　補助部門費を第１工程に60%，第２工程に40%の割合で配賦する。

b．月初仕掛品原価
第１工程　¥354,000（素材費　¥240,000　　加工費　¥114,000）
第２工程　¥726,000（前工程費　¥600,000　　加工費　¥126,000）

c．生産データ

	第１工程		第２工程	
月初仕掛品	300個	（加工進捗度50%）	400個	（加工進捗度60%）
当月投入	3,950個		4,000個	
合　計	4,250個		4,400個	
月末仕掛品	250個	（加工進捗度40%）	200個	（加工進捗度50%）
完成品	4,000個		4,200個	

工程別総合原価計算表
令和○年４月分

摘　　要	第１工程	第２工程
工程個別費　素材費		——
前工程費	——	
労務費		
経　費		
部門共通費配賦額		
補助部門費配賦額		
当月製造費用		
月初仕掛品原価		
計		
月末仕掛品原価		
工程完成品原価		
工程完成品数量	個	個
工程単価	¥	¥

基本練習問題3　計算(1)

7 長野製造株式会社の下記の資料により，製造原価報告書および損益計算書に記載する次の金額を求めなさい。

a．当期材料費　　b．当期労務費　　c．当期経費
d．当期製品製造原価　　e．売上原価

資料

① 素材　期首棚卸高 ¥195,000　当期仕入高 ¥865,000　期末棚卸高 ¥170,000
② 工場消耗品　期首棚卸高 ¥ 70,000　当期仕入高 ¥145,000　期末棚卸高 ¥ 60,000
③ 賃金　前期未払高 ¥110,000　当期支払高 ¥970,000　当期未払高 ¥125,000
④ 給料　当期消費高 ¥200,000
⑤ 外注加工賃　前期前払高 ¥ 40,000　当期支払高 ¥185,000　当期前払高 ¥ 45,000
⑥ 電力料　当期支払高 ¥195,000　当期測定高 ¥190,000
⑦ 減価償却費　当期消費高 ¥150,000
⑧ 仕掛品　期首棚卸高 ¥280,000　期末棚卸高 ¥310,000
⑨ 製品　期首棚卸高 ¥450,000　期末棚卸高 ¥400,000

a	当期材料費 ¥	b	当期労務費 ¥
c	当期経費 ¥	d	当期製品製造原価 ¥
e	売上原価 ¥		

8 静岡工業株式会社は，等級別総合原価計算を採用し，1級製品・2級製品・3級製品の3種類の製品を製造している。下記の資料によって，次の金額を求めなさい。

ただし，i　等価係数は，各製品の1個あたりの重量を基準とする。
　　　　ii　売上製品の払出単価の計算は，先入先出法による。

a．当月の1級製品の製造原価　　b．当月の2級製品の製品単価
c．当月の3級製品の売上原価　　d．当月の1級製品の月末棚卸高

資料

① 当月完成品総合原価 ¥2,940,000
②

等級別製品	1個あたりの重量	当月完成品数量	月初製品		月末製品	
			数量	単価	数量	単価
1級製品	100 g	3,000個	400個	¥275	500個	¥(　　)
2級製品	80 g	4,000個	650個	¥220	800個	¥(　　)
3級製品	60 g	6,000個	800個	¥165	600個	¥(　　)

a	当月の1級製品の製造原価 ¥	b	当月の2級製品の製品単価 ¥
c	当月の3級製品の売上原価 ¥	d	当月の1級製品の月末棚卸高 ¥

基本練習問題３　計算(2)

9 標準原価計算を採用している石川製作所の当月における下記の資料から，次の標準原価と各差異の金額を求めなさい。

ただし，ｉ　直接材料は製造着手のときにすべて投入されるものとする。

ⅱ　製造間接費の差異分析は公式法変動予算（3分法）により，能率差異は変動費能率差異と固定費能率差異を合計すること。

ⅲ　解答欄の（　　）のなかは不利差異の場合は不利，有利差異の場合は有利を○で囲むこと。

ａ．完成品の標準原価　　ｂ．月末仕掛品の標準原価　　ｃ．直接材料費差異
ｄ．直接労務費差異　　ｅ．製造間接費差異

資　　料

①　標準原価カード

A製品	標準原価カード		
	標準消費数量	標準単価	金　額
直接材料費	5kg	¥600	¥3,000
	標準直接作業時間	標準賃率	
直接労務費	4時間	¥500	¥2,000
	標準直接作業時間	標準配賦率	
製造間接費	4時間	¥250	¥1,000
	製品1個あたりの標準原価		¥6,000

②　生産データ

月初仕掛品	300個	（加工進捗度40%）
当月投入	1,700個	
合　計	2,000個	
月末仕掛品	200個	（加工進捗度50%）
完成品	1,800個	

③　実際直接材料費　¥5,208,000
　　実際消費数量　8,400kg
　　実際単価　¥620

④　実際直接労務費　¥3,528,000
　　実際直接作業時間　7,200時間
　　実際賃率　¥490

⑤　製造間接費実際発生額　¥1,900,000

⑥　製造間接費予算
　　変動費予算額　¥750,000
　　（変動費率¥100）
　　固定費予算額　¥1,125,000
　　基準操業度(直接作業時間)　7,500時間

a	完成品の標準原価 ¥

b	月末仕掛品の標準原価 ¥

c	直接材料費差異	材料消費価格差異 ¥	（不利・有利）
		材料消費数量差異 ¥	（不利・有利）
d	直接労務費差異	賃率差異 ¥	（不利・有利）
		作業時間差異 ¥	（不利・有利）
e	製造間接費差異	予算差異 ¥	（不利・有利）
		能率差異 ¥	（不利・有利）
		操業度差異 ¥	（不利・有利）

基本練習問題３　計算(3)

10 標準原価計算を採用している新潟製作所の当月における次の資料から，パーシャルプランによる仕掛品勘定を完成しなさい。ただし，直接材料は製造着手のときにすべて投入されるものとする。

資　　料

① 標準原価カード

H製品	標準原価カード		
	標準消費数量	標準単価	金　額
直接材料費	3kg	¥500	¥1,500
	標準直接作業時間	標準賃率	
直接労務費	2時間	¥1,000	¥2,000
	標準直接作業時間	標準配賦率	
製造間接費	2時間	¥250	¥500
	製品／個あたりの標準原価		¥4,000

② 生産データ

月初仕掛品	50個	(加工進捗度40%)
当月投入	780個	
合　計	830個	
月末仕掛品	80個	(加工進捗度50%)
完成品	750個	

③ 実際直接材料費

実際消費数量　2,300kg
実際単価　¥510

④ 実際直接労務費

実際直接作業時間　1,560時間
実際賃率　¥975

仕　　掛　　品

前月繰越	(　　　)	製品	(　　　)
材料	(　　　)	材料消費(　　)差異	(　　　)
労務費	1,521,000	(　　　)差異	(　　　)
製造間接費	400,000	予算差異	6,000
材料消費(　　)差異	20,000	能率差異	5,000
(　　　)差異	(　　　)	操業度差異	4,000
		次月繰越	(　　　)
	(　　　)		(　　　)

11 富山製造株式会社は，直接原価計算をおこない利益計画をたてている。下記の資料から，次の金額または数量を求めなさい。

a．販売数量が5,000個のときの営業利益　　b．損益分岐点の売上高
c．目標営業利益¥450,000を達成するための販売数量

資　　料

① 販売単価　¥1,000
② 製造費用
　変動製造費(製品／個あたり)　¥600
　固定製造間接費　¥800,000
③ 販売費及び一般管理費
　変動販売費(製品／個あたり)　¥100
　固定販売費及び一般管理費　¥400,000

a	販売数量が5,000個のときの営業利益	¥
b	損益分岐点の売上高	¥
c	目標営業利益¥450,000を達成するための販売数量	個

基本練習問題３　計算(4)

12 個別原価計算を採用している福井製作所は，製造間接費について公式法変動予算により予算を設定し，予定配賦をおこなっている。次の資料から製造間接費配賦差異を予算差異と操業度差異に分析しなさい。ただし，解答欄の（　　）のなかは借方差異の場合は借方，貸方差異の場合は貸方を○で囲むこと。

資　　料

① 月間の予定直接作業時間（基準操業度）
1,500 時間

② 月間の公式法変動予算額　¥2,100,000
変動費率　¥800
固定費予算額　¥900,000

③ 当月の実際直接作業時間
1,450 時間

④ 当月の実際製造間接費発生額
¥2,150,000

予算差異　¥　　（借方・貸方）	操業度差異　¥　　（借方・貸方）

13 単純総合原価計算を採用している岐阜製作所の下記の資料から，次の各正常減損の発生時点における月末仕掛品原価と完成品原価を求めなさい。ただし，素材は製造着手のときにすべて投入され，加工費は製造の進行に応じて消費されるものとし，月末仕掛品原価の計算は平均法による。

(1) 正常減損が製造工程の始点で発生し，正常減損費を完成品と月末仕掛品の両方に負担させる場合
(2) 正常減損が製造工程の終点で発生し，正常減損費を完成品のみに負担させる場合

資　　料

① 生産データ
月初仕掛品　300kg（加工進捗度50%）
当月投入　3,150kg
合　計　3,450kg
月末仕掛品　400kg（加工進捗度50%）
正常減損　50kg
完成品　3,000kg

② 月初仕掛品原価
素材費　¥603,000
加工費　¥297,000

③ 当月製造費用
素材費　¥6,435,000
加工費　¥2,823,000

(1)	月末仕掛品原価　¥	完成品原価　¥
(2)	月末仕掛品原価　¥	完成品原価　¥

14 単純総合原価計算を採用してA製品を製造している愛知製作所の次の資料から，月末仕掛品原価と完成品原価を求めなさい。

ただし，i　素材は製造着手のときにすべて投入され，加工費は製造の進行に応じて消費されるものとする。
ii　月末仕掛品原価の計算は平均法による。
iii　正常仕損は製造工程の始点で発生しており，正常仕損費は完成品と月末仕掛品の両方に負担させる。
iv　仕損品の評価額は¥28,000であり，素材費から控除する。

資　　料

① 生産データ
月初仕掛品　700kg（加工進捗度60%）
当月投入　5,300kg
合　計　6,000kg
月末仕掛品　800kg（加工進捗度50%）
正常仕損　200kg
完成品　5,000kg

② 月初仕掛品原価
素材費　¥315,000
加工費　¥147,000

③ 当月製造費用
素材費　¥2,265,000
加工費　¥1,797,000

月末仕掛品原価　¥	完成品原価　¥

基本練習問題４　一連

15 個別原価計算を採用している三重製作所の下記の取引によって，次の各問いに答えなさい。

(1) /月中の取引の仕訳を示しなさい。

(2) Ａ製品（製造指図書＃/）の原価計算表を作成しなさい。

ただし，i 前月繰越高は，次のとおりである。

素　材　50個　@¥1,500　¥75,000
工場消耗品　350〃　〃〃80　¥28,000
仕　掛　品（製造指図書＃/）　¥840,000（原価計算表に記入済み）

ii 素材の消費高の計算は先入先出法，工場消耗品の消費数量の計算は棚卸計算法によっている。

iii 賃金の消費高は，作業時間/時間につき¥900の予定賃率を用いて計算し，消費賃金勘定を設けて記帳している。

iv 製造間接費は部門別計算をおこない，直接作業時間を配賦基準として予定配賦している。

	第/製造部門	第2製造部門
年間製造間接費予定額（予算額）	¥2,700,000	¥1,500,000
年間予定直接作業時間（基準操業度）	9,000時間	7,500時間

v 製造間接費勘定を設けている。

取　　引

/月　8日　素材および工場消耗品を次のとおり買い入れ，代金は掛けとした。

素　材　250個　@¥1,520　¥380,000
工場消耗品　1,000〃　〃〃80　¥80,000

10日　Ｂ製品（製造指図書＃2）の注文を受け，素材200個を消費して製造を開始した。

25日　賃金を次のとおり小切手を振り出して支払った。

賃金総額　¥1,200,000
うち，控除額　所得税　¥115,000　健康保険料　¥45,000

31日　① 工場消耗品の月末棚卸数量は400個であった。よって，消費高を計上した。（間接材料）

② 当月の作業時間は，次のとおりであった。よって，当月の賃金予定消費高を計上した。

		合計（内訳→）	第/製造部門	第2製造部門
直接作業時間	製造指図書＃/	650時間	200時間	450時間
	製造指図書＃2	600時間	500時間	100時間
間接作業時間		40時間		

③ 上記②の直接作業時間によって，製造部門費を予定配賦した。

④ 健康保険料の事業主負担分¥45,000を計上した。

⑤ 当月の製造経費消費高を計上した。

電力料　¥73,000　保険料　¥48,000
減価償却費　40,000　雑　費　7,000

⑥ 製造間接費を次のように各部門に配分した。

第/製造部門　¥185,000　第2製造部門　¥75,000
動力部門　40,000　修繕部門　25,000

⑦ 補助部門費を次のように各製造部門に配賦した。

第/製造部門　¥35,000　第2製造部門　¥30,000

⑧ Ａ製品（製造指図書＃/）70個が完成した。

⑨ 当月の賃金実際消費高¥1,185,000を計上した。

⑩ 賃金の予定消費高と実際消費高との差額を，賃率差異勘定に振り替えた。

⑪ 第/製造部門費の配賦差異を，製造部門費配賦差異勘定に振り替えた。

⑫ 第2製造部門費の配賦差異を，製造部門費配賦差異勘定に振り替えた。

(1)

日付		借　　　方	貸　　　方
1月8日			
10日			
25日			
3/日	①		
	②		
	③		
	④		
	⑤		
	⑥		
	⑦		
	⑧		
	⑨		
	⑩		
	⑪		
	⑫		

(2)

製造指図書＃ /

原　価　計　算　表

直接材料費	直接労務費	製造間接費				集　計	
		部　門	時　間	配賦率	金　額	摘　要	金　額
420,000	315,000	第 /	350	300	105,000	直接材料費	
						直接労務費	
						製造間接費	
						製 造 原 価	
						完成品数量	個
						製 品 単 価	¥

補充問題

滋賀製作所は，個別原価計算を採用し，A製品（製造指図書＃/）とB製品（製造指図書＃2）を製造している。下記の資料によって，次の各問いに答えなさい。ただし，製造間接費は部門別計算をおこない，直接作業時間を基準として予定配賦している。

(1) 製造部門費を予定配賦したときの仕訳を示しなさい。

(2) 部門費振替表を相互配賦法によって完成しなさい。

(3) 第/製造部門費および第2製造部門費の配賦差異を製造部門費配賦差異勘定に振り替える仕訳を示しなさい。

資　料

a．年間製造間接費予定額（予算額）・年間予定直接作業時間（基準操業度）

	第/製造部門	第2製造部門
年間製造間接費予定額(予算額)	¥7,200,000	¥6,900,000
年間予定直接作業時間(基準操業度)	/2,000時間	/3,800時間

b．製造部門の当月直接作業時間

		第/製造部門	第2製造部門
直接作業時間	製造指図書＃/	430時間	800時間
	製造指図書＃2	550時間	300時間

c．補助部門費の配賦基準

	配賦基準	第/製造部門	第2製造部門	動力部門	修繕部門
動力部門費	kW数×運転時間数	/4kW×500時間	8kW×625時間	——	4kW×250時間
修繕部門費	修繕回数	9回	6回	4回	——

(1)

借　　方	貸　　方

(2)

部門費振替表

相互配賦法　　　　令和○年/月分

部門費	配賦基準	金額	製造部門		補助部門	
			第/部門	第2部門	動力部門	修繕部門
部門費合計		/,/40,000	403,000	428,000	/95,000	//4,000
動力部門費	kW数×運転時間数				——	
修繕部門費	修繕回数					——
第/次配賦額						
動力部門費	kW数×運転時間数					
修繕部門費	修繕回数					
第2次配賦額						
製造部門費合計						

(3)

借　　方	貸　　方

とうほう

公益財団法人全国商業高等学校協会　主催
文部科学省　後援

第１回　簿記実務検定 第１級 模擬試験問題 原価計算

解答上の注意
1　解答にあたえられた時間は９０分です。試験開始後の途中退出はできません。
2　問題は全部で４問あります。
3　問題用紙の表紙に年・組・番・名前を記入しなさい。
4　解答はすべて別紙解答用紙に記入しなさい。

年	組	番	名　前

1 次の各問いに答えなさい。

(1) 次の文の[　　]にあてはまるもっとも適当な語を，下記の語群のなかから選び，その番号を記入しなさい。

経費は消費高の計算方法の違いによって支払経費・[　ア　]・測定経費に分類される。このうち，測定経費には電力料や[　イ　]などがある。

1．修　繕　料　　2．月割経費　　3．間接経費　　4．水　道　料

(2) 福島工業株式会社における次の等級別総合原価計算の（ア）～（ウ）に入る金額または数量を求めなさい。ただし，等価係数は，各製品の/個あたりの重量を基準としている。

等級別総合原価計算表
令和○年/月分

等級別製品	重　量	等価係数	完成品数量	積　　数	等級別製造原価	製品単価
/級製品	/50 g	3	(　　)個	4,200	/,680,000	¥(　ア　)
2級製品	/00 〃	(　　)	2,000 〃	(　　)	(　イ　)	〃(　　)
3級製品	50 〃	/	(　ウ　)〃	(　　)	(　　)	〃 400
				/0,600	4,240,000	

(3) 茨城製作所は，Y製品を/個あたり¥/,250で販売している。この製品を2,400個製造・販売したときの直接原価計算による損益計算書は下記のとおりである。よって，次の金額または数量を求めなさい。

a．損益分岐点の売上高　　b．販売数量が/.5倍になったときの営業利益

c．営業利益を/.5倍にするための販売数量

茨城製作所　損益計算書　(単位：円)

Ⅰ 売上高		3,000,000
Ⅱ 変動売上原価		/,860,000
変動製造マージン		/,/40,000
Ⅲ 変動販売費		/80,000
貢献利益		960,000
Ⅳ 固定費		
1．固定製造間接費	370,000	
2．固定販売費及び一般管理費	/90,000	560,000
営業利益		400,000

(4) 標準原価計算を採用している栃木製作所の当月における下記の資料から，次の金額を求めなさい。

a．月末仕掛品の標準直接材料費　　b．材料消費価格差異　　c．作業時間差異

ただし，i　直接材料は製造着手のときにすべて投入されるものとする。

ii　解答欄の（　　）のなかは不利差異の場合は不利，有利差異の場合は有利を○で囲むこと。

資　　料

① 標準原価カード（一部）

A製品　　標準原価カード（製品／個あたり）

	標準消費数量	標準単価	金　額
直接材料費	5kg	¥400	¥2,000
	標準直接作業時間	標準賃率	
直接労務費	3時間	¥600	¥1,800

② 生産データ

月初仕掛品	80個	（加工進捗度50%）
当月投入	670個	
合　計	750個	
月末仕掛品	50個	（加工進捗度60%）
完成品	700個	

③ 実際直接材料費　¥1,326,000
　実際消費数量　3,400kg
　実際単価　¥390

④ 実際直接労務費　¥1,302,000
　実際直接作業時間　2,100時間
　実際賃率　¥620

(5) 個別原価計算を採用している群馬製作所は，製造間接費について公式法変動予算により予算を設定し，予定配賦をおこなっている。下記の資料によって，次の文の□のなかにあてはまる金額を示すとともに{　　}のなかからいずれか適当な語を選び，その番号を記入しなさい。

当月の実際操業度における操業度差異は¥[a]のb{1．借方差異　2．貸方差異}となる。

資　　料

① 月間の基準操業度（直接作業時間）1,800時間

② 月間の製造間接費予算額　¥1,350,000（変動費率¥450　固定費予算額¥540,000）

③ 当月の実際直接作業時間　1,700時間

④ 当月の実際製造間接費発生額　¥1,310,000

2 山形製作所は，単純総合原価計算を採用し，A製品を製造している。次の仕掛品勘定の記録と資料によって，単純総合原価計算表を作成しなさい。

ただし，ⅰ　素材は製造着手のときにすべて投入され，加工費は製造の進行に応じて消費されるものとする。

ⅱ　月末仕掛品原価の計算は平均法による。

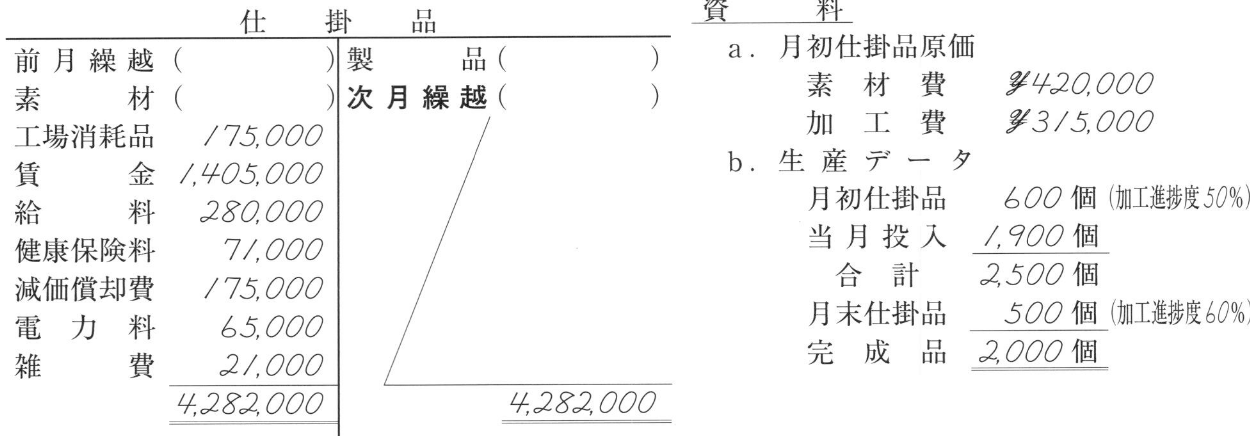

仕　掛　品

前月繰越	(　　　)	製　　品	(　　　)
素　　材	(　　　)	次月繰越	(　　　)
工場消耗品	175,000		
賃　　金	1,405,000		
給　　料	280,000		
健康保険料	71,000		
減価償却費	175,000		
電力料	65,000		
雑　　費	21,000		
	4,282,000		4,282,000

資　料

a. 月初仕掛品原価

素材費	¥420,000
加工費	¥315,000

b. 生産データ

月初仕掛品	600個	(加工進捗度50%)
当月投入	1,900個	
合計	2,500個	
月末仕掛品	500個	(加工進捗度60%)
完成品	2,000個	

3 個別原価計算を採用している埼玉製作所の下記の取引によって，次の各問いに答えなさい。

(1) /月25日の取引の仕訳を示しなさい。

(2) 消費賃金勘定・製造間接費勘定・第/製造部門費勘定・修繕部門費勘定に必要な記入をおこない，締め切りなさい。なお，勘定記入は日付・相手科目・金額を示すこと。

(3) A製品（製造指図書＃/）とB製品（製造指図書＃2）の原価計算表を作成しなさい。

ただし，i 前月繰越高は，次のとおりである。

素　　材　300個　@¥1,400　¥　420,000
工場消耗品　620 〃　〃〃　150　¥　93,000
仕　掛　品（製造指図書＃/）　¥1,429,000（原価計算表に記入済み）

ii 素材の消費高の計算は移動平均法，工場消耗品の消費数量の計算は棚卸計算法によっている。

iii 賃金の消費高の計算には，作業時間/時間につき¥1,100の予定賃率を用いている。

iv 製造間接費は部門別計算をおこない，直接作業時間を配賦基準として予定配賦している。

	第/製造部門	第2製造部門
年間製造間接費予定額(予算額)	¥8,064,000	¥4,662,000
年間予定直接作業時間(基準操業度)	8,400時間	6,300時間

取　　引

/月 6日 素材および工場消耗品を次のとおり買い入れ，代金は現金で支払った。

素　　材　1,200個　@¥1,450　¥1,740,000
工場消耗品　2,400 〃　〃〃　150　¥　360,000

//日 B製品（製造指図書＃2）の注文を受け，素材1,000個を消費して製造を開始した。

25日 賃金を次のとおり小切手を振り出して支払った。

賃金総額　¥1,342,000
うち，控除額　所得税　¥136,000　健康保険料　¥115,000

3/日 ① 工場消耗品の月末棚卸数量は760個であった。よって，消費高を計上した。（間接材料）

② 当月の作業時間は，次のとおりであった。よって，当月の賃金予定消費高を計上した。

		合計＼内訳	第/製造部門	第2製造部門
直接作業時間	製造指図書＃/	700時間	400時間	300時間
	製造指図書＃2	450時間	250時間	200時間
間接作業時間		50時間		

③ 上記②の直接作業時間によって，製造部門費を予定配賦した。

④ 健康保険料の事業主負担分¥115,000を計上した。

⑤ 当月の製造経費消費高を計上した。

電　力　料　¥310,000　保　険　料　¥40,000
減価償却費　125,000　雑　　費　11,000

⑥ 製造間接費を次のように各部門に配分した。

第/製造部門　¥492,000　第2製造部門　¥301,000
動　力　部　門　160,000　修　繕　部　門　42,000

⑦ 補助部門費を次の部門費振替表によって各製造部門に配賦した。

部　門　費　振　替　表
令和○年/月分

部門費	配賦基準	金額	製造部門		補助部門	
			第/部門	第2部門	動力部門	修繕部門
部門費合計		995,000	492,000	301,000	160,000	42,000
〜〜〜						
配賦額合計		202,000	124,000	78,000		
製造部門費合計		995,000	616,000	379,000		

⑧ A製品（製造指図書＃/）100個が完成した。

⑨ 当月の賃金実際消費高¥1,352,000を計上した。

⑩ 賃金の予定消費高と実際消費高との差額を，賃率差異勘定に振り替えた。

⑪ 第/製造部門費の配賦差異を，製造部門費配賦差異勘定に振り替えた。

⑫ 第2製造部門費の配賦差異を，製造部門費配賦差異勘定に振り替えた。

4 下記の取引の仕訳を示しなさい。ただし，勘定科目は，次のなかからもっとも適当なものを使用すること。

売掛金	製品	A組製品	B組製品
副産物	仕損品	第2工程半製品	素材
売上	売上原価	消費材料	外注加工賃
修繕料	仕損費	仕掛品	A組仕掛品
B組仕掛品	第2工程仕掛品	第3工程仕掛品	製造間接費
組間接費	材料消費価格差異	本社	工場

a．個別原価計算を採用している北海道製作所の当月の外注加工賃と修繕料に関する資料は次のとおりであった。よって，消費高を計上した。ただし，外注加工賃は製造指図書＃18に賦課する。

外注加工賃　前月前払高¥30,000　当月支払高¥370,000　当月前払高¥20,000
修　繕　料　前月未払高¥11,000　当月支払高¥ 94,000　当月未払高¥ 9,000

b．当月の素材の消費高について，次の資料を得たので，予定価格による消費高と実際価格による消費高との差額を材料消費価格差異勘定に振り替えた。ただし，素材は＠¥600の予定価格を用いており，素材勘定だけで処理している。

素材消費数量　8,600kg　　実際価格　＠¥620

c．個別原価計算を採用している株式会社青森製作所では，製造指図書＃7の製品全部が仕損じとなり，新たに製造指図書を発行して，代品を製造することにした。ただし，製造指図書＃7に集計された製造原価は¥190,000であり，仕損品の評価額は¥25,000である。

d．組別総合原価計算を採用している岩手製作所は，組間接費¥148,000を次の組直接費を基準としてA組とB組に配賦した。

直接材料費　A　組　¥127,000　B　組　¥154,000
直接労務費　A　組　¥348,000　B　組　¥296,000

e．工程別総合原価計算を採用している秋田製作所の第2工程（最終工程）において，製品が完成するとともに副産物が発生し，これらをすべて倉庫に保管した。ただし，第2工程の総合原価は¥2,864,000であり，そのうち副産物の評価額は¥50,000であった。

f．工場会計が独立している宮城製作所の本社は，仙台商店から注文のあった製品（売価¥350,000）について，工場から製品が¥285,000で完成し，同店に発送したとの連絡を受けた。よって，売上高（掛け）および売上原価を計上した。ただし，製品勘定は工場のみに設けてある。（本社の仕訳）

公益財団法人 全国商業高等学校協会主催・文部科学省後援

第1回 簿記実務検定模擬試験 1級 原価計算 〔解答用紙〕

1

(1)

ア	イ

(2)

ア	¥
イ	¥
ウ	個

(3)

a	¥
b	¥
c	個

(4)

a	¥
b	¥ （不利・有利）
c	¥ （不利・有利）

※（不利・有利）のいずれかを○で囲むこと。

(5)

a	b
¥	

1 得点		2 得点		3 得点		4 得点		総得点	

年	組	番	名前

単純総合原価計算表

令和○年／月分

摘要	素材費	加工費	合計
材料費			
労務費			
経費			
計			
月初仕掛品原価			
計			
月末仕掛品原価			
完成品原価			
完成品数量	個	個	個
製品単価	¥	¥	¥

2 得点	

3 (1)

	借　　方	貸　　方
1月25日		

(2)

消　費　賃　金

製　造　間　接　費

第 1 製 造 部 門 費

修　繕　部　門　費

(3)

製造指図書＃1　　　　　原　価　計　算　表

直接材料費	直接労務費	製造間接費				集計	
		部　門	時　間	配賦率	金　額	摘　要	金　額
1,120,000	165,000	第1	150	960	144,000	直接材料費	
						直接労務費	
						製造間接費	
						製造原価	
						完成品数量	個
						製品単価	¥

製造指図書＃2　　　　　原　価　計　算　表

直接材料費	直接労務費	製造間接費				集計	
		部　門	時　間	配賦率	金　額	摘　要	金　額
						直接材料費	
						直接労務費	

3 得点	

4

	借方	貸方
a		
b		
c		
d		
e		
f		

4 得点	

とうほう

公益財団法人全国商業高等学校協会　主催
文部科学省　後援

第2回　簿記実務検定 第1級 模擬試験問題 原価計算

解答上の注意

1　解答にあたえられた時間は９０分です。試験開始後の途中退出はできません。
2　問題は全部で４問あります。
3　問題用紙の表紙に年・組・番・名前を記入しなさい。
4　解答はすべて別紙解答用紙に記入しなさい。

年	組	番	名　前

1 次の各問いに答えなさい。

(1) 次の文の［　　］にあてはまるもっとも適当な語を，下記の語群のなかから選び，その番号を記入しなさい。

実際原価計算を採用している工場において製造間接費を予定配賦している場合，予定配賦額と実際発生額との間に生じる差異を［　ア　］といい，この差異は予算差異と［　イ　］に分類される。

1．操業度差異　　2．製造間接費差異　　3．能 率 差 異　　4．製造間接費配賦差異

(2) 長野工業株式会社は，直接原価計算をおこない利益計画をたてている。下記の資料から，次の金額または数量を求めなさい。

a．販売数量が 3,000 個のときの営業利益　　　b．損益分岐点の売上高

c．目標営業利益 ¥500,000 を達成するための販売数量

資　料

① 販 売 単 価　¥1,250

② 製 造 費 用

変動製造費(製品 / 個あたり)　¥750

固定製造間接費　¥630,000

③ 販売費及び一般管理費

変動販売費(製品 / 個あたり)　¥100

固定販売費及び一般管理費　¥170,000

(3) 山梨製作所における次の勘定記録・製造原価報告書・損益計算書（一部）により，（ア）から（エ）の金額を求めなさい。なお，原価計算期間と会計期間は一致しているものとする。

製造間接費

借方		貸方	
燃　　料	128,000	仕 掛 品	1,825,000
工場消耗品	(　　)		
賃　　金	358,000		
給　　料	312,000		
健康保険料	125,000		
退職給付費用	160,000		
減価償却費	(　ア　)		
保 険 料	40,000		
電 力 料	177,000		
保 管 料	21,000		
	1,825,000		1,825,000

仕　掛　品

借方		貸方	
前期繰越	(　イ　)	製　　品	(　　)
素　　材	2,520,000	**次期繰越**	760,000
賃　　金	3,124,000		
外注加工賃	598,000		
製造間接費	(　　)		
	(　　)		(　　)

製　　品

借方		貸方	
前期繰越	824,000	売上原価	(　　)
仕 掛 品	(　　)	**次期繰越**	974,000
	(　　)		(　　)

山梨製作所　　製造原価報告書　　(単位：円)

令和○年1月1日から令和○年12月31日まで

Ⅰ 材　料　費	(　　)
Ⅱ 労　務　費	(　ウ　)
Ⅲ 経　　　費	1,016,000
当期製造費用	8,067,000
期首仕掛品棚卸高	(　　)
合　　計	8,700,000
期末仕掛品棚卸高	(　　)
当期製品製造原価	(　　)

山梨製作所　　損益計算書(一部)　　(単位：円)

令和○年1月1日から令和○年12月31日まで

Ⅰ 売 上 高		9,850,000
Ⅱ 売上原価		
1．期首製品棚卸高	(　　)	
2．当期製品製造原価	(　　)	
合　　計	(　　)	
3．期末製品棚卸高	(　　)	(　　)
売上総利益		(　エ　)

(4) 標準原価計算を採用している岐阜製作所の当月における下記の資料から，

① 次の金額を求めなさい。

a．完成品の標準原価　　b．材料消費数量差異

ただし，i　直接材料は製造着手のときにすべて投入されるものとする。

ii　解答欄の（　　）のなかは不利差異の場合は不利，有利差異の場合は有利を○で囲むこと。

② 次の文の｛　　｝のなかから，いずれか適当なものを選び，その番号を記入しなさい。

直接労務費差異は賃率差異と作業時間差異に分けて分析することができる。このうち，賃率差異は¥183,000のc｛1．不利差異　2．有利差異｝である。この差異は製造現場において管理d｛3．できる　4．できない｝要因によって発生することが多い。

資　　料

① 標準原価カード

B製品　　標準原価カード

	標準消費数量	標準単価	金　額
直接材料費	3kg	¥900	¥2,700
	標準直接作業時間	標準賃率	
直接労務費	2時間	¥700	¥1,400
	標準直接作業時間	標準配賦率	
製造間接費	2時間	¥300	¥600
	製品1個あたりの標準原価		¥4,700

② 生産データ

月初仕掛品	150個	（加工進捗度60%）
当月投入	4,550個	
合　計	4,700個	
月末仕掛品	200個	（加工進捗度50%）
完成品	4,500個	

③ 実際直接材料費　¥12,696,000

実際消費数量　13,800kg

実際単価　¥920

④ 実際直接労務費　¥6,222,000

実際直接作業時間　9,150時間

実際賃率　¥680

2 富山製作所は単純総合原価計算を採用し，A製品を製造している。下記の資料と仕掛品勘定の記録によって，

(1) 単純総合原価計算表を作成しなさい。
(2) 仕掛品勘定の電力料（アの金額）を求めなさい。

ただし，i　素材は製造着手のときにすべて投入され，加工費は製造の進行に応じて消費されるものとする。
ii　月末仕掛品原価の計算は平均法による。
iii　正常減損は製造工程の終点で発生しており，正常減損費は完成品のみに負担させる。

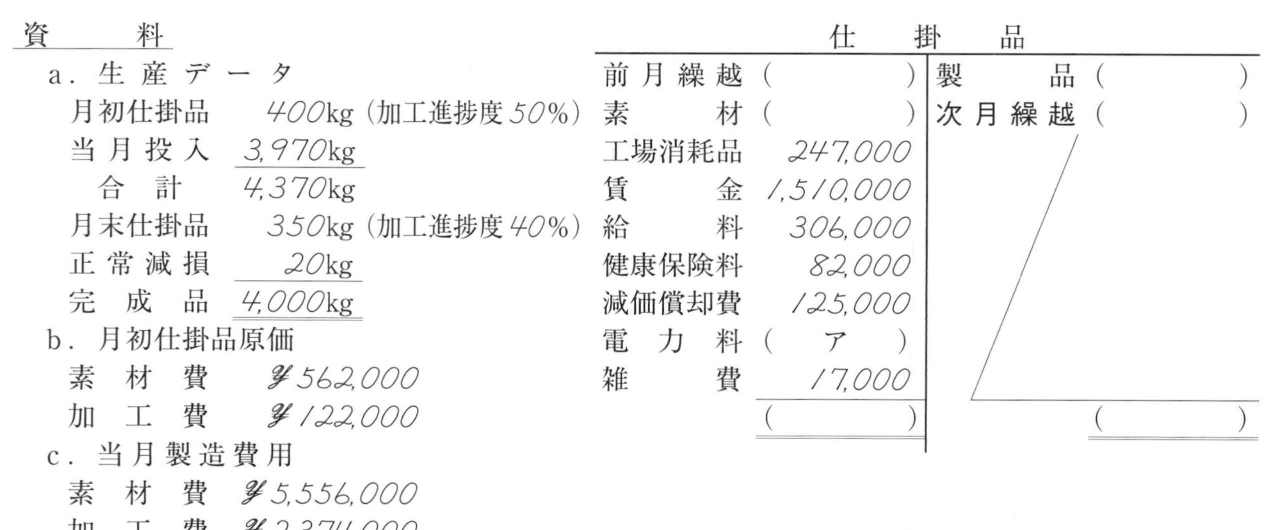

資　料

a．生産データ

月初仕掛品	400kg	（加工進捗度50%）
当月投入	3,970kg	
合　計	4,370kg	
月末仕掛品	350kg	（加工進捗度40%）
正常減損	20kg	
完成品	4,000kg	

b．月初仕掛品原価

素材費	¥562,000
加工費	¥122,000

c．当月製造費用

素材費	¥5,556,000
加工費	¥2,374,000

仕　掛　品

前月繰越	(　　　)	製　品	(　　　)
素　材	(　　　)	次月繰越	(　　　)
工場消耗品	247,000		
賃　金	1,510,000		
給　料	306,000		
健康保険料	82,000		
減価償却費	125,000		
電力料	(ア)		
雑　費	17,000		
	(　　　)		(　　　)

3 個別原価計算を採用している静岡製作所の下記の取引によって，次の各問いに答えなさい。

(1) 6月30日⑨の取引の仕訳を示しなさい。
(2) 製造間接費勘定・製造部門費配賦差異勘定に必要な記入をおこない，締め切りなさい。なお，勘定記入は日付・相手科目・金額を示すこと。
(3) A製品（製造指図書＃1）の原価計算表を作成しなさい。
(4) 部門費振替表を直接配賦法によって作成しなさい。
(5) 月末仕掛品原価を求めなさい。

ただし，i 前月繰越高は，次のとおりである。

素　　材　170個　@¥1,900　¥　323,000
工場消耗品　720〃　〃〃　50　¥　36,000
仕　掛　品（製造指図書＃1）　¥1,632,000（原価計算表に記入済み）
製造部門費配賦差異　¥　13,000（借方）

ii 素材の消費高の計算は先入先出法，工場消耗品の消費数量の計算は棚卸計算法によっている。

iii 賃金の消費高は，作業時間1時間につき¥900の予定賃率を用いて計算し，消費賃金勘定を設けて記帳している。

iv 製造間接費は部門別計算をおこない，直接作業時間を配賦基準として予定配賦している。

	第1製造部門	第2製造部門
年間製造間接費予定額(予算額)	¥5,040,000	¥3,600,000
年間予定直接作業時間(基準操業度)	12,000時間	9,000時間

取　　引

6月6日　素材および工場消耗品を次のとおり買い入れ，代金は掛けとした。

素　　材　800個　@¥1,950　¥1,560,000
工場消耗品　5,000〃　〃〃　50　¥　250,000

11日　B製品（製造指図書＃2）の注文を受け，素材650個を消費して製造を開始した。

25日　賃金を次のとおり小切手を振り出して支払った。

賃金総額　¥1,614,000
うち，控除額　所得税　¥162,000　健康保険料　¥76,000

28日　A製品（製造指図書＃1）180個が完成した。なお，A製品の賃金予定消費高と製造部門費予定配賦高を，次の作業時間によって計算し，原価計算表に記入した。ただし，賃金予定消費高と製造部門費予定配賦高を計上する仕訳は，月末におこなっている。

製造指図書＃1　1,030時間（第1製造部門 400時間　第2製造部門 630時間）

30日　① 工場消耗品の月末棚卸数量は780個であった。よって，消費高を計上した。（間接材料）

② 当月の作業時間は，次のとおりであった。よって，当月の賃金予定消費高を計上した。

		合計＼内訳	第1製造部門	第2製造部門
直接作業時間	製造指図書＃1	1,030時間	400時間	630時間
	製造指図書＃2	640時間	550時間	90時間
間接作業時間		80時間		

③ 上記②の直接作業時間によって，製造部門費を予定配賦した。

④ 健康保険料の事業主負担分¥76,000を計上した

⑤ 当月の製造経費消費高を計上した。

電　力　料　¥159,000　　保　険　料　¥24,000
減価償却費　94,000　　雑　　費　8,000

⑥ 製造間接費を次のように各部門に配分した。

第1製造部門　¥308,000　　第2製造部門　¥248,000
動力部門　75,000　　修繕部門　49,000

⑦ 補助部門費を次の配賦基準によって各製造部門に配賦した。

	配賦基準	第1製造部門	第2製造部門
動力部門費	kW数×運転時間数	25kW×640時間	20kW×450時間
修繕部門費	修繕回数	8回	6回

⑧ 当月の賃金実際消費高¥1,582,000を計上した。

⑨ 賃金の予定消費高と実際消費高との差額を，賃率差異勘定に振り替えた。

⑩ 第1製造部門費の配賦差異を，製造部門費配賦差異勘定に振り替えた。

⑪ 第2製造部門費の配賦差異を，製造部門費配賦差異勘定に振り替えた。

4 下記の取引の仕訳を示しなさい。ただし，勘定科目は，次のなかからもっとも適当なものを使用すること。

売掛金	製品	1級製品	2級製品
A組製品	B組製品	作業くず	素材
買入部品	買掛金	売上	売上原価
棚卸減耗損	仕掛品	第1工程仕掛品	第2工程仕掛品
第3工程仕掛品	本社	工場	

a．個別原価計算を採用している千葉製作所の2月末における素材の実地棚卸数量は475kgであった。よって，次の素材に関する2月の資料にもとづいて，素材勘定の残高を修正した。ただし，当月の素材の消費数量は3,670kgであり，消費単価の計算は総平均法によっている。

2月1日	前月繰越	500kg	1kgにつき¥1,580	¥790,000
5日	仕入	2,100kg	1kgにつき¥1,590	¥3,339,000
25日	仕入	1,550kg	1kgにつき¥1,620	¥2,511,000

b．等級別総合原価計算を採用している東京製作所において，1級製品4,500個と2級製品6,000個が完成した。ただし，この完成品の総合原価は¥1,860,000であり，等価係数は次の各製品1個あたりの重量を基準としている。

1級製品　200g　　2級製品　100g

c．個別原価計算を採用している神奈川製作所では，製造指図書#9を製造している過程から作業くずが発生し，この作業くずを¥17,000と評価して製造指図書#9の製造原価から差し引いた。

d．組別総合原価計算を採用している新潟製造株式会社における6月分の製品の販売に関する資料は，次のとおりであった。よって，売上高および売上原価を計上した。

	A組	B組
売上高(掛け)	¥1,320,000	¥760,000
売上製品製造原価	¥990,000	¥570,000

e．工程別総合原価計算を採用している石川工業株式会社は，月末に工程別総合原価計算表を作成し，各工程の完成品原価を次のとおり計上した。ただし，当社では第1工程の完成品原価をすべて第2工程仕掛品勘定に振り替えている。

第1工程　¥1,540,000　　第2工程（最終工程）　¥3,270,000

f．工場会計が独立している福井産業株式会社の本社は，買入部品¥830,000を掛けで買い入れ，工場に送った。ただし，買入部品勘定は工場のみに設けてある。（本社の仕訳）

公益財団法人 全国商業高等学校協会主催・文部科学省後援

第2回 簿記実務検定模擬試験 1級 原価計算〔解答用紙〕

1

(1)

ア	イ

(2)

a	¥
b	¥
c	個

(3)

ア	¥
イ	¥
ウ	¥
エ	¥

(4)

①

a	¥
b	¥ （不利・有利）

※（不利・有利）のいずれかを○で囲むこと。

②

c	d

1 得点		2 得点		3 得点		4 得点		総得点	

年	組	番	名前

2 (1)

単純総合原価計算表
令和○年６月分

摘　　要	素材費	加工費	合　　計
材料費			
労務費			
経費			
計			
月初仕掛品原価			
計			
月末仕掛品原価			
完成品原価			
完成品数量	kg	kg	kg
製品/kgあたりの原価	¥	¥	¥

(2) ¥

2 得点	

3

(1)

	借方	貸方
6月30日⑨		

(2)

製造間接費

製造部門費配賦差異

6/1 前月繰越 13,000	

(3)

製造指図書＃1　　原価計算表

直接材料費	直接労務費	製造間接費				集計	
		部門	時間	配賦率	金額	摘要	金額
1,368,000	180,000	第1	200	420	84,000	直接材料費	
						直接労務費	
						製造間接費	
						製造原価	
						完成品数量	個
						製品単価	¥

(4)

部門費振替表

直接配賦法　　令和○年6月分

部門費	配賦基準	金額	製造部門		補助部門	
			第1部門	第2部門	動力部門	修繕部門
部門費合計						
動力部門費	kW数×運転時間数					
修繕部門費	修繕回数					
配賦額合計						
製造部門費合計						

(5) ¥

3 得点

4

	借　　　方	貸　　　方
a		
b		
c		
d		
e		
f		

4 得点	

とうほう

公益財団法人全国商業高等学校協会　主催
文部科学省　後援

第３回　簿記実務検定 第１級 模擬試験問題 原価計算

解答上の注意
1　解答にあたえられた時間は９０分です。試験開始後の途中退出はできません。
2　問題は全部で４問あります。
3　問題用紙の表紙に年・組・番・名前を記入しなさい。
4　解答はすべて別紙解答用紙に記入しなさい。

年	組	番	名前

1 次の各問いに答えなさい。

(1) 和歌山製作所における下記の貸借対照表（一部）と資料により，製造原価報告書に記載する次の金額を求めなさい。

a．当期材料費　　b．当期経費　　c．当期製品製造原価

貸借対照表（一部）

令和○年12月31日

材　料	780,000	未払賃金	248,000
仕掛品	1,090,000		

資　料

① 素　材　期首棚卸高 ¥ 684,000　当期仕入高 ¥3,421,000　期末棚卸高 ¥587,000

② 工場消耗品　期首棚卸高 ¥ 191,000　当期仕入高 ¥ 769,000　期末棚卸高 ¥ ☐

③ 賃　金　当期予定消費高 ¥ ☐

前期未払高 ¥ 240,000　当期支払高 ¥2,975,000　当期未払高 ¥ ☐

予定賃率を用いており，賃率差異勘定の借方に ¥62,000 の残高がある。

④ 給　料　当期消費高 ¥ 637,000

⑤ 外注加工賃　前期前払高 ¥ 94,000　当期支払高 ¥ 371,000　当期前払高 ¥ 92,000

⑥ 水道料　基本料金 ¥ 12,000

当期使用量　1,000㎥　単価 1㎥あたり ¥350

水道料の計算方法は，基本料金に当期使用料を加算して求める。

⑦ 減価償却費　当期消費高 ¥ 230,000

⑧ 仕掛品　期首棚卸高 ¥1,125,000　期末棚卸高 ¥ ☐

(2) 次の文の☐にあてはまるもっとも適当な語を，下記の語群のなかから選び，その番号を記入しなさい。

原価要素を操業度との関連によって分類すると，操業度の増減にかかわらず発生額が変化しない原価要素を［ア］といい，保険料や［イ］などがこれにあたる。

1．固定費　　2．水道料　　3．変動費　　4．減価償却費

(3) 鳥取工業株式会社は，直接原価計算をおこない利益計画をたてている。当月における下記の資料から，次の金額を求めなさい。ただし，販売単価は一定とする。

a．売上高が ¥4,000,000 のときの営業利益　　b．損益分岐点の売上高

c．目標営業利益 ¥510,000 を達成するための売上高

資　料

① 売上高　¥3,000,000

② 変動売上原価　¥1,900,000

③ 変動販売費　¥ 200,000

④ 固定製造間接費　¥ 280,000

⑤ 固定販売費及び一般管理費　¥ 350,000

(4) 標準原価計算を採用している島根製作所の当月における下記の資料から，次の金額を求めなさい。

a．直接材料費差異　　b．賃　率　差　異　　c．製造間接費差異

ただし，i　直接材料は製造着手のときにすべて投入されるものとする。

ii　解答欄の（　　）のなかは不利差異の場合は不利，有利差異の場合は有利を○で囲むこと。

資　　料

① 標準原価カード

C製品	標準原価カード		
	標準消費数量	標準単価	金　額
直接材料費	2kg	¥450	¥ 900
	標準直接作業時間	標準賃率	
直接労務費	3時間	¥800	¥2,400
	標準直接作業時間	標準配賦率	
製造間接費	3時間	¥100	¥ 300
	製品/個あたりの標準原価		¥3,600

② 生産データ

月初仕掛品	100個	（加工進捗度50%）
当月投入	850個	
合　計	950個	
月末仕掛品	150個	（加工進捗度40%）
完成品	800個	

③ 実際直接材料費　¥ 777,000

④ 実際直接労務費　¥1,911,000

実際直接作業時間　2,450時間

実　際　賃　率　¥780

⑤ 製造間接費実際発生額　¥ 256,000

(5) 単純総合原価計算を採用してA製品を製造している岡山製作所の次の資料から，月末仕掛品原価を求めなさい。

ただし，i　素材は製造着手のときにすべて投入され，加工費は製造の進行に応じて消費されるものとする。

ii　月末仕掛品原価の計算は平均法による。

iii　正常減損は製造工程の始点で発生しており，正常減損費は完成品と月末仕掛品の両方に負担させる。

資　　料

① 生産データ

月初仕掛品	100kg	（加工進捗度60%）
当月投入	3,150kg	
合　計	3,250kg	
月末仕掛品	200kg	（加工進捗度40%）
正常減損	50kg	
完成品	3,000kg	

② 月初仕掛品原価

素　材　費　¥97,000

加　工　費　¥54,000

③ 当月製造費用

素　材　費　¥3,023,000

加　工　費　¥2,795,000

2 奈良製作所は，組別総合原価計算を採用し，A組製品とB組製品を製造している。次の資料によって，組別総合原価計算表とA組仕掛品勘定を完成しなさい。

ただし，ｉ　組間接費は直接労務費を基準として配賦しており，組間接費勘定を設けて記帳している。

ⅱ　素材は製造着手のときにすべて投入され，加工費は製造の進行に応じて消費されるものとする。

ⅲ　月末仕掛品原価の計算は先入先出法による。

資　　料

a．生産データ

	A　組		B　組	
月初仕掛品	300個	（加工進捗度40%）	500個	（加工進捗度60%）
当月投入	1,900個		2,400個	
合　計	2,200個		2,900個	
月末仕掛品	200個	（加工進捗度50%）	400個	（加工進捗度50%）
完成品	2,000個		2,500個	

b．月初仕掛品原価

	A　組	B　組
素材費	¥ 426,000	¥ 460,000
加工費	¥ 144,000	¥ 225,000

c．当月製造費用

	A組直接費	B組直接費	組間接費
素材費	¥2,774,000	¥2,256,000	——
労務費	¥1,760,000	¥1,440,000	¥381,000
経費	¥ 66,000	¥ 192,000	¥259,000

3 個別原価計算を採用している広島工業株式会社の下記の取引によって，次の各問いに答えなさい。

(1) /月25日の取引の仕訳を示しなさい。
(2) 消費賃金勘定・仕掛品勘定・製造間接費勘定に必要な記入をおこない，締め切りなさい。なお，勘定記入は日付・相手科目・金額を示すこと。
(3) A製品（製造指図書#/）の原価計算表を作成しなさい。

ただし，i 前月繰越高は，次のとおりである。

素　　材 200個 @¥3,650 ¥ 730,000
工場消耗品 480〃 〃〃 200 ¥ 96,000
仕 掛 品（製造指図書#/） ¥3,325,000（原価計算表に記入済み）

ii 素材の消費高の計算は移動平均法により，工場消耗品の消費数量の計算は棚卸計算法によっている。
iii 賃金の消費高の計算には，作業時間/時間につき¥/,200の予定賃率を用いている。
iv 製造間接費は，直接作業時間を基準として予定配賦している。

年間製造間接費予定額（予算額）	¥9,072,000
年間予定直接作業時間（基準操業度）	2/,600時間

(4) 製造間接費配賦差異における次の資料から，予算差異の金額を求めなさい。なお，解答欄の（　）のなかは借方差異の場合は借方，貸方差異の場合は貸方を○で囲むこと。

資　　料

a．製造間接費については公式法変動予算により予算を設定して予定配賦をおこなっている。
b．月間の基準操業度（直接作業時間）は/,800時間である。
c．月間の製造間接費予算額¥756,000（変動費率 ¥300 固定費予算額 ¥2/6,000）
d．当月の実際直接作業時間は/,750時間であった。

取　　引

/月4日 素材および工場消耗品を次のとおり買い入れ，代金は掛けとした。

素　　材 550個 @¥3,800 ¥2,090,000
工場消耗品 /,800〃 〃〃 200 ¥ 360,000

/2日 B製品（製造指図書#2）の注文を受け，素材600個を消費して製造を開始した。

25日 本月分の賃金¥2,/83,000について，所得税¥2/0,000および健康保険料¥95,000を控除した正味支払額を小切手を振り出して支払った。

26日 A製品（製造指図書#/）200個が完成した。なお，A製品の賃金予定消費高と製造間接費予定配賦高を，次の作業時間によって計算し，原価計算表に記入した。ただし，賃金予定消費高と製造間接費予定配賦高を計上する仕訳は，月末におこなっている。

製造指図書#/ 950時間

3/日 ① 工場消耗品の月末棚卸数量は560個であった。よって，消費高を計上した。（間接材料）

② 当月の賃金予定消費高を次の作業時間によって計上した。

製造指図書#/ 950時間　　製造指図書#2 800時間
間 接 作 業 60時間

③ 健康保険料の事業主負担分¥95,000を計上した。

④ 当月の製造経費消費高を計上した。

電 力 料 ¥/27,000　　保 険 料 ¥35,000
減価償却費 90,000　　雑　　費 7,000

⑤ 上記②の直接作業時間によって，製造間接費を予定配賦した。

⑥ 当月の賃金実際消費高¥2,/54,000を計上した。

⑦ 賃金の予定消費高と実際消費高との差額を，賃率差異勘定に振り替えた。

⑧ 製造間接費の予定配賦高と実際発生高との差額を，製造間接費配賦差異勘定に振り替えた。

4 下記の取引の仕訳を示しなさい。ただし，勘定科目は，次のなかからもっとも適当なものを使用すること。

売掛金	製品	1級製品	2級製品
A組製品	B組製品	副産物	第1工程半製品
素材	建物減価償却費累計額	買掛金	売上
売上原価	消費材料	従業員賞与手当	減価償却費
仕掛品	第1工程仕掛品	第2工程仕掛品	製造間接費
材料消費価格差異	本社	工場	

a．単純総合原価計算を採用している愛知製作所は，月末に工場の従業員に対する賞与の月割額を計上した。ただし，半年分の賞与の支払予定額は￥2,340,000である。

b．三重製造株式会社の素材に関する資料は次のとおりであった。よって，予定価格による消費高と実際価格による消費高との差額を消費材料勘定から材料消費価格差異勘定に振り替えた。ただし，素材の予定価格は@￥740であり，実際消費単価の計算は先入先出法によっている。

前月繰越高　1,600個　@￥730　￥1,168,000
当月仕入高　4,300〃　〃〃750　￥3,225,000
当月消費数量　4,800〃

c．等級別総合原価計算を採用している滋賀製作所において，1級製品4,000個と2級製品5,000個が完成するとともに副産物が発生した。ただし，この総合原価は￥1,710,000であり，そのうち副産物の評価額は￥135,000であった。なお，等価係数は次の各製品1個あたりの重量を基準としている。

1級製品　300g　　2級製品　180g

d．個別原価計算を採用している京都製作所は，次の製品を受注先に発送した。よって，売上高および売上原価を計上した。

	A製品（製造指図書＃1）	B製品（製造指図書＃2）
売上高(掛け)	￥500,000	￥640,000
売上製品製造原価	￥390,000	￥480,000

e．工程別総合原価計算を採用している大阪製造株式会社は，月末に工程別総合原価計算表を作成し，各工程の完成品原価を次のとおり計上した。なお，当月中に完成した第1工程の完成品は5,000個であり，そのうち4,500個は第2工程（最終工程）に投入し，500個は倉庫に保管されている。ただし，月初に第1工程完成品の在庫はなく，第1工程の完成品原価はすべて第1工程半製品勘定に振り替えている。

第1工程　￥2,850,000　　第2工程　￥4,900,000

f．工場会計が独立している兵庫工業株式会社の本社は，決算にさいし，建物の減価償却費￥830,000を計上した。ただし，このうち￥540,000は工場の建物に対するものであり，建物減価償却累計額勘定は本社のみに設けてある。(本社の仕訳)

公益財団法人 全国商業高等学校協会主催・文部科学省後援

第3回 簿記実務検定模擬試験 1級 原価計算 〔解 答 用 紙〕

1

(1)

a	¥
b	¥
c	¥

(2)

ア	イ

(3)

a	¥
b	¥
c	¥

(4)

a	¥	(不利・有利)
b	¥	(不利・有利)
c	¥	(不利・有利)

※(不利・有利)のいずれかを○で囲むこと。

(5)

¥

1 得点		2 得点		3 得点		4 得点		総得点	

年	組	番	名 前

組別総合原価計算表

令和○年／月分

摘要		A組	B組
組直接費	素材費		
	加工費		
組間接費	加工費		
当月製造費用			
月初仕掛品原価	素材費	426,000	460,000
	加工費	144,000	225,000
計			
月末仕掛品原価	素材費		376,000
	加工費	110,000	
完成品原価			
完成品数量		個	個
製品単価		¥	¥

A組仕掛品

前月繰越	570,000	(　　　)	(　　　)
素材	2,774,000	次月繰越	(　　　)
労務費	1,760,000		
経費	66,000		
(　　　)	(　　　)		
	(　　　)		(　　　)

2 得点

3

(1)

	借方	貸方
1月25日		

(2)

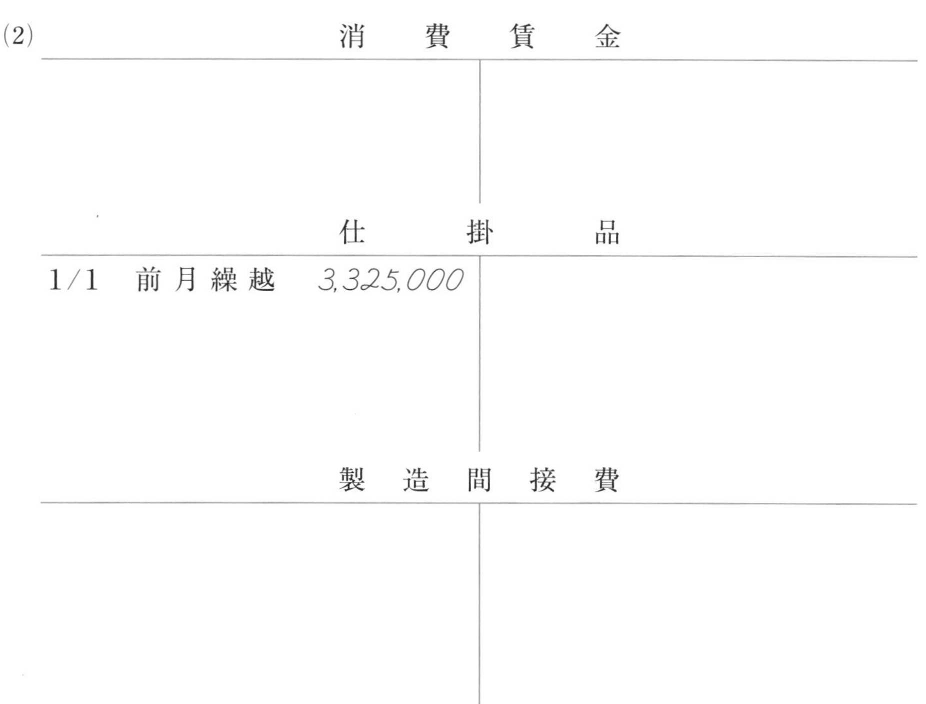

消費賃金

仕掛品

1/1 前月繰越 3,325,000

製造間接費

(3)

製造指図書#1　　　原価計算表

直接材料費	直接労務費	製造間接費	集計 摘要	金額
2,920,000	300,000	105,000	直接材料費	
			直接労務費	
			製造間接費	
			製造原価	
			完成品数量	個
			製品単価	¥

(4)

¥　　　　（借方・貸方）

※（借方・貸方）のいずれかを○で囲むこと。

3 得点	

4

	借　　　方	貸　　　方
a		
b		
c		
d		
e		
f		

4 得点	

とうほう

公益財団法人全国商業高等学校協会　主催
文部科学省　後援

第４回　簿記実務検定 第１級 模擬試験問題 原価計算

解答上の注意
1　解答にあたえられた時間は９０分です。試験開始後の途中退出はできません。
2　問題は全部で４問あります。
3　問題用紙の表紙に年・組・番・名前を記入しなさい。
4　解答はすべて別紙解答用紙に記入しなさい。

年	組	番	名　　前

1 次の各問いに答えなさい。

(1) 佐賀製作所における下記の資料により，製造原価報告書および損益計算書に記載する次の金額を求めなさい。なお，賃率差異は売上原価に振り替える。

a．当期材料費　　b．当期経費　　c．期末仕掛品棚卸高　　d．売上原価

資　　料

① 素　　材　期首棚卸高 ¥ 471,000　当期仕入高 ¥2,549,000　期末棚卸高 ¥483,000
② 工場消耗品　期首棚卸高 ¥ 105,000　当期仕入高 ¥ 612,000　期末棚卸高 ¥ 97,000
③ 賃　　金　当期予定消費高 ¥3,280,000
　予定賃率を用いており，賃率差異勘定 ¥146,000（借方残高）がある。
④ 給　　料　当期消費高 ¥ 400,000
⑤ 外注加工賃　前期前払高 ¥ 35,000　当期支払高 ¥ 390,000　当期未払高 ¥ 18,000
⑥ 電 力 料　当期支払高 ¥ 230,000　当期測定高 ¥ 240,000
⑦ 減価償却費　当期消費高 ¥ 185,000
⑧ 仕 掛 品　期首棚卸高 ¥ 796,000　期末棚卸高 ¥□
⑨ 当期製品製造原価 ¥7,654,000
⑩ 製　　品　期首棚卸高 ¥1,495,000　期末棚卸高 ¥1,273,000

(2) 長崎工業株式会社では，直接原価計算をおこない利益計画をたてている。当月における下記の資料から，次の金額を求めなさい。

a．損益分岐点の売上高　　b．目標営業利益 ¥567,000 を達成するための売上高
c．変動製造費が製品 / 個あたり ¥70 減少した場合の損益分岐点売上高

資　　料

① 販 売 数 量　2,000 個
② 販 売 単 価　¥ 1,750
③ 変 動 製 造 費　¥ 840（製品 / 個あたり）
④ 変 動 販 売 費　¥ 280（製品 / 個あたり）
⑤ 固定製造間接費　¥ 920,000
⑥ 固定販売費及び一般管理費　¥ 214,000

(3) 標準原価計算を採用している熊本製作所の当月における下記の資料から，次の金額を求めなさい。

a．完成品の標準原価　　b．賃　率　差　異　　c．能　率　差　異

ただし，i　直接材料は製造着手のときにすべて投入されるものとする。
ii　能率差異は変動費能率差異と固定費能率差異を合計すること。
iii　解答欄の（　　）のなかは不利差異の場合は不利，有利差異の場合は有利を○で囲むこと。

資　　料

① 標準原価カード

D製品	標準原価カード		
	標準消費数量	標準単価	金　額
直接材料費	5kg	¥400	¥2,000
	標準直接作業時間	標準賃率	
直接労務費	3時間	¥850	¥2,550
	標準直接作業時間	標準配賦率	
製造間接費	3時間	¥350	¥1,050
	製品／個あたりの標準原価		¥5,600

② 生産データ

月初仕掛品	110個	（加工進捗度50%）
当月投入	715個	
合　計	825個	
月末仕掛品	125個	（加工進捗度60%）
完成品	700個	

③ 実際直接労務費　¥1,925,000
　実際直接作業時間　2,200時間
　実際賃率　¥875

④ 製造間接費実際発生額　¥814,000

⑤ 製造間接費予算（公式法変動予算）
　変動費予算額　¥460,000
　（変動費率 ¥200）
　固定費予算額　¥345,000
　基準操業度(直接作業時間)　2,300時間

(4) 単純総合原価計算を採用している大分製作所の次の資料から，月末仕掛品原価を求めなさい。

ただし，i　素材は製造着手のときにすべて投入され，加工費は製造の進行に応じて消費されるものとする。
ii　月末仕掛品原価の計算は先入先出法による。
iii　正常減損は製造工程の始点で発生しており，正常減損費は完成品と月末仕掛品の両方に負担させる。

資　　料

① 生産データ

月初仕掛品	400kg	（加工進捗度50%）
当月投入	5,250kg	
合　計	5,650kg	
月末仕掛品	500kg	（加工進捗度60%）
正常減損	□kg	
完成品	5,000kg	

② 月初仕掛品原価
　素材費　¥242,000
　加工費　¥169,000

③ 当月製造費用
　素材費　¥3,213,000
　加工費　¥4,437,000

2 工程別総合原価計算を採用している福岡製造株式会社の下記の資料によって，
(1) 工程別総合原価計算表を完成しなさい。
(2) 第2工程の月末仕掛品原価に含まれる前工程費を答えなさい。
(3) 第1工程半製品勘定を完成しなさい。
ただし，i 第1工程の完成品原価は，すべて第1工程半製品勘定に振り替えている。
ii 素材は製造着手のときにすべて投入され，第1工程の完成品は第2工程の始点で投入されるものとする。
iii 加工費は第1工程・第2工程ともに製造の進行に応じて消費されるものとする。
iv 月末仕掛品原価の計算は平均法による。

資　　料
a．生 産 データ

	第1工程		第2工程	
月初仕掛品	500個	(加工進捗度45%)	200個	(加工進捗度55%)
当月投入	3,700個		3,000個	
合　計	4,200個		3,200個	
月末仕掛品	600個	(加工進捗度40%)	400個	(加工進捗度50%)
完 成 品	3,600個		2,800個	

b．月初仕掛品原価
第1工程 ¥485,000（素 材 費 ¥350,000 加 工 費 ¥135,000）
第2工程 ¥358,000（前工程費 ¥259,000 加 工 費 ¥ 99,000）
c．当月製造費用
① 工程個別費および補助部門個別費

費　目	第1工程	第2工程	補助部門
素 材 費	¥2,611,000	——	——
労 務 費	¥1,385,000	¥1,475,000	¥ 270,000
経　費	¥ 230,000	¥ 341,000	¥ 450,000

② 部門共通費を次のとおり配賦する。
第1工程 ¥245,000　第2工程 ¥365,000　補助部門 ¥180,000
③ 補助部門費を第1工程に45%，第2工程に55%の割合で配賦する。
d．当月中に第2工程に投入した第1工程完成品原価は¥3,981,000である。

3 個別原価計算を採用している宮崎製作所の下記の取引によって，次の各問いに答えなさい。
(1) 6月12日と30日⑨の取引の仕訳を示しなさい。
(2) 製造間接費勘定・第1製造部門費勘定に必要な記入をおこない，締め切りなさい。なお，勘定記入は日付・相手科目・金額を示すこと。
(3) A製品（製造指図書#1）の原価計算表を作成しなさい。
(4) 部門費振替表を直接配賦法によって作成しなさい。
(5) 6月末の賃金未払高を求めなさい。

ただし，i 前月繰越高は，次のとおりである。

素　　材　600個　@¥2,200　¥1,320,000
工場消耗品　280〃　〃〃300　¥　84,000
仕　掛　品（製造指図書#1）　¥1,921,000（原価計算表に記入済み）
賃　　金（未払高）　¥　542,000

ii 素材の消費高の計算は移動平均法，工場消耗品の消費数量の計算は棚卸計算法によっている。

iii 賃金の消費高は，作業時間1時間につき¥1,250の予定賃率を用いて計算し，賃金勘定だけで処理している。

iv 製造間接費は部門別計算をおこない，各製品に予定配賦している。なお，第1製造部門は直接作業時間を基準とし，第2製造部門は機械運転時間を基準としている。

	第1製造部門	第2製造部門
年間製造間接費予定額（予算額）	¥7,560,000	¥9,720,000
年間予定直接作業時間（基準操業度）	21,000時間	——
年間予定機械運転時間（基準操業度）	——	18,000時間

取　　引

6月7日 素材および工場消耗品を次のとおり買い入れ，代金は掛けとした。

素　　材　1,400個　@¥2,150　¥3,010,000
工場消耗品　850〃　〃〃300　¥　255,000

12日 B製品（製造指図書#2）の注文を受け，素材1,600個を消費して製造を開始した。

25日 賃金を次のとおり小切手を振り出して支払った。

賃金総額　¥2,180,000
うち，控除額　所得税　¥197,000　健康保険料　¥120,000

30日 ① 工場消耗品の月末棚卸数量は190個であった。よって，消費高を計上した。（間接材料）

② 当月の作業時間は，次のとおりであった。よって，当月の賃金予定消費高を計上した。

		合計＼内訳	第1製造部門	第2製造部門
直接作業時間	製造指図書#1	860時間	800時間	60時間
	製造指図書#2	740時間	700時間	40時間
間接作業時間		120時間		

③ 次の当月の機械運転時間と上記②の直接作業時間によって，製造部門費を予定配賦した。

		合計＼内訳	第1製造部門	第2製造部門
機械運転時間	製造指図書#1	1,080時間	180時間	900時間
	製造指図書#2	870時間	120時間	750時間

④ 健康保険料の事業主負担分¥120,000を計上した。

⑤ 当月の製造経費消費高を計上した。

電力料　¥472,000　保険料　¥134,000　減価償却費　¥275,000

⑥ 製造間接費を次のように各部門に配分した。

第1製造部門　¥465,000　第2製造部門　¥739,000
動力部門　144,000　修繕部門　85,000

⑦ 補助部門費を次の配賦基準によって各製造部門に配賦した。

	配賦基準	第1製造部門	第2製造部門
動力部門費	kW数×運転時間数	20kW×300時間	40kW×1,650時間
修繕部門費	修繕回数	8回	2回

⑧ A製品（製造指図書#1）200個が完成した。

⑨ 当月の賃金実際消費高は¥2,169,000であった。よって，賃金の予定消費高と実際消費高との差額を，賃率差異勘定に振り替えた。

⑩ 第1製造部門費の配賦差異を，製造部門費配賦差異勘定に振り替えた。

⑪ 第2製造部門費の配賦差異を，製造部門費配賦差異勘定に振り替えた。

4 下記の取引の仕訳を示しなさい。ただし，勘定科目は，次のなかからもっとも適当なものを使用すること。

当座預金	売掛金	製品	1級製品
2級製品	A組製品	B組製品	仕損品
素材	売上	売上原価	消費材料
賃金	従業員賞与手当	仕損費	仕掛品
A組仕掛品	B組仕掛品	製造間接費	組間接費
材料消費価格差異	本社	工場	

a．高知製造株式会社の素材に関する資料は次のとおりであった。よって，予定価格による消費高と実際価格による消費高との差額を消費材料勘定から材料消費価格差異勘定に振り替えた。ただし，素材の予定価格は@¥950であり，実際消費単価の計算は総平均法によっている。

前月繰越高	750個	@¥940	¥ 705,000
当月仕入高	5,250〃	〃〃980	¥5,145,000
当月消費数量	5,200〃		

b．組別総合原価計算を採用している徳島製作所は，組間接費¥768,000を機械運転時間を基準にA組製品とB組製品に配賦した。なお，当月の機械運転時間はA組1,950時間　B組1,250時間であった。

c．製造指図書#12の製品が仕損じとなり，補修指図書#12－1を発行して補修をおこなった。この補修指図書に集計された製造原価は，素材¥26,000　賃金¥48,000　製造間接費予定配賦額¥35,000である。

d．等級別総合原価計算を採用している香川製作所において，1級製品2,800個と2級製品3,500個が完成した。ただし，この完成品の総合原価は¥2,695,000であり，等価係数は次の各製品1個あたりの重量を基準としている。

1級製品　360g　　　2級製品　240g

e．単純総合原価計算を採用している愛媛製作所は，当月に販売された製品1,750個について，売上原価を計上した。ただし，当月中に完成した製品1,800個の完成品原価は¥3,960,000であり，月初に製品の在庫はなく，完成品原価と売上高の計上は済んでいる。

f．工場会計が独立している山口産業株式会社の本社は，従業員に対する賞与¥4,790,000を小切手を振り出して支払った。ただし，このうち¥3,180,000は工場の従業員に対するものである。（本社の仕訳）

公益財団法人 全国商業高等学校協会主催・文部科学省後援

第４回　簿記実務検定模擬試験　１級　原価計算〔解　答　用　紙〕

1

(1)

a	¥
b	¥
c	¥
d	¥

(2)

a	¥
b	¥
c	¥

(3)

a	¥
b	¥　　　　　　　（不利・有利）
c	¥　　　　　　　（不利・有利）

※（不利・有利）のいずれかを○で囲むこと。

(4)

¥

1 得点		2 得点		3 得点		4 得点		総得点	

年	組	番	名　前

2 (1)

工程別総合原価計算表
令和○年6月分

摘要	第1工程	第2工程
工程個別費 素材費	2,611,000	——
前工程費	——	
労務費	1,385,000	1,475,000
経費	230,000	341,000
部門共通費配賦額	245,000	365,000
補助部門費配賦額		
当月製造費用		
月初仕掛品原価	485,000	358,000
計		
月末仕掛品原価		715,000
工程完成品原価		
工程完成品数量	3,600個	2,800個
工程単価	¥	¥

(2) ¥

(3)

第1工程半製品

前月繰越	520,000	第2工程仕掛品	( )
( )	( )	次月繰越	( )
	( )		( )

2 得点	

3

(1)

	借方	貸方
6月12日		
30日⑨		

(2)

製造間接費

第1製造部門費

(3)

製造指図書#1　　原価計算表

直接材料費	直接労務費	製造間接費				集計	
		部門	時間	配賦率	金額	摘要	金額
1,760,000	125,000	第1	100	360	36,000	直接材料費	
						直接労務費	
						製造間接費	
						製造原価	
						完成品数量	個
						製品単価	¥

(4)

部門費振替表

直接配賦法　　令和○年6月分

部門費	配賦基準	金額	製造部門		補助部門	
			第1部門	第2部門	動力部門	修繕部門
部門費合計						
動力部門費	kW数×運転時間数					
修繕部門費	修繕回数					
配賦額合計						
製造部門費合計						

(5)

¥

3 得点	

4

	借　　　　方	貸　　　　方
a		
b		
c		
d		
e		
f		

4 得点	

とうほう

公益財団法人全国商業高等学校協会　主催
文部科学省　後援

第5回　簿記実務検定 第1級 模擬試験問題 原価計算

解答上の注意
1　解答にあたえられた時間は９０分です。試験開始後の途中退出はできません。
2　問題は全部で４問あります。
3　問題用紙の表紙に年・組・番・名前を記入しなさい。
4　解答はすべて別紙解答用紙に記入しなさい。

年	組	番	名　　前

1 次の各問いに答えなさい。

(1) 松江製作所における下記の勘定記録と資料により，次の金額を求めなさい。ただし，会計期間と原価計算期間は一致しているものとする。

a．直接労務費　　b．直 接 経 費　　c．製造間接費の実際発生額　　d．売 上 原 価

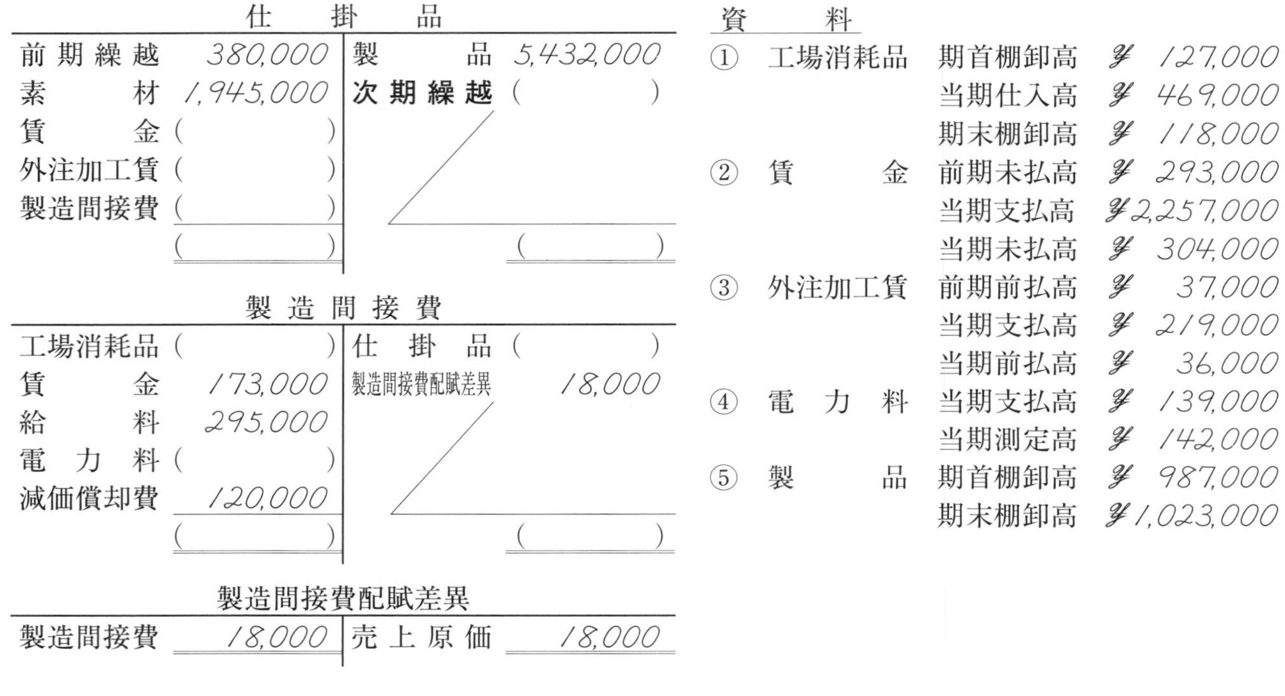

仕　掛　品

前期繰越	380,000	製　　品	5,432,000
素　　材	1,945,000	次期繰越	(　　　)
賃　　金	(　　　)		
外注加工賃	(　　　)		
製造間接費	(　　　)		
	(　　　)		(　　　)

製 造 間 接 費

工場消耗品	(　　　)	仕 掛 品	(　　　)
賃　　金	173,000	製造間接費配賦差異	18,000
給　　料	295,000		
電 力 料	(　　　)		
減価償却費	120,000		
	(　　　)		(　　　)

製造間接費配賦差異

製造間接費	18,000	売 上 原 価	18,000

資　料

①	工場消耗品	期首棚卸高	¥ 127,000
		当期仕入高	¥ 469,000
		期末棚卸高	¥ 118,000
②	賃　　金	前期未払高	¥ 293,000
		当期支払高	¥2,257,000
		当期未払高	¥ 304,000
③	外注加工賃	前期前払高	¥ 37,000
		当期支払高	¥ 219,000
		当期前払高	¥ 36,000
④	電 力 料	当期支払高	¥ 139,000
		当期測定高	¥ 142,000
⑤	製　　品	期首棚卸高	¥ 987,000
		期末棚卸高	¥1,023,000

(2) 次の文の[　　　]にあてはまるもっとも適当な語を，下記の語群のなかから選び，その番号を記入しなさい。

原価計算の手続きは，[ア]・部門別計算・製品別計算の3つの段階からなる。そのうち製品別計算は，受注のつど，製造指図書を発行して製品を製造する生産形態において用いられる個別原価計算と，受注に関係なく製品を連続して製造する生産形態において用いられる[イ]に分けることができる。

1．工 程 別 計 算　　2．標準原価計算　　3．費 目 別 計 算　　4．総合原価計算

(3) 次の文の[　　　]のなかに，適当な金額または数量を記入しなさい。

神戸工業株式会社はX製品を製造し，1個あたり¥1,500で販売している。短期利益計画のために，総原価を変動費と固定費に分け，直接原価計算による損益計算書を作成したところ，X製品を5,500個製造・販売した場合の変動費は¥5,280,000　固定費は¥1,755,000　営業利益は¥[a]であった。この損益計算書をもとに計算した損益分岐点の売上高は¥[b]であり，目標営業利益¥1,350,000を達成するための販売数量は[c]個であった。

(4) 標準原価計算を採用している津製作所の当月における次の資料とパーシャルプランによる仕掛品勘定の記録から，仕掛品勘定の（a）～（c）に入る金額を求めなさい。ただし，直接材料は製造着手のときにすべて投入されるものとする。

資　　料

① 標準原価カード

E製品	標準原価カード		
	標準消費数量	標準単価	金　額
直接材料費	4kg	¥600	¥2,400
	標準直接作業時間	標準賃率	
直接労務費	2時間	¥1,000	¥2,000
	標準直接作業時間	標準配賦率	
製造間接費	2時間	¥450	¥ 900
	製品1個あたりの標準原価		¥5,300

② 生産データ

月初仕掛品	350個	（加工進捗度60%）
当月投入	1,450個	
合　計	1,800個	
月末仕掛品	300個	（加工進捗度50%）
完成品	1,500個	

③ 実際直接材料費　¥3,477,000

実際消費数量　5,700kg

実際単価　¥610

④ 実際直接労務費　¥［　　　］

実際直接作業時間　［　　　］時間

実際賃率　¥1,050

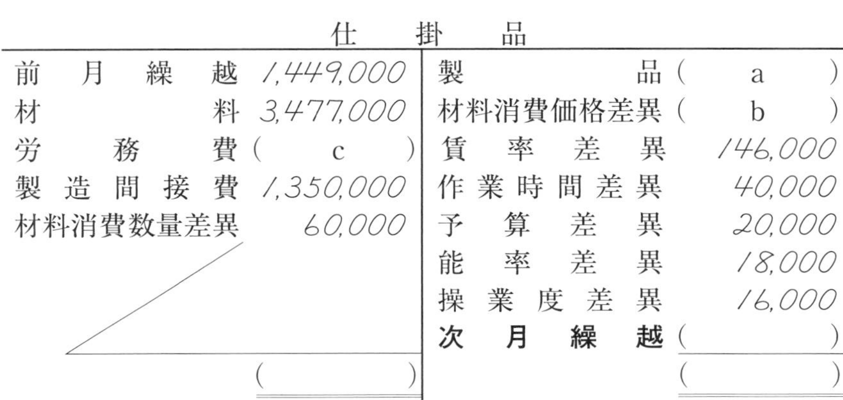

仕　掛　品

前月繰越	1,449,000	製品	（ a ）
材料	3,477,000	材料消費価格差異	（ b ）
労務費	（ c ）	賃率差異	146,000
製造間接費	1,350,000	作業時間差異	40,000
材料消費数量差異	60,000	予算差異	20,000
		能率差異	18,000
		操業度差異	16,000
		次月繰越	（　　　）
	（　　　）		（　　　）

2 松山製作所は，組別総合原価計算を採用し，A組製品とB組製品を製造している。次の資料によって，組別総合原価計算表とA組仕掛品勘定を完成しなさい。

ただし，i　組間接費は機械運転時間を基準として配賦する。

ii　素材は製造着手のときにすべて投入され，加工費は製造の進行に応じて消費されるものとする。

iii　月末仕掛品原価の計算は平均法による。

iv　B組の正常減損は製造工程の終点で発生しており，正常減損費は完成品のみに負担させる。

資　　料

a．当月製造費用

	A組直接費	B組直接費	組間接費
素　材　費	¥2,297,000	¥4,750,000	——
労　務　費	¥1,950,000	¥2,846,000	¥135,000
経　　　費	¥ 582,000	¥ 280,000	¥229,000

b．生 産 デ ー タ

A　組			B　組		
月初仕掛品	600kg	（加工進捗度50%）	月初仕掛品	500kg	（加工進捗度40%）
当 月 投 入	2,900kg		当 月 投 入	3,950kg	
合　計	3,500kg		合　計	4,450kg	
月末仕掛品	500kg	（加工進捗度60%）	月末仕掛品	400kg	（加工進捗度50%）
完　成　品	3,000kg		正 常 減 損	50kg	
			完　成　品	4,000kg	

c．当月の機械運転時間数

A　組　　225 時間　　　B　組　　125 時間

3 個別原価計算を採用している大津製作所の下記の取引によって，次の各問いに答えなさい。

(1) 6月30日③の取引の仕訳を示しなさい。

(2) 消費賃金勘定・製造間接費勘定・製造部門費配賦差異勘定に必要な記入をおこない，締め切りなさい。なお，勘定記入は日付・相手科目・金額を示すこと。

(3) A製品（製造指図書＃6）の原価計算表を作成しなさい。

(4) 部門費振替表を直接配賦法によって作成しなさい。

(5) 月末仕掛品原価を求めなさい。

ただし，i 前月繰越高は，次のとおりである。

素　　材 200個 @¥1,450 ¥ 290,000
仕 掛 品（製造指図書＃6） ¥1,982,000（原価計算表に記入済み）
製造部門費配賦差異 ¥ 49,000（借方）

ii 素材の消費高の計算は先入先出法によっている。

iii 賃金の消費高の計算には，作業時間1時間につき¥1,080の予定賃率を用いている。

iv 製造間接費は部門別計算をおこない，直接作業時間を配賦基準として予定配賦している。

	第1製造部門	第2製造部門
年間製造間接費予定額（予算額）	¥11,700,000	¥11,400,000
年間予定直接作業時間（基準操業度）	18,000時間	15,000時間

取　　引

6月2日 素材を次のとおり買い入れ，代金は掛けとした。

素　　材 1,200個 @¥1,470 ¥1,764,000

13日 B製品（製造指図書＃7）の注文を受け，素材900個を消費して製造を開始した。

24日 A製品（製造指図書＃6）120個が完成した。なお，A製品の賃金予定消費高と製造部門費予定配賦高を，次の作業時間によって計算し，原価計算表に記入した。ただし，賃金予定消費高と製造部門費予定配賦高を計上する仕訳は，月末におこなっている。

製造指図書＃6 1,450時間（第1製造部門 600時間 第2製造部門 850時間）

25日 賃金を次のとおり小切手を振り出して支払った。

賃 金 総 額 ¥3,142,000
うち，控除額 所 得 税 ¥357,000 健康保険料 ¥153,000

30日 ① 消耗工具器具備品の当月消費高¥888,000を計上した。（間接材料）

② 当月の作業時間は，次のとおりであった。よって，当月の賃金予定消費高を計上した。

		内訳 / 合計	第1製造部門	第2製造部門
直接作業時間	製造指図書＃6	1,450時間	600時間	850時間
	製造指図書＃7	1,100時間	800時間	300時間
間接作業時間		350時間		

③ 上記②の直接作業時間によって，製造部門費を予定配賦した。

④ 健康保険料の事業主負担分¥153,000を計上した。

⑤ 当月の製造経費消費高を計上した。

電 力 料 ¥117,000　減価償却費 ¥235,000　雑　　費 ¥29,000

⑥ 製造間接費を次のように各部門に配分した。

第1製造部門 ¥699,000　第2製造部門 ¥708,000
動 力 部 門 225,000　修 繕 部 門 168,000

⑦ 補助部門費を次の配賦基準によって各製造部門に配賦した。

	配 賦 基 準	第1製造部門	第2製造部門
動 力 部 門 費	kW数×運転時間数	15kW × 600時間	10kW × 350時間
修 繕 部 門 費	修 繕 回 数	3回	9回

⑧ 当月の賃金実際消費高¥3,115,000を計上した。

⑨ 賃金の予定消費高と実際消費高との差額を，賃率差異勘定に振り替えた。

⑩ 第1製造部門費の配賦差異を，製造部門費配賦差異勘定に振り替えた。

⑪ 第2製造部門費の配賦差異を，製造部門費配賦差異勘定に振り替えた。

4 下記の取引の仕訳を示しなさい。ただし，勘定科目は，次のなかからもっとも適当なものを使用すること。

当座預金	売掛金	製品	1級製品
2級製品	仕損品	第1工程半製品	素材
所得税預り金	健康保険料預り金	売上	売上原価
消費材料	健康保険料	特許権使用料	保険料
仕損費	仕掛品	第1工程仕掛品	第2工程仕掛品
製造間接費	材料消費価格差異	本社	工場

a．単純総合原価計算を採用している鹿児島製造株式会社は，月末に特許権使用料 ¥360,000 および工場の建物に対する保険料 ¥200,000 を消費高として計上した。

b．等級別総合原価計算を採用している沖縄工業株式会社は，次の売上製品原価月報により3月分の売上製品の原価を計上した。

売上製品原価月報

令和○年3月分　　No. 3

製品名	摘要	数量	単価	金額
1級製品	省略	2,800個	900	2,520,000
2級製品		4,600個	750	3,450,000
		合	計	5,970,000

c．補修指図書＃8－1に集計された製造原価 ¥76,000 を仕損費勘定に計上していたが，本日，補修が完了したので，製造指図書＃8に賦課した。

d．会計期末にあたり，材料消費価格差異勘定の残高を売上原価勘定に振り替えた。なお，材料消費価格差異勘定の前月繰越高は ¥124,000（借方）であり，当月の素材の予定消費高 ¥1,483,000 と実際消費高 ¥1,497,000 との差額は材料消費価格差異勘定に振り替えられている。

e．工程別総合原価計算を採用している那覇製造株式会社は，月末に工程別総合原価計算表を作成し，各工程の完成品原価を次のとおり計上した。なお，当月中に第2工程（最終工程）に投入した第1工程の完成品原価は ¥2,430,000 である。ただし，当社では第1工程の完成品原価をすべて第1工程半製品勘定に振り替えている。

第1工程 ¥2,175,000　　第2工程 ¥3,690,000

f．工場会計が独立している高松製作所の本社は，工場の従業員の賃金 ¥1,928,000 について，所得税額 ¥179,000 および健康保険料 ¥116,000 を控除した正味支払額 ¥1,633,000 を小切手を振り出して支払った。ただし，所得税預り金勘定および健康保険料預り金勘定は本社のみに設けてある。（本社の仕訳）

公益財団法人 全国商業高等学校協会主催・文部科学省後援

第5回　簿記実務検定模擬試験　1級　原価計算〔解　答　用　紙〕

1

(1)

a	¥
b	¥
c	¥
d	¥

(2)

ア	イ

(3)

a	¥
b	¥
c	個

(4)

a	¥
b	¥
c	¥

1 得点		2 得点		3 得点		4 得点		総得点	

年	組	番	名　　前

組別総合原価計算表

令和○年６月分

摘　　要		A　　組	B　　組
組直接費	素材費		
	加工費		
組間接費	加工費		
当月製造費用			
月初仕掛品原価	素材費	468,000	590,000
	加工費	270,000	144,000
計			
月末仕掛品原価	素材費	395,000	
	加工費		160,000
完成品原価			
完成品数量		3,000kg	4,000kg
製品／kgあたりの原価		¥	¥

A組仕掛品

前月繰越	738,000	(　　　　)	(　　　　)
素材	2,297,000	次月繰越	(　　　　)
労務費	1,950,000		
経費	582,000		
(　　　　)	(　　　　)		
	(　　　　)		(　　　　)

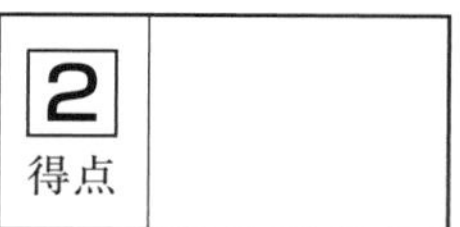

3

(1)

	借方	貸方
6月30日③		

(2)

消費賃金

製造間接費

製造部門費配賦差異

6/1 前月繰越	49,000	

(3)

製造指図書＃6　　原価計算表

直接材料費	直接労務費	製造間接費				集計	
		部門	時間	配賦率	金額	摘要	金額
1,636,000	216,000	第1	200	650	130,000	直接材料費	
						直接労務費	
						製造間接費	
						製造原価	
						完成品数量	個
						製品単価	¥

(4)

部門費振替表

直接配賦法　　令和○年6月分

部門費	配賦基準	金額	製造部門		補助部門	
			第1部門	第2部門	動力部門	修繕部門
部門費合計						
動力部門費	kW数×運転時間数					
修繕部門費	修繕回数					
配賦額合計						
製造部門費合計						

(5)

¥

3 得点	

4

	借方	貸方
a		
b		
c		
d		
e		
f		

4 得点	

とうほう

公益財団法人全国商業高等学校協会　主催
文部科学省　後援

第6回　簿記実務検定 第1級 模擬試験問題　原価計算

解答上の注意

1　解答にあたえられた時間は９０分です。試験開始後の途中退出はできません。
2　問題は全部で4問あります。
3　問題用紙の表紙に年・組・番・名前を記入しなさい。
4　解答はすべて別紙解答用紙に記入しなさい。

年	組	番	名　前

1 次の各問いに答えなさい。

(1) 仙台製作所では，Z製品を1個あたり¥800で販売している。この製品を5,500個製造・販売したときの全部原価計算および直接原価計算による損益計算書は下記のとおりである。よって，直接原価計算による次の金額または数量を求めなさい。ただし，月初・月末の仕掛品および製品はなかった。

a．変動製造マージン（ア）の金額　　b．損益分岐点の売上高

c．営業利益を2倍にするための販売数量

資　　料

（全部原価計算による）

仙台製作所　損益計算書　（単位：円）

Ⅰ 売上高		4,400,000
Ⅱ 売上原価		3,260,000
売上総利益		1,140,000
Ⅲ 販売費及び一般管理費		580,000
営業利益		560,000

（直接原価計算による）

仙台製作所　損益計算書　（単位：円）

Ⅰ 売上高		4,400,000
Ⅱ 変動売上原価		(　　　)
変動製造マージン		(　ア　)
Ⅲ 変動販売費		(　　　)
貢献利益		1,760,000
Ⅳ 固定費		
1．固定製造間接費	840,000	
2．固定販売費及び一般管理費	360,000	1,200,000
営業利益		560,000

(2) 次の文の［　　］にあてはまるもっとも適当な語を，下記の語群のなかから選び，その番号を記入しなさい。

総合原価計算を採用している工場において正常減損が発生した場合，減損費を完成品と月末仕掛品の両方に負担させるか，［　ア　］のみに負担させるかを判断する必要がある。例えば，正常減損が製造工程の［　イ　］で発生した場合，減損は月末仕掛品からも発生していると考え，正常減損費は完成品と月末仕掛品の両方に負担させる処理をする。

1．完　成　品　　2．月末仕掛品　　3．始　点　　4．終　点

(3)　宇都宮製作所における下記の勘定記録と資料により，次の金額を求めなさい。なお，原価計算期間と会計期間は一致しているものとする。

　　a．材料の実際消費高　　　　　b．経費の実際消費高
　　c．製造間接費配賦差異　　　　d．売上原価勘定の（ア）の金額

仕　掛　品

前期繰越	830,000	製　品	6,700,000
素　材	(　　　)	次期繰越	770,000
賃　金	1,584,000		
外注加工賃	(　　　)		
製造間接費	(　　　)		
	7,470,000		7,470,000

売　上　原　価

製　品	(　　　)	賃率差異	(　　　)
製造間接費配賦差異	(　　　)	損　益	(　ア　)
	(　　　)		(　　　)

資　　料

① 素　　材　期首棚卸高 ¥ 600,000　当期仕入高 ¥3,280,000　期末棚卸高 ¥ 510,000
　　素材の消費高はすべて製造直接費である。
② 工場消耗品　期首棚卸高 ¥ 120,000　当期仕入高 ¥ 470,000　期末棚卸高 ¥ 160,000
③ 賃　　金　予定賃率　作業時間 / 時間につき ¥960
　　直接作業時間　1,650時間　　間接作業時間　200時間
　　前期未払高 ¥ 270,000　当期支払高 ¥1,760,000　当期未払高 ¥ 280,000
④ 給　　料　当期消費高 ¥ 350,000
⑤ 外注加工賃　前期前払高 ¥ 80,000　当期支払高 ¥ 310,000　当期前払高 ¥ 90,000
　　外注加工賃の消費高はすべて製造直接費である。
⑥ 電 力 料　当期支払高 ¥ 240,000　当期測定高 ¥ 250,000
⑦ 減価償却費　当期消費高 ¥ 200,000
⑧ 製　　品　期首棚卸高 ¥1,420,000　期末棚卸高 ¥1,490,000
⑨ 製造間接費配賦額は，直接作業時間 / 時間につき ¥840 の予定配賦率を用いている。

(4)　標準原価計算を採用している盛岡製作所の当月における下記の資料から，次の金額を求めなさい。

　　a．完成品の標準原価　　　　b．材料消費数量差異　　　　c．製造間接費差異

ただし，i　直接材料は製造着手のときにすべて投入されるものとする。
　　　　ii　解答欄の（　　）のなかは不利差異の場合は不利，有利差異の場合は有利を○で囲むこと。

資　　料

① 標準原価カード

F製品	標準原価カード		
	標準消費数量	標準単価	金　額
直接材料費	4kg	¥500	¥2,000
	標準直接作業時間	標準賃率	
直接労務費	(　　)時間	¥800	¥(　　)
	標準直接作業時間	標準配賦率	
製造間接費	3時間	¥400	¥1,200
	製品 / 個あたりの標準原価		¥(　　)

② 生産データ

月初仕掛品	100個	(加工進捗度55%)
当月投入	970個	
合　計	1,070個	
月末仕掛品	120個	(加工進捗度50%)
完成品	950個	

③ 実際直接材料費　¥2,002,000
　　実際消費数量　3,850kg
　　実際単価　¥520

④ 製造間接費実際発生額　¥1,165,000

2 水戸製作所は，単純総合原価計算によって総合原価を計算したあと，等級別製品の原価を計算している。下記の資料と仕掛品勘定の記録によって，次の各問いに答えなさい。

(1) 単純総合原価計算表と等級別総合原価計算表を完成しなさい。

(2) *2* 級製品勘定を完成しなさい。

ただし，i　等級別製品は，*1* 級製品と *2* 級製品を製造している。

ii　等価係数は，各製品の *1* 個あたりの重量による。

iii　素材は製造着手のときにすべて投入され，加工費は製造の進行に応じて消費されるものとする。

iv　月末仕掛品原価と等級別製品の払出単価の計算方法は，先入先出法による。

資　　料

a．生産データ

月初仕掛品	*400* 個	(加工進捗度 *50*%)
当月投入	*2,750* 個	
合　計	*3,150* 個	
月末仕掛品	*350* 個	(加工進捗度 *40*%)
完成品	*2,800* 個	

b．月初仕掛品原価

素材費　¥□

加工費　¥*142,000*

c．当月製造費用

素材費　¥□

加工費　¥*2,329,000*

d．等級別製品データ

製品	*1* 個あたりの重量	当月完成品数量	当月販売数量	月初製品棚卸高		月末製品棚卸高	
				数量	単価	数量	単価
1 級製品	*750*g	*1,200* 個	*1,000* 個	*100* 個	¥*2,700*	*300* 個	¥(　　)
2 級製品	*500*g	*1,600* 個	*1,700* 個	*150* 個	¥*1,800*	*50* 個	¥(　　)

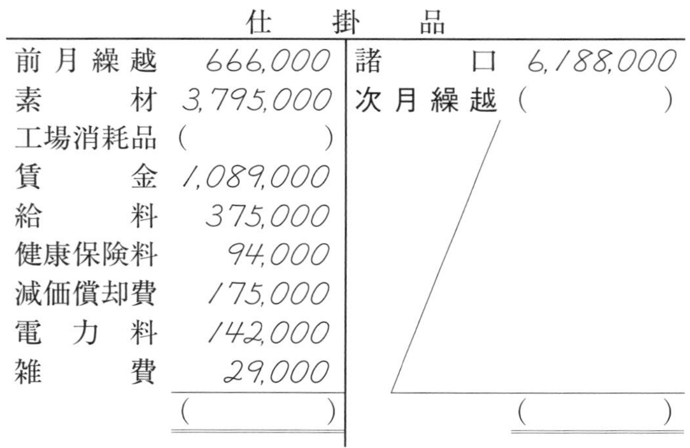

仕　掛　品

前月繰越	*666,000*	諸　口	*6,188,000*
素　材	*3,795,000*	次月繰越	(　　　)
工場消耗品	(　　　)		
賃　金	*1,089,000*		
給　料	*375,000*		
健康保険料	*94,000*		
減価償却費	*175,000*		
電力料	*142,000*		
雑　費	*29,000*		
	(　　　)		(　　　)

3 個別原価計算を採用している札幌工業株式会社の下記の取引によって，次の各問いに答えなさい。
(1) 1月14日と31日の①と⑩の取引の仕訳を示しなさい。
(2) 消費賃金勘定・第2製造部門費勘定に必要な記入をおこない，締め切りなさい。なお，勘定記入は日付・相手科目・金額を示すこと。
(3) A製品（製造指図書＃1）の原価計算表を作成しなさい。
(4) 部門費振替表を相互配賦法によって完成しなさい。

ただし，i 前月繰越高は，次のとおりである。
素　　材 160kg @¥2,450 ¥ 392,000
工場消耗品 800個 〃〃 140 ¥ 112,000
仕 掛 品（製造指図書＃1） ¥1,372,000（原価計算表に記入済み）

ii 素材の消費高の計算は移動平均法，工場消耗品の消費数量の計算は棚卸計算法によっている。

iii 賃金の消費高の計算には，作業時間1時間につき¥1,160の予定賃率を用いている。

iv 製造間接費は部門別計算をおこない，直接作業時間を配賦基準として予定配賦している。

	第1製造部門	第2製造部門
年間製造間接費予定額（予算額）	¥4,320,000	¥3,150,000
年間予定直接作業時間（基準操業度）	5,400時間	4,500時間

v 製造間接費勘定を設けている。

取　　引

1月 8日 素材および工場消耗品を次のとおり買い入れ，代金は掛けとした。
素　　材 640kg @¥2,600 ¥1,664,000
工場消耗品 1,500個 〃〃 140 ¥ 210,000

14日 B製品（製造指図書＃2）の注文を受け，素材600kgを消費して製造を開始した。

25日 賃金を次のとおり小切手を振り出して支払った。
賃 金 総 額 ¥1,143,000
うち，控除額　所 得 税 ¥116,000　健康保険料 ¥96,000

27日 A製品（製造指図書＃1）40個が完成した。なお，A製品の賃金予定消費高と製造部門費予定配賦高を，次の作業時間によって計算し，原価計算表に記入した。ただし，賃金予定消費高と製造部門費予定配賦高を計上する仕訳は，月末におこなっている。
製造指図書＃1 500時間（第1製造部門 150時間　第2製造部門 350時間）

31日 ① 工場消耗品の月末棚卸数量は750個であった。よって，消費高を計上した。（間接材料）

② 当月の作業時間は，次のとおりであった。よって，当月の賃金予定消費高を計上した。

		合計＼内訳	第1製造部門	第2製造部門
直接作業時間	製造指図書＃1	500時間	150時間	350時間
	製造指図書＃2	400時間	290時間	110時間
間接作業時間		75時間		

③ 上記②の直接作業時間によって，製造部門費を予定配賦した。

④ 健康保険料の事業主負担分¥96,000を計上した。

⑤ 当月の製造経費消費高を計上した。
電 力 料 ¥123,000　保 険 料 ¥45,000　減価償却費 ¥114,000

⑥ 製造間接費を次のように各部門に配分した。
第1製造部門 ¥213,000　第2製造部門 ¥235,000
動 力 部 門 156,000　修 繕 部 門 78,000

⑦ 補助部門費を次の配賦基準によって各製造部門に配賦した。

	配賦基準	第1製造部門	第2製造部門	動力部門	修繕部門
動力部門費	kW数×運転時間数	25kW×640時間	20kW×400時間	——	20kW×100時間
修繕部門費	修繕回数	35回	25回	5回	——

⑧ 当月の賃金実際消費高を計上した。これにより，当月の実際平均賃率は作業時間1時間につき¥1,200となった。

⑨ 賃金の予定消費高と実際消費高との差額を，賃率差異勘定に振り替えた。

⑩ 第1製造部門費の配賦差異を，製造部門費配賦差異勘定に振り替えた。

⑪ 第2製造部門費の配賦差異を，製造部門費配賦差異勘定に振り替えた。

4 下記の取引の仕訳を示しなさい。ただし，勘定科目は，次のなかからもっとも適当なものを使用すること。

売掛金	製品	A組製品	B組製品
素材	買入部品	作業くず	機械装置減価償却累計額
買掛金	賃金	消費賃金	減価償却費
仕掛品	A組仕掛品	B組仕掛品	第/工程仕掛品
第2工程仕掛品	製造間接費	賃率差異	本社
工場	売上	売上原価	第/工程半製品

a．単純総合原価計算を採用している甲府製作所は，月末に機械装置に対する減価償却費の月割額を計上した。ただし，/年分の減価償却高は¥2,220,000である。

b．当月の賃金の消費高について，次の資料を得たので，予定消費高と実際消費高との差額を賃率差異勘定に振り替えた。ただし，賃金勘定だけで処理する方法によること。

予定消費高　¥2,480,000　　実際消費高　¥2,458,000

c．個別原価計算を採用している名古屋製作所では，A製品（製造指図書#/）とB製品（製造指図書#2）を製造している過程から作業くずが発生し，これを¥34,000と評価した。なお，この作業くずは製造指図書別に発生額を区別することができない。

d．組別総合原価計算を採用している金沢工業株式会社における/月分の原価計算表の金額は，次のとおりであった。よって，各組の完成品原価を計上した。

	A　組	B　組
当月製造費用	¥4,720,000	¥3,690,000
月初仕掛品原価	¥　295,000	¥　187,000
月末仕掛品原価	¥　316,000	¥　206,000

e．工程別総合原価計算を採用している横浜製造株式会社は，倉庫に保管してある第/工程完成品の一部を¥937,000で売り渡し，代金は掛けとした。ただし，売り上げた半製品の原価は¥726,000であり，売上のつど売上原価に計上する。なお，当社では第/工程の完成品原価はすべて第/工程半製品勘定に振り替えている。

f．工場会計が独立している前橋製作所の本社は，掛けで仕入れた素材を工場に送付していたが，本日，工場から不良品25個　@¥/7,000を直接本社の仕入先に返品したとの通知を受けた。ただし，製造活動に関する勘定は工場のみに設けてある。(本社の仕訳)

公益財団法人　全国商業高等学校協会主催・文部科学省後援

第6回　簿記実務検定模擬試験　1級　原価計算　〔解　答　用　紙〕

1

(1)

a	¥
b	¥
c	個

(2)

ア	イ

(3)

a	¥
b	¥
c	¥
d	¥

(4)

a	¥
b	¥　（不利・有利）
c	¥　（不利・有利）

※（不利・有利）のいずれかを○で囲むこと。

1 得点		2 得点		3 得点		4 得点		総得点	

年	組	番	名　前

(1)

単純総合原価計算表

令和○年／月分

摘要	素材費	加工費	合計
材料費			
労務費			
経費			
計			
月初仕掛品原価			
計			
月末仕掛品原価			
完成品原価			
完成品数量	2,800個	2,800個	2,800個

等級別総合原価計算表

令和○年／月分

等級別製品	重量	等価係数	完成品数量	積数	等級別製造原価	製品単価
/級製品	750g		個			¥
2級製品	500〃		〃			〃

(2)

2級製品

前月繰越	270,000	(　　　)	(　　　)
仕掛品	(　　　)	次月繰越	(　　　)
	(　　　)		(　　　)

2 得点

3 (1)

	借方	貸方
/月/4日		
3/日①		
3/日⑩		

(2)

消費賃金

第2製造部門費

(3)

製造指図書#/

原価計算表

直接材料費	直接労務費	製造間接費				集計	
		部門	時間	配賦率	金額	摘要	金額
/,029,000	203,000	第/	/75	800	/40,000	直接材料費	
						直接労務費	
						製造間接費	
						製造原価	
						完成品数量	個
						製品単価	¥

(4)

部門費振替表

相互配賦法　　令和○年/月分

部門費	配賦基準	金額	製造部門		補助部門	
			第/部門	第2部門	動力部門	修繕部門
部門費合計		682,000	2/3,000	235,000	/56,000	78,000
動力部門費	kW数×運転時間数				——	
修繕部門費	修繕回数					——
第/次配賦額						
動力部門費	kW数×運転時間数					
修繕部門費	修繕回数					
第2次配賦額						
製造部門費合計						

3 得点	

4

	借　　　　方	貸　　　　方
a		
b		
c		
d		
e		
f		

4 得点	

とうほう

公益財団法人全国商業高等学校協会　主催
文部科学省　後援

第７回　簿記実務検定 第１級 模擬試験問題 原価計算

解答上の注意
1　解答にあたえられた時間は９０分です。試験開始後の途中退出はできません。
2　問題は全部で４問あります。
3　問題用紙の表紙に年・組・番・名前を記入しなさい。
4　解答はすべて別紙解答用紙に記入しなさい。

年	組	番	名　　前

1 次の各問いに答えなさい。

(1) 次の文の□にあてはまるもっとも適当な語を，下記の語群のなかから選び，その番号を記入しなさい。

製造原価に販売費及び一般管理費を加えたものを［ ア ］といい，このなかには，支払利息などの金融上の費用や火災などによる損失といった［ イ ］は含まれない。

1．販売価格　　2．非原価項目　　3．総原価　　4．原価項目

(2) 紀伊工業株式会社は，直接原価計算をおこない利益計画をたてている。当月における下記の資料から，次の金額または率を求めなさい。

a．損益分岐点の売上高
b．目標営業利益￥350,000を達成するための売上高
c．資料④以外の条件に変化がない状況で，目標営業利益￥350,000を達成するためには，変動販売費を何％減少させればよいか。

資　料
① 販売数量　1,250個
② 販売単価　￥4,000
③ 変動製造費　￥2,400（製品／個あたり）
④ 変動販売費　￥600（製品／個あたり）
⑤ 固定製造間接費　￥710,000
⑥ 固定販売費及び一般管理費　￥265,000

(3) 次の貸借対照表（一部）と資料から，製造原価報告書ならびに損益計算書（一部）の（ア）～（ウ）に入る金額を求めなさい。

貸借対照表（一部）
令和○年12月31日　（単位：円）

製品	980,000	未払賃金	490,000
材料	570,000		
仕掛品	860,000		

資　料
① 素材　期首棚卸高　￥480,000
　　　　当期仕入高　￥2,680,000
② 工場消耗品　期首棚卸高　￥64,000
　　　　当期仕入高　￥780,000
③ 賃金　前期未払高　￥489,000
　　　　当期支払高　￥2,550,000
④ 給料　当期消費高　￥400,000
⑤ 仕掛品　期首棚卸高　￥□
⑥ 製品　期首棚卸高　￥987,000

製造原価報告書　（単位：円）
令和○年1月1日から令和○年12月31日まで

Ⅰ 材料費	（ア）
Ⅱ 労務費	（イ）
Ⅲ 経費	1,205,000
当期製造費用	（　）
期首仕掛品棚卸高	（　）
合計	8,462,000
期末仕掛品棚卸高	（　）
当期製品製造原価	（　）

損益計算書（一部）　（単位：円）
令和○年1月1日から令和○年12月31日まで

Ⅰ 売上高	10,870,000
Ⅱ 売上原価	（　）
売上総利益	（ウ）

(4) 標準原価計算を採用している薩摩製造株式会社の当月における下記の資料から，次の金額を求めなさい。

a．完成品の標準原価　　b．予　算　差　異　　c．能　率　差　異

ただし，i　能率差異は変動費能率差異と固定費能率差異を合計すること。

ii　解答欄の（　　）のなかは不利差異の場合は不利，有利差異の場合は有利を○で囲むこと。

資　　料

① 標準原価カード（一部）

G製品	標準原価カード		
	標準直接作業時間	標準配賦率	
製造間接費	2時間	¥500	¥1,000
	製品1個あたりの標準原価		¥4,800

② 生　産　デ　ー　タ

月初仕掛品	80個	（加工進捗度50%）
当月投入	945個	
合　計	1,025個	
月末仕掛品	75個	（加工進捗度40%）
完成品	950個	

③ 実際製造間接費発生額　¥987,000

④ 実際直接作業時間　1,900時間

⑤ 製造間接費予算（公式法変動予算）

基準操業度(直接作業時間)	2,000時間
製造間接費予算額	¥1,000,000
変動費率	¥350
固定費予算額	¥300,000

(5) 単純総合原価計算を採用している能登製作所の次の資料から，完成品原価を求めなさい。

ただし，i　素材は製造着手のときにすべて投入され，加工費は製造の進行に応じて消費されるものとする。

ii　月末仕掛品原価の計算は先入先出法による。

iii　正常減損は製造工程の終点で発生しており，正常減損費は完成品のみに負担させる。なお，正常減損は月初仕掛品からは発生していないものとする。

資　　料

① 生　産　デ　ー　タ

月初仕掛品	300kg	（加工進捗度50%）
当月投入	2,600kg	
合　計	2,900kg	
月末仕掛品	350kg	（加工進捗度50%）
正常減損	50kg	
完成品	2,500kg	

② 月初仕掛品原価

素材費	¥585,000
加工費	¥111,000

③ 当月製造費用

素材費	¥5,044,000
加工費	¥1,957,000

2 伊豆産業株式会社の下記の資料によって，次の各問いに答えなさい。

(1) 工程別総合原価計算表を完成しなさい。
(2) 第2工程の月末仕掛品原価に含まれる前工程費を答えなさい。
(3) 第1工程半製品勘定を完成しなさい。

ただし，i 第1工程の完成品原価は，すべて第1工程半製品勘定に振り替えている。
ii 第1工程の完成品のうち一部を外部に販売している。
iii 素材は製造着手のときにすべて投入され，第1工程の完成品は第2工程の始点で投入されるものとする。
iv 加工費は第1工程・第2工程ともに製造の進行に応じて消費されるものとする。
v 月末仕掛品原価の計算は平均法による。
vi 第1工程半製品の前月繰越高は，次のとおりであった。なお，第1工程半製品は総平均法により半製品単価を計算し，第2工程と売上原価に計上する。
前月繰越 1,150個 @¥760 ¥874,000

資　　料

a．生産データ

	第1工程		第2工程	
月初仕掛品	500個	(加工進捗度52%)	1,000個	(加工進捗度48%)
当月投入	4,500個		4,000個	
合　計	5,000個		5,000個	
月末仕掛品	400個	(加工進捗度50%)	800個	(加工進捗度45%)
完成品	4,600個		4,200個	

b．当月製造費用

① 工程個別費および補助部門個別費

費目	第1工程	第2工程	補助部門
素材費	¥1,870,000	——	——
労務費	¥1,090,000	¥545,000	¥109,000
経費	¥163,000	¥112,000	¥196,000

② 部門共通費を次のとおり配賦する。
第1工程 ¥126,000　第2工程 ¥191,000　補助部門 ¥215,000

③ 補助部門費を第1工程に45%，第2工程に55%の割合で配賦する。

c．月初仕掛品原価
第1工程 ¥296,000（素材費 ¥205,000 加工費 ¥91,000）
第2工程 ¥873,000（前工程費 ¥753,000 加工費 ¥120,000）

d．当月中に第1工程半製品4,000個を次工程に引き渡し，500個を外部に販売した。

3 個別原価計算を採用している大隅製作所株式会社の下記の取引によって，次の各問いに答えなさい。
(1) /月3/日の①と⑦の取引の仕訳を示しなさい。
(2) 素材勘定・賃金勘定・第/製造部門費勘定に必要な記入をおこない，締め切りなさい。なお，勘定記入は日付・相手科目・金額を示すこと。
(3) A製品（製造指図書#/）とB製品（製造指図書#2）の原価計算表を作成しなさい。
ただし，i 前月繰越高は，次のとおりである。

素　材　700個　@¥1,600　¥1,120,000
工場消耗品　1,300〃　〃〃　120　¥　156,000
仕 掛 品（製造指図書#/）　¥1,627,000（原価計算表に記入済み）
賃　金（未払高）　¥　425,000

ii 素材の消費高の計算は移動平均法，工場消耗品の消費数量の計算は棚卸計算法によっている。
iii 賃金の消費高は，作業時間/時間につき¥1,150の予定賃率を用いて計算し，賃金勘定だけで処理している。
iv 製造間接費は部門別計算をおこない，直接作業時間を配賦基準として予定配賦している。

	第/製造部門	第2製造部門
年間製造間接費予定額（予算額）	¥9,720,000	¥6,960,000
年間予定直接作業時間（基準操業度）	13,500時間	12,000時間

v 製造間接費勘定を設けている。

取　引
/月/0日 B製品（製造指図書#2）の注文を受け，素材500個を消費して製造を開始した。
/6日 素材および工場消耗品を次のとおり買い入れ，代金は掛けとした。

素　材　800個　@¥1,625　¥1,300,000
工場消耗品　6,000〃　〃〃　120　¥　720,000

23日 C製品（製造指図書#3）の注文を受け，素材600個を消費して製造を開始した。
25日 賃金を次のとおり小切手を振り出して支払った。

賃金総額　¥2,456,000
うち，控除額　所得税　¥239,000　健康保険料　¥121,000

28日 A製品（製造指図書#/）/60個が完成した。なお，A製品の賃金予定消費高と製造部門費予定配賦高を，次の作業時間によって計算し，原価計算表に記入した。ただし，賃金予定消費高と製造部門費予定配賦高を計上する仕訳は，月末におこなっている。

製造指図書#/　1,300時間(第/製造部門　600時間　第2製造部門　700時間)

3/日 ① 工場消耗品の月末棚卸数量は1,200個であった。よって，消費高を計上した。（間接材料）
② 当月の作業時間は，次のとおりであった。よって，当月の賃金予定消費高を計上した。

		合計＼内訳	第/製造部門	第2製造部門
直接作業時間	製造指図書#/	1,300時間	600時間	700時間
	製造指図書#2	500時間	300時間	200時間
	製造指図書#3	200時間	150時間	50時間
間接作業時間		120時間		

③ 上記②の直接作業時間によって，製造部門費を予定配賦した。
④ 健康保険料の事業主負担分¥121,000を計上した。
⑤ 当月の製造経費消費高を計上した。

電力料　¥95,000　減価償却費　¥185,000　雑　費　¥39,000

⑥ 製造間接費を次のように各部門に配分した。

第/製造部門　¥685,000　第2製造部門　¥400,000
動力部門　120,000　修繕部門　105,000

⑦ 補助部門費を次の配賦基準によって，直接配賦法で各製造部門に配賦した。

	配賦基準	第/製造部門	第2製造部門
動力部門費	kW数×運転時間数	20kW×500時間	15kW×1,000時間
修繕部門費	修繕回数	4回	10回

⑧ 当月の賃金実際消費高は¥2,385,000であった。よって，賃金の予定消費高と実際消費高との差額を，賃率差異勘定に振り替えた。
⑨ 第/製造部門費の配賦差異を，製造部門費配賦差異勘定に振り替えた。
⑩ 第2製造部門費の配賦差異を，製造部門費配賦差異勘定に振り替えた。

4 下記の取引の仕訳を示しなさい。ただし，勘定科目は，次のなかからもっとも適当なものを使用すること。

現金	売掛金	製品	/級製品
2級製品	副産物	作業くず	素材
売上	雑益	売上原価	賃金
消費賃金	棚卸減耗損	仕掛品	A組仕掛品
B組仕掛品	組間接費	賃率差異	本社
工場			

a．月末における素材の実地棚卸数量は700kgであった。よって，次の素材に関する9月の資料にもとづいて，素材勘定の残高を修正した。なお，消費単価の計算は先入先出法によっている。

9月 /日 前月繰越 900kg /kgにつき¥760 ¥ 684,000
6日 受入 2,000kg /kgにつき¥800 ¥ 1,600,000
/0日 払出 2,600kg
/8日 受入 1,600kg /kgにつき¥780 ¥ 1,248,000
26日 払出 1,150kg

b．等級別総合原価計算を採用している知床製作所において，/級製品1,600個と2級製品2,200個が完成するとともに副産物が発生した。ただし，この総合原価は¥2,165,000であり，そのうち副産物の評価額は¥95,000であった。なお，等価係数は次の各製品/個あたりの重量を基準としている。

/級製品 270 g　　2級製品 180 g

c．会計期末にあたり，賃率差異勘定の残高を売上原価勘定に振り替えた。なお，賃率差異勘定の前月繰越高は¥11,000（貸方）であり，当月の賃金の実際消費高は予定消費高より¥37,000多く，この差額は賃率差異勘定に振り替えられている。

d．単純総合原価計算を採用している津軽製作所の工場は，本社の指示により製造原価¥179,000の製品を得意先渡島商店に発送した。ただし，工場会計は本社会計から独立しており，売上勘定と売上原価勘定は本社に，製品勘定は工場に設けてある。（工場の仕訳）

e．組別総合原価計算を採用している下北工業株式会社は，組間接費を各組の組直接費を基準として配賦率を求め，A組とB組に配賦した。なお，当月の製造費用は次のとおりである。

	A組	B組	組間接費
材料費	¥2,486,000	¥1,723,000	¥ 41,000
労務費	¥1,835,000	¥ 962,000	¥ 199,000
経費	¥ 239,000	¥ 115,000	¥ 312,000

f．房総製作所は，発生がわずかであったため評価しないでおいた作業くずを¥3,000で売却し，代金は現金で受け取った。

公益財団法人 全国商業高等学校協会主催・文部科学省後援

第7回 簿記実務検定模擬試験 1級 原価計算〔解答用紙〕

1

(1)

ア	イ

(2)

a	¥
b	¥
c	%

(3)

ア	¥
イ	¥
ウ	¥

(4)

a	¥	
b	¥	（不利・有利）
c	¥	（不利・有利）

※（不利・有利）のいずれかを○で囲むこと。

(5)

¥

1 得点		**2** 得点		**3** 得点		**4** 得点		総得点	

年	組	番	名前

2 (1)

工程別総合原価計算表
令和○年／月分

摘　　要	第／工程	第2工程
工程個別費　素 材 費		——
前工程費	——	
労 務 費		545,000
経　　費		112,000
部門共通費配賦額	126,000	191,000
補助部門費配賦額		
当月製造費用		
月初仕掛品原価	296,000	873,000
計		
月末仕掛品原価		711,000
工程完成品原価		
工程完成品数量	4,600 個	4,200 個
工　程　単　価	¥	¥

(2) ¥

(3)

第／工程半製品

前月繰越	874,000	第2工程仕掛品	3,072,000
(　　　)	(　　　)	売上原価	(　　　)
		次月繰越	(　　　)
	(　　　)		(　　　)

2 得点	

3 (1)

	借　　方	貸　　方
/月3/日①		
3/日⑦		

(2)

素　　材

1/1　前月繰越　1,120,000	

賃　　金

	1/1　前月繰越　425,000

第/製造部門費

(3)

製造指図書＃/　　　原価計算表

直接材料費	直接労務費	製造間接費				集計	
		部門	時間	配賦率	金額	摘要	金額
1,253,000	230,000	第/	200	720	144,000	直接材料費	
						直接労務費	
						製造間接費	
						製造原価	
						完成品数量	個
						製品単価	¥

製造指図書＃2　　　原価計算表

直接材料費	直接労務費	製造間接費				集計	
		部門	時間	配賦率	金額	摘要	金額
						直接材料費	
						直接労務費	

3 得点	

4

	借　　　方	貸　　　方
a		
b		
c		
d		
e		
f		

4 得点	

公益財団法人全国商業高等学校協会　主催
文部科学省　後援

第8回　簿記実務検定 第1級 模擬試験問題 原価計算

解答上の注意
1　解答にあたえられた時間は９０分です。試験開始後の途中退出はできません。
2　問題は全部で4問あります。
3　問題用紙の表紙に年・組・番・名前を記入しなさい。
4　解答はすべて別紙解答用紙に記入しなさい。

年	組	番	名　　前

1 次の各問いに答えなさい。

(1) 四国工業株式会社は，等級別総合原価計算を採用し，1級製品・2級製品・3級製品の3種類の製品を製造している。下記の資料によって，次の金額を求めなさい。ただし，等価係数は，各製品の1個あたりの重量を基準とし，売上製品の払出単価の計算は，先入先出法による。

a．当　月　製　造　費　用　　b．当月の1級製品の製造原価
c．当月の2級製品の売上原価　　d．当月の3級製品の月末棚卸高

資　料

① 月初仕掛品原価 ¥ 780,000
② 月末仕掛品原価 ¥ 760,000
③ 当月完成品総合原価 ¥4,410,000
④

製品	1個あたりの重量	当月完成品数量	月初製品		月末製品	
			数量	単価	数量	単価
1級製品	180 g	1,400個	200個	¥1,200	150個	¥(　　)
2級製品	120 g	1,500個	350個	¥ 800	250個	¥(　　)
3級製品	90 g	2,200個	500個	¥ 600	400個	¥(　　)

(2) 次の文の［　　］にあてはまるもっとも適当な語を，下記の語群のなかから選び，その番号を記入しなさい。

製造業における損益計算書の売上原価は，期首製品棚卸高と［　ア　］を合計し，期末製品棚卸高を差し引く形式で表示する。また，損益計算書の添付書類として［　イ　］を作成しなければならない。

1．当期商品仕入高　2．製造原価報告書　3．当期製品製造原価　4．売上製品原価月報

(3) 中国製作所は，P製品を1個あたり¥1,200で販売している。当月この製品を3,000個製造・販売したときの直接原価計算による損益計算書は下記のとおりである。よって，次の金額または数量を求めなさい。

a．損益分岐点の売上高　b．目標営業利益¥567,000を達成するための販売数量
c．販売数量は当月のままで，変動販売費を10%減少させた場合の営業利益

中国製作所　損益計算書

Ⅰ 売上高		3,600,000
Ⅱ 変動売上原価		1,710,000
変動製造マージン		1,890,000
Ⅲ 変動販売費		540,000
貢献利益		1,350,000
Ⅳ 固定費		
1．固定製造間接費	574,000	
2．固定販売費及び一般管理費	245,000	819,000
営業利益		531,000

(4) 標準原価計算を採用している九州製作所の当月における下記の資料とシングルプランによる仕掛品勘定の記録から,

① 仕掛品勘定の（ a ）と（ b ）に入る金額を求めなさい。

② 材料消費数量差異の金額を求めなさい。

ただし, i 直接材料は製造着手のときにすべて投入されるものとする。

ii 解答欄の（　　　）のなかは不利差異の場合は不利, 有利差異の場合は有利を○で囲むこと。

資　　料

① 標準原価カード

H製品　　標準原価カード

	標準消費数量	標準単価	金　額
直接材料費	3kg	¥400	¥1,200
	標準直接作業時間	標準賃率	
直接労務費	2時間	¥1,000	¥2,000
	標準直接作業時間	標準配賦率	
製造間接費	2時間	¥200	¥ 400
	製品1個あたりの標準原価		¥3,600

② 生産データ

月初仕掛品	250個	（加工進捗度50%）
当月投入	1,450個	
合　計	1,700個	
月末仕掛品	300個	（加工進捗度40%）
完成品	1,400個	

③ 実際直接材料費

実際消費数量　4,250kg

実際単価　¥420

④ 実際直接労務費

実際直接作業時間　2,820時間

実際賃率　¥1,050

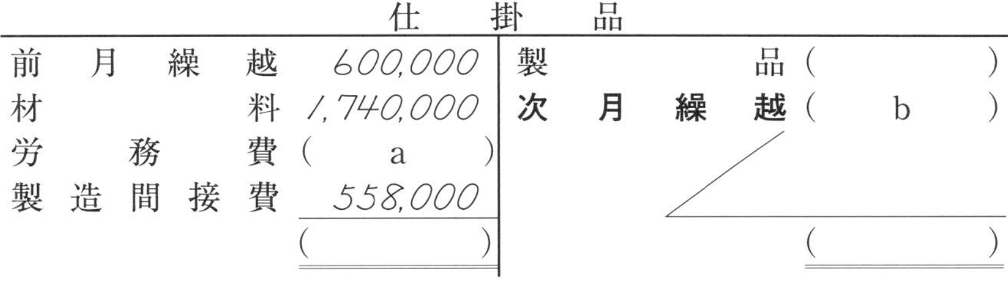

仕　掛　品

前月繰越	600,000	製品	（　　　）
材料	1,740,000	次月繰越	（ b ）
労務費	（ a ）		
製造間接費	558,000		
	（　　　）		（　　　）

2 近畿製作所は，単純総合原価計算を採用し，A製品を製造している。下記の資料と仕掛品勘定の記録によって，

(1) 単純総合原価計算表を完成しなさい。

(2) 仕掛品勘定の給料（アの金額）を求めなさい。

ただし，i　素材は製造着手のときにすべて投入され，加工費は製造の進行に応じて消費されるものとする。

ii　月末仕掛品原価の計算は平均法による。

iii　正常仕損は製造工程の始点で発生しており，正常仕損費は完成品と月末仕掛品の両方に負担させる。なお，仕損品の評価額は零（0）である。

資　　料

a．生産データ

月初仕掛品	500kg	（加工進捗度55%）
当月投入	5,200kg	
合　計	5,700kg	
月末仕掛品	600kg	（加工進捗度40%）
正常仕損	100kg	
完成品	5,000kg	

b．月初仕掛品原価

素材費	¥ 135,000
加工費	¥ 110,000

c．当月製造費用

材料費	¥1,670,000
労務費	¥1,637,000
経　費	¥ 271,000

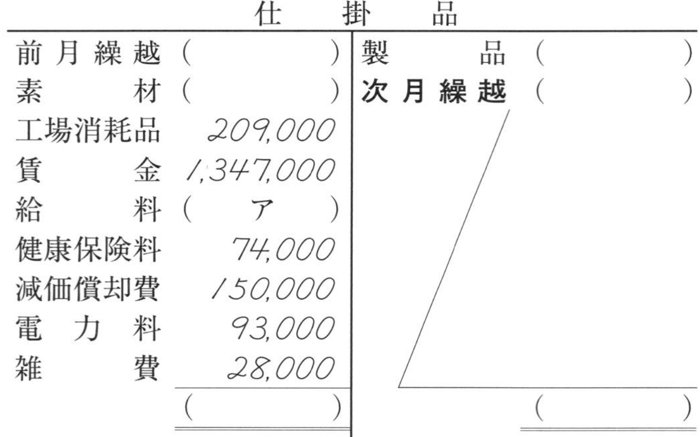

仕　掛　品

前月繰越	（　　　）	製　品	（　　　）
素　材	（　　　）	次月繰越	（　　　）
工場消耗品	209,000		
賃　金	1,347,000		
給　料	（　ア　）		
健康保険料	74,000		
減価償却費	150,000		
電力料	93,000		
雑　費	28,000		
	（　　　）		（　　　）

3 個別原価計算を採用している沖縄製作所の下記の取引によって，次の各問いに答えなさい。

(1) 1月31日の⑤と⑥の取引の仕訳を示しなさい。

(2) 消費賃金勘定・製造間接費勘定に必要な記入をおこない，締め切りなさい。なお，勘定記入は日付・相手科目・金額を示すこと。

(3) A製品（製造指図書＃1）とB製品（製造指図書＃2）の原価計算表を作成しなさい。

(4) 1月末の賃金未払高を求めなさい。

ただし，i 前月繰越高は，次のとおりである。

素　　材　100kg　@¥3,380　¥ 338,000

工場消耗品　1,500個　〃〃　70　¥ 105,000

仕　掛　品（製造指図書＃1）　¥1,806,000（原価計算表に記入済み）

賃　　金（未払高）　¥ 472,000

ii 素材の消費高は，1kgあたり¥3,400の予定価格を用いて計算し，消費材料勘定を設けて記帳している。なお，実際消費高の計算は総平均法によっている。

iii 工場消耗品の消費数量の計算は棚卸計算法によっている。

iv 賃金の消費高の計算には，作業時間1時間につき¥1,360の予定賃率を用いている。

v 製造間接費は，直接作業時間を配賦基準として予定配賦している。

年間製造間接費予定額（予算額）	¥9,520,000
年間予定直接作業時間（基準操業度）	17,000時間

取　　引

1月 7日　素材および工場消耗品を次のとおり買い入れ，代金は掛けとした。

素　　材　800kg　@¥3,425　¥2,740,000

工場消耗品　6,000個　〃〃　70　¥ 420,000

12日　B製品（製造指図書＃2）の注文を受け，素材700kgを消費して製造を開始した。

25日　賃金を次のとおり小切手を振り出して支払った。

賃金総額　¥1,930,000

うち，控除額　所得税　¥205,000　健康保険料　¥97,000

29日　外注加工賃の消費高を次のとおり計上した。

製造指図書＃1　¥75,000　製造指図書＃2　¥52,000

30日　A製品（製造指図書＃1）150個が完成した。なお，製造指図書＃1に対する当月の直接作業時間は750時間であった。よって，賃金予定消費高と製造間接費予定配賦高を計算し，原価計算表に記入した。ただし，賃金予定消費高と製造間接費予定配賦高を計上する仕訳は，月末におこなっている。

31日　① 工場消耗品の月末棚卸数量は1,700個であった。よって，消費高を計上した。（間接材料）

② 当月の作業時間は，次のとおりであった。よって，賃金予定消費高を計上した。

製造指図書＃1　750時間　製造指図書＃2　600時間　間接作業　50時間

③ 上記②の直接作業時間によって，製造間接費を予定配賦した。

④ 健康保険料の事業主負担分¥97,000を計上した。

⑤ 当月の製造経費について，次の資料を得たので，消費高を計上した。

電　力　料　当月支払高　¥ 86,000　当月測定高　¥84,000

保　険　料　6か月分　¥210,000

減価償却費　年間見積高　¥780,000

修　繕　料　前月前払高　¥ 2,000　当月支払高　¥18,000

当月未払高　¥ 4,000

⑥ 当月の素材実際消費高を計上した。なお，消費数量は700kgである。

⑦ 当月の賃金実際消費高¥1,876,000を計上した。

⑧ 素材の予定消費高と実際消費高との差額を，材料消費価格差異勘定に振り替えた。

⑨ 賃金の予定消費高と実際消費高との差額を，賃率差異勘定に振り替えた。

⑩ 製造間接費の予定配賦高と実際発生高との差額を，製造間接費配賦差異勘定に振り替えた。

4 下記の取引の仕訳を示しなさい。ただし，勘定科目は，次のなかからもっとも適当なものを使用すること。

当座預金	製品	作業くず	第/工程半製品
素材	健康保険料預り金	売上原価	健康保険料
特許権使用料	仕掛品	A組仕掛品	B組仕掛品
第/工程仕掛品	第2工程仕掛品	製造間接費	組間接費
材料消費価格差異	本社	工場	

a．個別原価計算を採用している北海道製作所は，特許権使用料¥230,000を製造指図書＃4に賦課した。

b．組別総合原価計算を採用している東北製作所は，組間接費¥882,000を次の直接材料費を基準としてA組とB組に配賦した。

直接材料費　A 組　¥1,400,000　B 組　¥1,120,000

c．個別原価計算を採用している関東製作所で製造指図書＃7の製造中に作業くずが発生した。そこで，これを¥9,000と評価し，製造指図書＃7の製造原価から差し引いた。

d．会計期末にあたり，材料消費価格差異勘定の残高を売上原価勘定に振り替えた。なお，材料消費価格差異勘定の前月繰越高は¥78,000（借方）であり，当月の素材の実際消費高は予定消費高より少なく，その差額の¥4,000は材料消費価格差異勘定に振り替えられている。

e．工程別総合原価計算を採用している北陸製造株式会社は，月末に工程別総合原価計算表を次のとおり作成し，各工程の完成品原価および第2工程（最終工程）に投入した第/工程完成品原価を計上した。ただし，当社では第/工程の完成品原価をすべて第/工程半製品勘定に振り替えている。

工程別総合原価計算表（一部）
令和○年/月分

摘要		第/工程	第2工程
工程個別費	素材費	490,000	——
	前工程費	——	819,000
工程完成品原価		936,000	1,260,000
工程完成品数量		4,000個	3,600個
工程単価		¥ 234	¥ 350

f．工場会計が独立している東海工業株式会社の本社は，健康保険料の事業主負担分¥270,000と従業員負担分¥270,000を小切手を振り出して支払った。ただし，事業主負担分のうち¥147,000は工場の従業員に対するものである。また，健康保険料預り金勘定は本社のみに設けてある。（本社の仕訳）

公益財団法人 全国商業高等学校協会主催・文部科学省後援

第8回 簿記実務検定模擬試験 1級 原価計算〔解 答 用 紙〕

1

(1)

a	¥
b	¥
c	¥
d	¥

(2)

ア	イ

(3)

a	¥	b	個
c	¥		

(4)

①

a	¥
b	¥

②

¥ （不利・有利）

※（不利・有利）のいずれかを○で囲むこと。

1 得点		2 得点		3 得点		4 得点		総得点	

年	組	番	名 前

(1)

単純総合原価計算表

令和○年1月分

摘要	素材費	加工費	合計
材料費			
労務費			
経費			
計			
月初仕掛品原価	135,000	110,000	245,000
計			
月末仕掛品原価			
完成品原価			
完成品数量	5,000kg	5,000kg	5,000kg
製品1kgあたりの原価	¥	¥	¥

(2) ¥

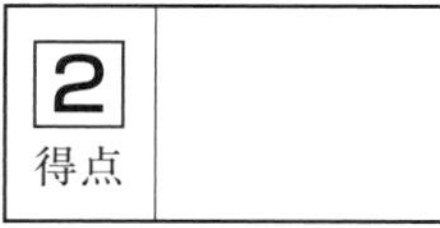

3

(1)

	借方	貸方
1月31日⑤		
31日⑥		

(2)

消費賃金

製造間接費

(3)

製造指図書＃1　　原価計算表

直接材料費	直接労務費	直接経費	製造間接費	集計	
				摘要	金額
1,530,000	170,000	36,000	70,000	直接材料費	
				直接労務費	
				直接経費	
				製造間接費	
				製造原価	
				完成品数量	個
				製品単価	¥

製造指図書＃2　　原価計算表

直接材料費	直接労務費	直接経費	製造間接費	集計	
				摘要	金額
				直接材料費	

(4)

¥

3 得点

4

	借　　　方	貸　　　方
a		
b		
c		
d		
e		
f		

4 得点	

とうほう

公益財団法人全国商業高等学校協会　主催
文部科学省　後援

第95回　簿記実務検定第１級試験問題（改題）　原価計算

令和５年１月２２日（日）実施

解答上の注意
　１　解答にあたえられた時間は９０分です。試験開始後の途中退出はできません。
　２　問題は全部で４問あります。
　３　問題用紙の表紙に年・組・番・名前を記入しなさい。
　４　解答はすべて別紙解答用紙に記入しなさい。

年	組	番	名　　前

1 次の各問いに答えなさい。

(1) 次の［　　］にあてはまるもっとも適当な語を，下記の語群のなかから選び，その番号を記入しなさい。

個別原価計算で用いる原価要素には，製品との関連で製造指図書ごとに直接集計することのできる消費高と，直接集計することのできない消費高がある。このうち製造指図書ごとに直接集計することのできる消費高を［　ア　］といい，製造指図書ごとに集計する手続きを［　イ　］という。

1．賦　　課　　2．製造間接費　　3．配　　賦　　4．製造直接費

(2) 愛媛製作所における次の勘定記録・製造原価報告書・損益計算書（一部）により，(ア)から(ウ)に入る金額を求めなさい。ただし，会計期間は原価計算期間と一致しているものとする。

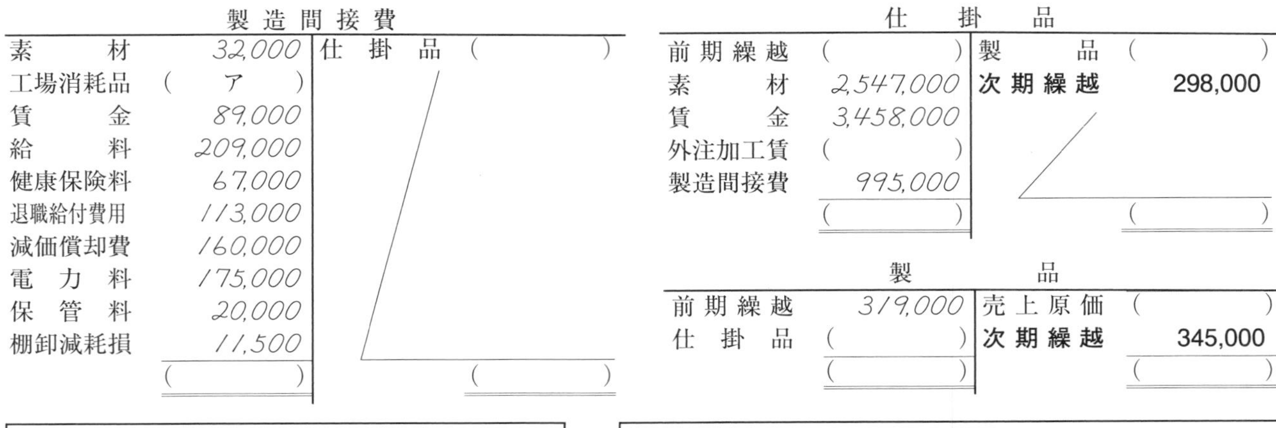

製造間接費

借方	金額	貸方	金額
素材	32,000	仕掛品	(　　)
工場消耗品	(　ア　)		
賃金	89,000		
給料	209,000		
健康保険料	67,000		
退職給付費用	113,000		
減価償却費	160,000		
電力料	175,000		
保管料	20,000		
棚卸減耗損	11,500		
	(　　)		(　　)

仕掛品

借方	金額	貸方	金額
前期繰越	(　　)	製品	(　　)
素材	2,547,000	次期繰越	298,000
賃金	3,458,000		
外注加工賃	(　　)		
製造間接費	995,000		
	(　　)		(　　)

製品

借方	金額	貸方	金額
前期繰越	319,000	売上原価	(　　)
仕掛品	(　　)	次期繰越	345,000
	(　　)		(　　)

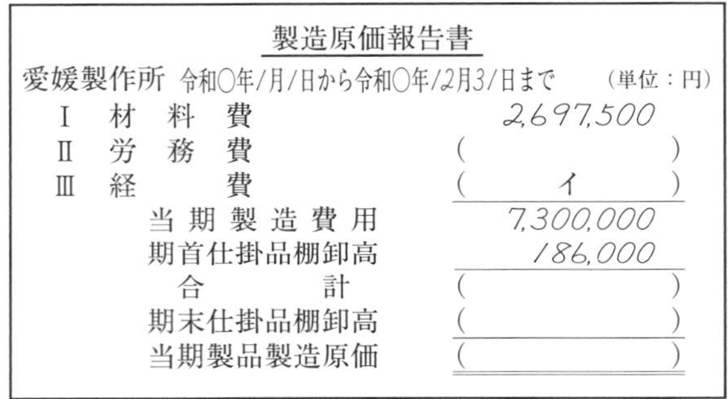

製造原価報告書

愛媛製作所　令和○年/月/日から令和○年/2月3/日まで　(単位：円)

Ⅰ 材料費	2,697,500	
Ⅱ 労務費		(　　)
Ⅲ 経費		(　イ　)
当期製造費用		7,300,000
期首仕掛品棚卸高		186,000
合計		(　　)
期末仕掛品棚卸高		(　　)
当期製品製造原価		(　　)

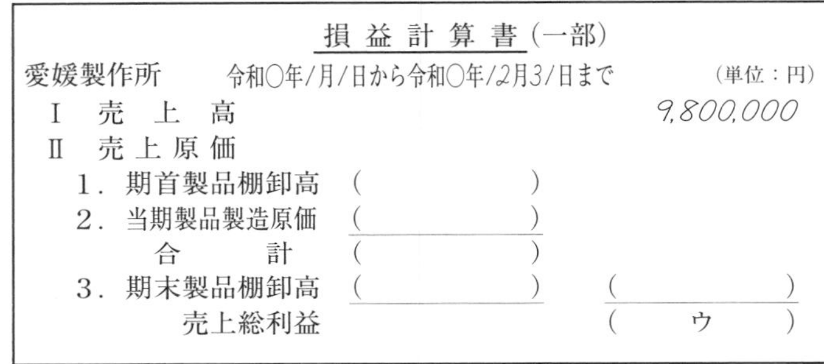

損益計算書(一部)

愛媛製作所　令和○年/月/日から令和○年/2月3/日まで　(単位：円)

Ⅰ 売上高		9,800,000
Ⅱ 売上原価		
1．期首製品棚卸高	(　　)	
2．当期製品製造原価	(　　)	
合計	(　　)	
3．期末製品棚卸高	(　　)	(　　)
売上総利益		(　ウ　)

(3) 徳島工業株式会社は，単純総合原価計算によって総合原価を計算したあと，等級別製品の原価を計算している。次の資料によって，/級製品の製品単価（単位原価）を求めなさい。

ただし，i　等価係数は，各製品の/個あたりの重量を基準としている。

ii　素材は製造着手のときにすべて投入され，加工費は製造の進行に応じて消費されるものとする。

iii　月末仕掛品原価の計算は平均法による。

資　　料

① 生産データ

月初仕掛品	2,000g	(加工進捗度50%)
当月投入	16,000g	
合計	18,000g	
月末仕掛品	3,000g	(加工進捗度40%)
完成品	15,000g	

② 月初仕掛品原価　素材費 ¥ 296,000　加工費 ¥ 227,000

③ 当月製造費用　素材費 ¥2,404,000　加工費 ¥3,499,000

④ 製品/個あたりの重量

/級製品	25g
2級製品	15g

⑤ 完成品数量

/級製品	240個
2級製品	600個

(4) 香川製作所では，直接原価計算をおこない利益計画をたてている。当月における下記の資料から，次の金額を求めなさい。ただし，月初・月末の仕掛品はなかった。

a．変動売上原価　　b．損益分岐点の売上高

c．販売単価を5%引き下げ，当月の販売数量を維持したとき，目標営業利益¥315,000を達成するための製品1個あたりの変動費を削減する金額

資　料

① 全部原価計算による損益計算書

香川製作所　損益計算書　(単位：円)

Ⅰ 売上高	2,100,000
Ⅱ 売上原価	1,220,000
売上総利益	880,000
Ⅲ 販売費及び一般管理費	565,000
営業利益	315,000

② 製品の販売データ

月初製品棚卸高	0個
当月完成品数量	600個
合計	600個
月末製品棚卸高	0個
当月販売数量	600個

③ 固定製造間接費 ¥200,000

④ 固定販売費及び一般管理費 ¥430,000

⑤ 貢献利益率 45%

(5) 標準原価計算を採用している高知製作所の当月における下記の資料から，次の金額を求めなさい。

a．月末仕掛品の標準原価　　b．材料消費価格差異　　c．能率差異

ただし，i 素材は製造着手のときにすべて投入され，加工費は製造の進行に応じて消費されるものとする。

ii 能率差異は，変動費能率差異と固定費能率差異を合計すること。

iii 解答欄の（　　）のなかは不利差異の場合は不利，有利差異の場合は有利を○で囲むこと。

資　料

① 標準原価カード

A製品　標準原価カード

	標準消費数量	標準単価	金額
直接材料費	5kg	¥ 360	¥1,800
	標準直接作業時間	標準賃率	
直接労務費	4時間	¥1,250	¥5,000
	標準直接作業時間	標準配賦率	
製造間接費	4時間	¥ 300	¥1,200
	製品1個あたりの標準原価		¥8,000

② 生産データ

月初仕掛品	150個	(加工進捗度40%)
当月投入	3,450個	
合計	3,600個	
月末仕掛品	100個	(加工進捗度50%)
完成品	3,500個	

③ 実際直接材料費

実際消費数量　17,500kg

実際単価　¥380

④ 実際直接作業時間　14,100時間

⑤ 製造間接費実際発生額　¥4,343,000

⑥ 製造間接費予算（公式法変動予算）

変動費率　¥100

固定費予算額　¥2,900,000

基準操業度(直接作業時間)　14,500時間

2 群馬製作所は，組別総合原価計算を採用し，A組製品とB組製品を製造している。次の資料によって，組別総合原価計算表とB組仕掛品勘定を完成しなさい。

ただし，i　組間接費は直接作業時間を基準として配賦する。

ii　素材は製造着手のときにすべて投入され，加工費は製造の進行に応じて消費されるものとする。

iii　月末仕掛品原価の計算は先入先出法による。

iv　正常減損は製造工程の終点で発生しており，正常減損費は完成品のみに負担させる。

資　　料

a．月初仕掛品原価　A組　¥534,000（素材費　¥350,000　加工費　¥184,000）

B組　¥660,000（素材費　¥449,000　加工費　¥211,000）

b．当月製造費用

	A組直接費	B組直接費	組間接費
素材費	¥3,724,000	¥2,958,000	¥128,000
労務費	¥3,480,000	¥2,320,000	¥232,000
経　費	¥　382,000	¥　421,000	¥640,000

c．生産データ

	A　組		B　組	
月初仕掛品	250個	（加工進捗度40%）	500個	（加工進捗度50%）
当月投入	2,450個		3,400個	
合　計	2,700個		3,900個	
月末仕掛品	350個	（加工進捗度50%）	400個	（加工進捗度60%）
正常減損	50個		——個	
完成品	2,300個		3,500個	

d．直接作業時間　A組　2,400時間　B組　1,600時間

3 個別原価計算を採用している千葉製作所の下記の取引によって，次の各問いに答えなさい。

(1) 1月27日の取引の仕訳を示しなさい。

(2) 素材勘定・製造間接費勘定・第1製造部門費勘定に必要な記入をおこない，締め切りなさい。なお，勘定記入は日付・相手科目・金額を示すこと。

(3) A製品（製造指図書#1）の原価計算表を作成しなさい。

(4) 部門費振替表を相互配賦法によって完成しなさい。

(5) 実際平均賃率を求めなさい。

ただし，i 前月繰越高は，次のとおりである。

素　　材　250個　@¥2,600　¥ 650,000
工場消耗品　1,200〃　〃〃 70　¥ 84,000
仕 掛 品（製造指図書#1）　¥2,802,000（原価計算表に記入済み）

ii 素材の消費高の計算は移動平均法，工場消耗品の消費数量の計算は棚卸計算法によっている。

iii 賃金の消費高は作業時間法による予定賃率を用いて計算し，消費賃金勘定を用いて記帳している。

1年間の予定賃金総額¥30,000,000　1年間の予定総作業時間24,000時間

iv 製造間接費は部門別計算をおこない，直接作業時間を配賦基準として予定配賦している。

予定配賦率　第1製造部門 ¥650　第2製造部門 ¥600

取　　引

1月6日 素材および工場消耗品を次のとおり買い入れ，代金は掛けとした。

素　　材　750個　@¥2,700　¥2,025,000
工場消耗品　6,000〃　〃〃 70　¥ 420,000

12日 B製品（製造指図書#2）の注文を受け，素材800個を消費して製造を開始した。

25日 賃金を次のとおり小切手を振り出して支払った。

賃金総額 ¥2,538,000
うち，控除額　所得税 ¥246,000　健康保険料 ¥147,000

27日 A製品（製造指図書#1）50個が完成した。なお，A製品の賃金予定消費高と製造部門費予定配賦高を，次の作業時間によって計算し，原価計算表に記入した。ただし，賃金予定消費高と製造部門費予定配賦高を計上する仕訳は，月末におこなっている。

製造指図書#1　980時間（第1製造部門400時間　第2製造部門580時間）

31日 ① 工場消耗品の月末棚卸数量は1,500個であった。よって，消費高を計上した。(間接材料)

② 当月の作業時間は，次のとおりであった。よって，当月の賃金予定消費高を計上した。

		内訳 / 合計	第1製造部門	第2製造部門
直接作業時間	製造指図書#1	980時間	400時間	580時間
	製造指図書#2	820時間	600時間	220時間
間接作業時間		160時間		

③ 上記②の直接作業時間によって，製造部門費を予定配賦した。

④ 健康保険料の事業主負担分¥147,000を計上した。

⑤ 当月の製造経費消費高を計上した。

電 力 料 ¥138,000　保 険 料 ¥56,000　減価償却費 ¥194,000

⑥ 製造間接費を次のように各部門に配分した。

第1製造部門 ¥490,000　第2製造部門 ¥407,000
動 力 部 門 ¥174,000　修 繕 部 門 ¥ 63,000

⑦ 補助部門費を次の配賦基準によって各製造部門に配賦した。

	配賦基準	第1製造部門	第2製造部門	動力部門	修繕部門
動力部門費	kW数×運転時間数	25kW × 800時間	20kW × 400時間	——	10kW × 100時間
修繕部門費	修繕回数	8回	8回	2回	——

⑧ 当月の賃金実際消費高¥2,499,000を計上した。

⑨ 賃金の予定消費高と実際消費高との差額を，賃率差異勘定に振り替えた。

⑩ 第1製造部門費の配賦差異を，製造部門費配賦差異勘定に振り替えた。

⑪ 第2製造部門費の配賦差異を，製造部門費配賦差異勘定に振り替えた。

4 下記の取引の仕訳を示しなさい。ただし，勘定科目は，次のなかからもっとも適当なものを使用すること。

当座預金	売掛金	製品	第1工程半製品
素材	所得税預り金	健康保険料預り金	売上
売上原価	賃金	健康保険料	特許権使用料
減価償却費	棚卸減耗損	仕掛品	第1工程仕掛品
第2工程仕掛品	賃率差異	本社	工場

a．単純総合原価計算を採用している茨城製作所は，月末に機械装置に対する減価償却費の月割額を消費高として計上した。ただし，1年分の減価償却高は￥1,968,000である。

b．個別原価計算を採用している神奈川製作所の1月末における素材の実地棚卸数量は330kgであった。よって，次の素材に関する1月の資料にもとづいて，素材勘定の残高を修正した。なお，消費単価の計算は先入先出法によっている。

1月1日	前月繰越	400kg	1kgにつき	￥920	￥ 368,000
6日	受入	1,800kg	1kgにつき	￥935	￥1,683,000
12日	払出	2,000kg			
20日	受入	1,500kg	1kgにつき	￥960	￥1,440,000
24日	払出	1,350kg			

c．会計期末にあたり，賃率差異勘定の残高を売上原価勘定に振り替えた。なお，賃率差異勘定の前月繰越高は￥18,000（貸方）であり，当月の賃金の実際消費高は予定消費高より￥16,000少なく，この差額は賃率差異勘定に振り替えられている。

d．個別原価計算を採用している埼玉製作所は，当月分の特許権使用料￥720,000の消費高を計上した。なお，特許権使用料は製造指図書＃8に対するものである。

e．工程別総合原価計算を採用している東京工業株式会社は，倉庫に保管してある第1工程完成品の一部を￥1,230,000で売り渡し，代金は掛けとした。ただし，売り上げた半製品の原価は￥870,000であり，売り上げのつど売上原価に計上している。なお，当社では第1工程の完成品原価はすべて第1工程半製品勘定に振り替えている。

f．工場会計が独立している栃木製作所の本社は，工場の従業員の賃金￥1,960,000について，所得税額￥192,000および健康保険料￥85,000を控除した正味支払額を小切手を振り出して支払った。ただし，所得税預り金勘定および健康保険料預り金勘定は本社のみに設けてある。（本社の仕訳）

公益財団法人 全国商業高等学校協会主催・文部科学省後援

第95回 簿記実務検定（改題） 1級 原価計算 〔答 案 用 紙〕

1

(1)

ア	イ

(2)

ア	¥
イ	¥
ウ	¥

(3)

¥

(4)

a	¥
b	¥
c	¥

(5)

a	¥
b	¥ （不利・有利）
c	¥ （不利・有利）

※（不利・有利）のいずれかを○で囲むこと。

1 得点		2 得点		3 得点		4 得点		総得点	

年	組	番	名 前

2

組別総合原価計算表

令和○年／月分

摘要		A組	B組
組直接費	素材費		
	加工費		
組間接費	加工費		
当月製造費用			
月初仕掛品原価	素材費	350,000	449,000
	加工費	184,000	211,000
計			
月末仕掛品原価	素材費		348,000
	加工費	322,000	
完成品原価			
完成品数量		個	個
製品単価		¥	¥

B組仕掛品

前月繰越	660,000	(　　)	(　　)
素材	2,958,000	次月繰越	(　　)
労務費	2,320,000		
経費	421,000		
(　　)	(　　)		
	(　　)		(　　)

2 得点	

3

(1)

	借方	貸方
1月27日		

(2)

素材

1/1 前月繰越	650,000	

製造間接費

第1製造部門費

(3) 製造指図書#1 原価計算表

直接材料費	直接労務費	製造間接費				集計	
		部門	時間	配賦率	金額	摘要	金額
2,080,000	475,000	第1	380	650	247,000	直接材料費	
						直接労務費	
						製造間接費	
						製造原価	
						完成品数量	個
						製品単価	¥

(4) 部門費振替表

相互配賦法 令和○年1月分

部門費	配賦基準	金額	製造部門		補助部門	
			第1部門	第2部門	動力部門	修繕部門
部門費合計		1,134,000	490,000	407,000	174,000	63,000
動力部門費	kW数×運転時間数				——	
修繕部門費	修繕回数					——
第1次配賦額						
動力部門費	kW数×運転時間数					
修繕部門費	修繕回数					
第2次配賦額						
製造部門費合計						

(5) ¥

3 得点	

4

	借　　方	貸　　方
a		
b		
c		
d		
e		
f		

4 得点	

とうほう

公益財団法人全国商業高等学校協会　主催
文部科学省　後援

第96回　簿記実務検定第１級試験問題（改題）　原価計算

令和５年６月２５日（日）実施

解答上の注意
　１　解答にあたえられた時間は９０分です。試験開始後の途中退出はできません。
　２　問題は全部で４問あります。
　３　問題用紙の表紙に年・組・番・名前を記入しなさい。
　４　解答はすべて別紙解答用紙に記入しなさい。

年	組	番	名　　前

1 次の各問いに答えなさい。

(1) 長崎製作所の下記の資料により，製造原価報告書に記載する次の金額を求めなさい。

a．当期材料費　　b．当期経費　　c．期末仕掛品棚卸高

資　料

① 素　　材　期首棚卸高 ¥ 318,000　当期仕入高 ¥1,938,000　期末棚卸高 ¥357,000
② 工場消耗品　期首棚卸高 ¥ 93,000　当期仕入高 ¥ 310,000　期末棚卸高 ¥101,000
③ 賃　　金　前期未払高 ¥ 248,000　当期支払高 ¥2,324,000　当期未払高 ¥281,000
④ 給　　料　当期消費高 ¥ 872,000
⑤ 健康保険料　当期消費高 ¥ 157,000
⑥ 外注加工賃　前期前払高 ¥ 65,000　当期支払高 ¥ 319,000　当期前払高 ¥ 72,000
⑦ 電 力 料　当期支払高 ¥ 259,000　当期測定高 ¥ 260,000
⑧ 減価償却費　当期消費高 ¥ 165,000
⑨ 仕 掛 品　期首棚卸高 ¥ 421,000　期末棚卸高 ¥ □
⑩ 当期製品製造原価 ¥6,359,000

(2) 部門別個別原価計算を採用している熊本製作所の当月における下記の資料から，次の金額を求めなさい。なお，解答欄の（　　）のなかは借方差異の場合は借方，貸方差異の場合は貸方を○で囲むこと。

a．補助部門費配賦後の第1製造部門費合計　　b．第2製造部門費配賦差異

ただし，i　製造間接費は部門別計算をおこない，予定配賦額は次のとおりである。

第1製造部門費 ¥4,528,000　　第2製造部門費 ¥3,795,000

ii　補助部門費は直接配賦法によって各部門に配賦している。

資　料

① 製造間接費の当月配分額　第1製造部門費 ¥4,321,000　第2製造部門費 ¥3,456,000
　動 力 部 門 費 ¥ 375,000　工場事務部門費 ¥ 176,000

② 補助部門費の配賦基準

	配 賦 基 準	第1製造部門	第2製造部門
動 力 部 門 費	kW数×運転時間数	40kW × 100時間	50kW × 170時間
工場事務部門費	従　業　員　数	45人	35人

③ 製造部門費合計　第1製造部門費 ¥ □　第2製造部門費 ¥3,788,000

(3) 大分製作所では，直接原価計算をおこない利益計画をたてている。当月における下記の資料から，次の金額を求めなさい。

a．販売数量が2,800個のときの営業利益
b．営業利益¥1,000,000を達成するための売上高
c．固定費を¥180,000削減できたときの損益分岐点売上高

資　料

① 販売単価 ¥2,000
② 変動製造費（製品1個あたり） ¥1,080
③ 変動販売費（製品1個あたり） ¥ 120
④ 固定製造間接費 ¥670,000
⑤ 固定販売費及び一般管理費 ¥750,000

(4) 標準原価計算を採用している宮崎製作所の当月における下記の資料から，次の金額を求めなさい。

a．完成品の標準原価　　b．作業時間差異

ただし，i　直接材料は製造着手のときにすべて投入されるものとする。

ii　解答欄の（　　）のなかは不利差異の場合は不利，有利差異の場合は有利を○で囲むこと。

資　　料

① 標準原価カード（一部）

A製品　　標準原価カード

	標準消費数量	標準単価	金　額
直接材料費	4 kg	¥ 600	¥2,400
	標準直接作業時間	標準賃率	
直接労務費	2 時間	¥1,300	¥2,600
	製品 1 個あたりの標準原価		¥5,300

② 生産データ

月初仕掛品	350個	（加工進捗度60%）
当月投入	1,450個	
合　計	1,800個	
月末仕掛品	400個	（加工進捗度40%）
完成品	1,400個	

③ 実際直接労務費

実際直接作業時間　　2,650 時間

実　際　賃　率　　¥1,320

(5) 次の□□□□にあてはまるもっとも適当な語を，下記の語群のなかから選び，その番号を記入しなさい。

原価計算の主たる目的は，企業の利害関係者に対して，財政状態を［　ア　］に表示するために必要な真実の原価を集計することと，原価資料を提供することである。原価資料は販売価格の計算や予算管理などに必要なほか，製造活動のむだをはぶき，原価を引き下げるようにすることである［　イ　］にも必要である。

1．原 価 管 理　　2．利 益 計 画　　3．財 務 諸 表　　4．製造原価報告書

2 佐賀化学株式会社は工程別総合原価計算を採用し，A製品を製造している。下記の資料によって，

(1) 工程別総合原価計算表を完成しなさい。
(2) 第2工程の月末仕掛品原価に含まれる前工程費を答えなさい。
(3) 第1工程半製品勘定を完成しなさい。

ただし，i 第1工程の完成品原価は，すべて第1工程半製品勘定に振り替えている。
ii 第1工程の完成品のうち一部を外部に販売している。
iii 素材は製造着手のときにすべて投入され，第1工程の完成品は第2工程の始点で投入されるものとする。
iv 加工費は第1工程・第2工程ともに製造の進行に応じて消費されるものとする。
v 月末仕掛品原価の計算は平均法による。
vi 第1工程半製品の前月繰越高は次のとおりであった。なお，第1工程半製品は総平均法により半製品単価を計算し，第2工程と売上原価に計上する。
前月繰越　800個　@¥2,280　¥1,824,000

資　料

a．当月製造費用

① 工程個別費および補助部門個別費

	第1工程	第2工程	補助部門
素材費	¥2,643,000	—	—
労務費	¥3,654,000	¥3,056,000	¥235,000
経費	¥457,000	¥149,000	¥128,000

② 部門共通費配賦額
第1工程　¥379,000　　第2工程　¥281,000　　補助部門　¥42,000

③ 補助部門費配賦割合
第1工程　40%　　第2工程　60%

b．生産データ

	第1工程		第2工程	
月初仕掛品	600個	(加工進捗度40%)	400個	(加工進捗度55%)
当月投入	3,000個		2,800個	
合計	3,600個		3,200個	
月末仕掛品	400個	(加工進捗度60%)	300個	(加工進捗度60%)
完成品	3,200個		2,900個	

c．月初仕掛品原価
第1工程　¥861,000（素材費　¥525,000　加工費　¥336,000）
第2工程　¥1,171,000（前工程費　¥896,000　加工費　¥275,000）

d．当月中に第1工程半製品2,800個を次工程へ引き渡し，500個を外部に販売した。

3 個別原価計算を採用している鹿児島製作所の下記の取引によって，次の各問いに答えなさい。

(1) 6月30日①の取引の仕訳を示しなさい。

(2) 仕掛品勘定・製造間接費勘定に必要な記入をおこない，締め切りなさい。なお，勘定記入は日付・相手科目・金額を示すこと。

(3) A製品（製造指図書＃1）の原価計算表を作成しなさい。

ただし，i 前月繰越高は，次のとおりである。

素　　材　450個　@¥1,280　¥　576,000
工場消耗品　750〃　〃〃　80　¥　60,000
仕 掛 品（製造指図書＃1）　¥3,895,000（原価計算表に記入済み）
賃　　金（未払高）　¥1,840,000

ii 素材の消費高の計算は先入先出法により，工場消耗品の消費数量の計算は棚卸計算法によっている。

iii 賃金の消費高の計算には，作業時間1時間につき¥1,240の予定賃率を用いている。

iv 製造間接費は直接作業時間を配賦基準として予定配賦している。

年間製造間接費予定額（予　算　額）	¥31,500,000
年間予定直接作業時間（基準操業度）	75,000時間

(4) 当月の実際平均賃率を求めなさい。

(5) 当月の賃率差異の金額を求めなさい。なお，解答欄の（　　）のなかは借方差異の場合は借方，貸方差異の場合は貸方を○で囲むこと。

(6) 製造間接費配賦差異における次の資料から，操業度差異の金額を求めなさい。なお，解答欄の（　　）のなかは借方差異の場合は借方，貸方差異の場合は貸方を○で囲むこと。

資　　料

a．製造間接費については公式法変動予算により予算を設定して予定配賦をおこなっている。
b．月間の基準操業度（直接作業時間）は6,250時間である。
c．月間の製造間接費予算は，変動費率¥280　固定費予算額¥875,000である。
d．当月の実際直接作業時間は6,200時間であった。

取　　引

6月8日　素材および工場消耗品を次のとおり買い入れ，代金は掛けとした。

素　　材　1,600個　@¥1,300　¥2,080,000
工場消耗品　2,700〃　〃〃　80　¥　216,000

12日　B製品（製造指図書＃2）の注文を受け，素材1,400個を消費して製造を開始した。

25日　賃金を次のとおり小切手を振り出して支払った。

賃 金 総 額　¥8,197,000
うち，控除額　所 得 税　¥821,000　健康保険料　¥409,000

30日　① 工場消耗品の月末棚卸数量は650個であった。よって，消費高を計上した。（間接材料）

② 当月の賃金予定消費高を次の作業時間によって計上した。ただし，消費賃金勘定を設けている。

製造指図書＃1　3,400時間　製造指図書＃2　2,800時間　間接作業　400時間

③ 直接作業時間によって，製造間接費を予定配賦した。

④ 健康保険料の事業主負担分¥409,000を計上した。

⑤ 当月の直接経費消費高を計上した。

外注加工賃　¥85,000（製造指図書＃1）

⑥ 当月の間接経費消費高を計上した。

電 力 料　¥534,000　保 険 料　¥168,000
減価償却費　700,000　雑　　費　83,000

⑦ 当月の賃金実際消費高¥8,217,000を計上した。よって，賃金の予定消費高と実際消費高との差額を，賃率差異勘定に振り替えた。

⑧ A製品（製造指図書＃1）600個が完成した。

⑨ 製造間接費の予定配賦額と実際発生額との差額を，製造間接費配賦差異勘定に振り替えた。

4 下記の取引の仕訳を示しなさい。ただし，勘定科目は，次のなかからもっとも適当なものを使用すること。

当座預金	製品	1級製品	2級製品
A組製品	B組製品	売上原価	保険料
従業員賞与手当	仕掛品	A組仕掛品	B組仕掛品
組間接費	材料消費価格差異	本社	工場

a．組別総合原価計算を採用している山梨製作所は，組間接費¥672,000を機械運転時間を基準にA組とB組に配賦した。なお，当月の機械運転時間はA組が1,680時間　B組が2,160時間であった。

b．単純総合原価計算を採用している岐阜製作所は，月末に工場の従業員に対する賞与の月割額を消費高として計上した。なお，半年分の賞与の支払予定額は¥1,926,000である。

c．個別原価計算を採用している静岡工業株式会社では，原価計算係が作成した次の完成品原価月報にもとづいて完成品原価を計上した。

完成品原価月報　No.013
令和○年6月分

製造指図書番号	完成日	品名および規格	数量	単価	金額
#601	6月15日	YW−3	300	8,000	2,400,000
#602	6月20日	JW−2	240	15,000	3,600,000
				合計	6,000,000

備考	会計係	原価計算係
	伊東	三島

d．長野工業株式会社は，会計期末にあたり，材料消費価格差異勘定の残高を売上原価勘定に振り替えた。なお，材料消費価格差異勘定の前月繰越高は¥4,000（貸方）であり，当月の素材の実際消費高は予定消費高より¥7,000多く，この額は材料消費価格差異勘定に振り替えられている。

e．等級別総合原価計算を採用している愛知製作所において，1級製品1,800個と2級製品2,600個が完成した。ただし，この完成品の総合原価は¥2,875,000であり，等価係数は製品1個あたりの重量を基準としている。

1級製品　350 g　　　2級製品　200 g

f．工場会計が独立している福岡工業株式会社の本社は，建物に対する保険料¥980,000を小切手を振り出して支払った。ただし，保険料のうち工場負担分は¥567,000である。（本社の仕訳）

公益財団法人 全国商業高等学校協会主催・文部科学省後援

第96回　簿記実務検定（改題）　1級　原価計算〔答　案　用　紙〕

1

(1)

a	¥
b	¥
c	¥

(2)

a	¥	
b	¥	（借方・貸方）

※（借方・貸方）のいずれかを○で囲むこと。

(3)

a	¥
b	¥
c	¥

(4)

a	¥	
b	¥	（不利・有利）

※（不利・有利）のいずれかを○で囲むこと。

(5)

ア	イ

1 得点		2 得点		3 得点		4 得点		総得点	

年	組	番	名　前

 (1)

工程別総合原価計算表

令和○年6月分

摘　　　要	第1工程	第2工程
工程個別費　素材費		——
前工程費	——	
労務費		
経費		
部門共通費配賦額		
補助部門費配賦額		
当月製造費用		
月初仕掛品原価		
計		
月末仕掛品原価		927,000
工程完成品原価		
工程完成品数量	3,200 個	2,900 個
工程単価	¥	¥

(2)

¥

(3)

第1工程半製品

前月繰越	1,824,000	第2工程仕掛品	6,496,000
(　　　)	(　　　)	売上原価	(　　　)
		次月繰越	(　　　)
	(　　　)		(　　　)

2 得点

3 (1)

	借方	貸方
6月30日①		

(2)

仕掛品

6/1 前月繰越 3,895,000	

製造間接費

(3)

製造指図書#1　　原価計算表

直接材料費	直接労務費	直接経費	製造間接費	集計 摘要	金額
1,536,000	1,736,000	35,000	588,000	直接材料費	
				直接労務費	
				直接経費	
				製造間接費	
				製造原価	
				完成品数量	個
				製品単価	¥

(4) ¥

(5) ¥　　（借方・貸方）

※（借方・貸方）のいずれかを◯で囲むこと

(6) ¥　　（借方・貸方）

※（借方・貸方）のいずれかを◯で囲むこと

3 得点

4

	借　　　方	貸　　　方
a		
b		
c		
d		
e		
f		

4 得点	

簿記実務検定　模擬試験問題集　１級原価計算

解答および採点基準

2024 年

東京法令
とうほう

適語選択問題

a		b		c		d		e		f		g		h	
ア	イ	ウ	エ	オ	カ	キ	ク	ケ	コ	サ	シ	ス	セ	ソ	タ
3	1	3	2	1	2	2	4	1	4	2	3	2	4	2	3

基本練習問題1　仕訳(1)

1

	借方		貸方	
a	棚卸減耗損	*10,000*	素材	*10,000*
b	材料消費価格差異	*40,000*	消費材料	*40,000*
c	作業くず	*6,000*	仕掛品	*6,000*
d	健康保険料	*95,000*	現金	*190,000*
	健康保険料預り金	*95,000*		
e	仕掛品	*370,000*	外注加工賃	*370,000*
f	仕損品	*20,000*	仕掛品	*160,000*
	仕損費	*140,000*		
g	第1製造部門費	*297,000*	動力部門費	*300,000*
	第2製造部門費	*248,000*	修繕部門費	*245,000*
h	売上原価	*106,000*	製造間接費配賦差異	*106,000*

解説

a．帳簿棚卸高を実地棚卸高にあわせるために素材勘定を修正し，棚卸減耗損を計上する。
　棚卸減耗損の計算　(610個－605個)×@￥2,000＝￥10,000

b．予定消費高…800kg×@￥1,250＝￥1,000,000
　実際消費高…800kg×@￥1,300＝￥1,040,000

消費材料

実際消費高 ￥1,040,000	予定消費高 ￥1,000,000
	￥40,000 →材料消費価格差異へ

c．作業くずが発生した製造指図書が限定できるので，貸方は仕掛品勘定となる。

d．健康保険料は事業主と従業員が半額ずつ負担する。事業主負担分は健康保険料勘定を使用し，従業員負担分は賃金支払時に預かっており，そのさいに用いた健康保険料預り金勘定を使用して仕訳する。

e．外注加工賃は直接経費に属し，問題文にも「製造指図書＃5のために消費した」と明記してあるので仕掛品勘定に振り替える。消費高の計算は次のようにおこなう。
　￥380,000（支払高）－￥40,000（前月未払高）＋￥30,000（当月未払高）＝￥370,000

f．製品全部が仕損じとなり，新たに製造指図書を発行して代品を製造する場合，旧製造指図書に集計された製造原価を仕損費とする。なお，仕損品に評価額がある場合は，評価額分が仕掛品勘定から仕損品勘定に振り替えられるので，仕損費勘定への振替額は仕損品の評価額を差し引いた金額となる。

g．各補助部門費から各製造部門への配賦額の内訳を示すと次のようになる。

	第1製造部門	第2製造部門
動力部門費	￥192,000	￥108,000
修繕部門費	￥105,000	￥140,000

h．

製造間接費

実際発生額 ￥1,497,000	予定配賦額 ￥1,483,000
	差異 ￥14,000

製造間接費配賦差異

繰越 ￥92,000	￥106,000 →売上原価へ
￥14,000	

基本練習問題１　仕訳(2)

2

	借	方	貸	方
a	仕掛品	*475,000*	従業員賞与手当	*475,000*
b	1級製品	*1,750,000*	仕掛品	*3,150,000*
	2級製品	*1,400,000*		
c	A組仕掛品	*450,000*	組間接費	*850,000*
	B組仕掛品	*400,000*		
d	第2工程仕掛品	*1,820,000*	第1工程仕掛品	*1,820,000*
	製品	*2,970,000*	第2工程仕掛品	*2,970,000*
e	製品	*855,000*	仕掛品	*890,000*
	副産物	*35,000*		
f	売掛金	*1,600,000*	売上	*1,600,000*
	売上原価	*1,200,000*	1級製品	*525,000*
			2級製品	*675,000*
g	減価償却費	*290,000*	建物減価償却累計額	*720,000*
	工場	*430,000*		

解説

a．賞与の月割額の計上なので，半年分の支払予定額 *¥2,850,000* を６か月で割って１か月分を計上する。従業員賞与手当は通常は間接労務費であるが，単純総合原価計算なので，仕掛品勘定に振り替える。

b．等級別総合原価計算は，製品別に仕掛品勘定が分かれていないので，仕掛品勘定から各等級製品へ完成品原価を振り替える。各等級製品の完成品原価は次のように計算する。

等級別総合原価計算表

等級別製品	重量	等価係数	完成品数量	積数	等級別製造原価	製品単価
１級製品	300 g	2	2,500 個	5,000	*1,750,000*	*¥700*
２級製品	150 〃	1	4,000 〃	4,000	*1,400,000*	〃 *350*
				9,000	*3,150,000*	

c．組間接費の配賦率　　*¥850,000* ÷（900 時間＋ 800 時間）＝ *¥500*

各組への配賦額の計算　　A組…900 時間× @*¥500* ＝ *¥450,000*

B組…800 時間× @*¥500* ＝ *¥400,000*

d．各工程の完成品原価の流れは次のようになる。

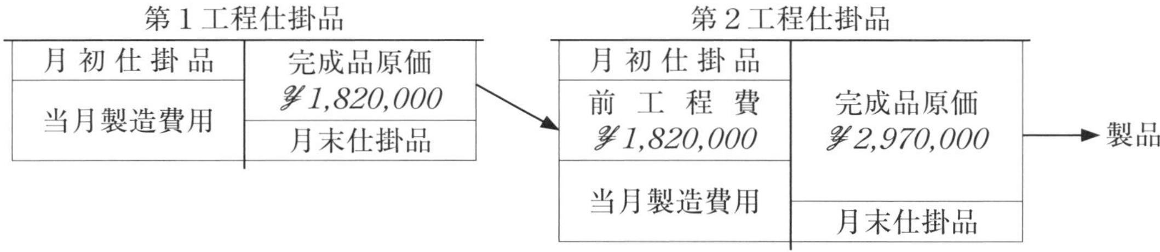

e．総合原価から副産物の評価額を差し引いた金額が完成品原価となる。

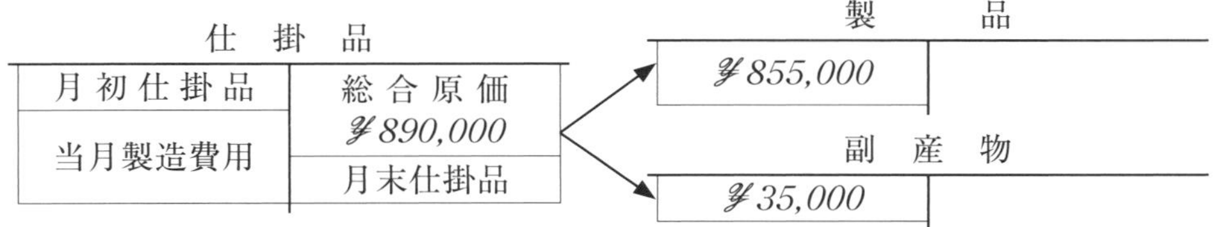

f．売上の仕訳は製品別におこなう必要はない。

g．工場の建物に対する減価償却費は工場勘定で仕訳し，本社の建物に対する金額を減価償却費として計上する。なお，問題の指示にあるように，建物減価償却累計額は本社が全額計上する。

基本練習問題２　作表(1)

3

(1)

単純総合原価計算表
令和○年１月分

	摘　　　要	素　材　費	加　工　費	合　　　計
	材　料　費	3,268,000	307,000	3,575,000
	労　務　費	――	▶❶ 1,952,000	1,952,000
	経　　　費	――	276,000	276,000
	計	3,268,000	2,535,000	5,803,000
	月初仕掛品原価	812,000	281,000	1,093,000
	計	4,080,000	2,816,000	6,896,000
▶❷	月末仕掛品原価	680,000	256,000	936,000
	完成品原価	3,400,000	2,560,000	5,960,000
	完成品数量	400個	400個	▶❸ 400個
	製品単価	¥ 8,500	¥ 6,400	¥ 14,900

(2)

月末仕掛品原価	¥	948,000
完成品原価	¥	5,948,000

▶❹

解　説

▶❶　賃金，給料，健康保険料の合計である。健康保険料を経費に含めないように注意する。

▶❷　月末仕掛品原価の計算（平均法）

素材費

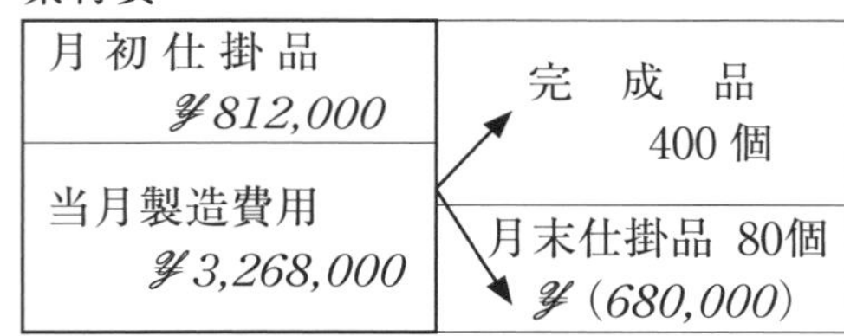

$$\frac{¥812,000 + ¥3,268,000}{400個 + 80個} \times 80個 = ¥680,000$$

加工費（数量は加工進捗度を掛けた個数）

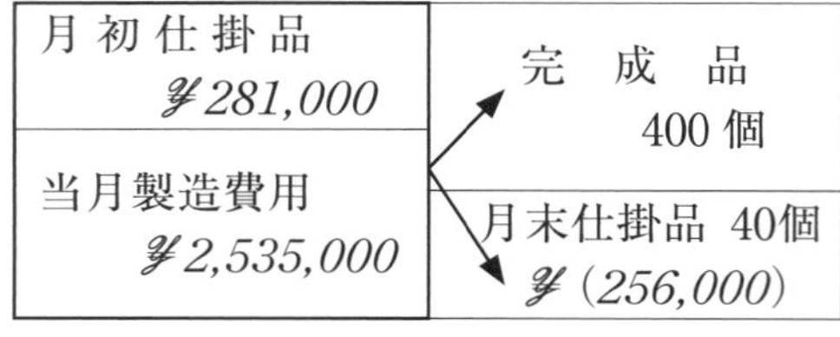

$$\frac{¥281,000 + ¥2,535,000}{400個 + 40個} \times 40個 = ¥256,000$$

▶❸　完成品数量を800個としないように注意する。

▶❹　先入先出法による月末仕掛品原価の計算

素材費

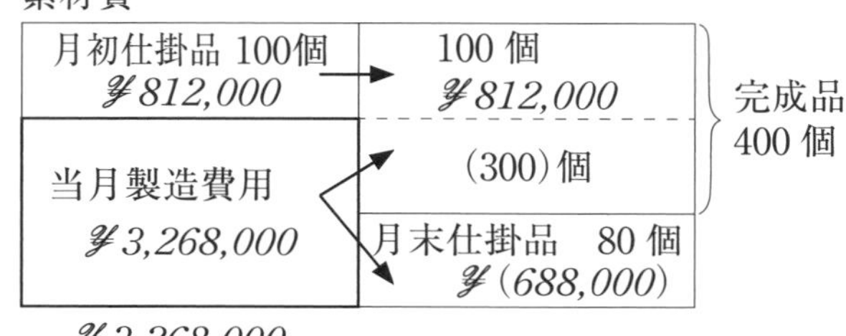

$$\frac{¥3,268,000}{300個 + 80個} \times 80個 = ¥688,000$$

加工費（数量は加工進捗度を掛けた個数）

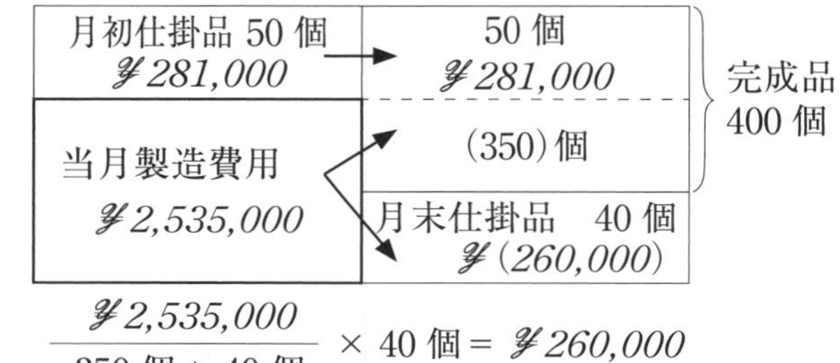

$$\frac{¥2,535,000}{350個 + 40個} \times 40個 = ¥260,000$$

※完成品原価は「月初仕掛品原価＋当月製造費用－月末仕掛品原価」で求める。

基本練習問題２　作表(2)

4

等級別総合原価計算表
令和○年２月分

等級別製品	重　量	等価係数	完成品数量	積　数	等級別製造原価	製品単価
１級製品	600 g	3	2,000 個	6,000	*2,700,000*	*¥1,350*
２級製品	400 〃	2	3,500 〃	7,000	*3,150,000*	〃 *900*
				13,000	*5,850,000*	

解説

完成品総合原価のあん分額の計算　※積数（等価係数×完成品数量）を基準とする。

１級製品…$¥5,850,000 \times \dfrac{6,000}{13,000} = ¥2,700,000$

２級製品…$¥5,850,000 \times \dfrac{7,000}{13,000} = ¥3,150,000$

5

組別総合原価計算表
令和○年３月分

	摘　　要		A　組	B　組
	組直接費	素材費	*2,464,000*	*2,552,000*
		加工費	*3,166,000*	*4,906,000*
▶❶	組間接費	加工費	*616,000*	*924,000*
	当月製造費用		*6,246,000*	*8,382,000*
	月初仕掛品原価	素材費	370,000	270,000
		加工費	357,000	276,000
	計		*6,973,000*	*8,928,000*
▶❷	月末仕掛品原価	素材費	*539,000*	*232,000*
		加工費	*434,000*	*212,000*
	完成品原価		*6,000,000*	*8,484,000*
	完成品数量		3,000個	2,800個
	製品単価		¥ *2,000*	¥ *3,030*

解説

▶❶　組間接費の配賦額の計算

A組…（$¥825,000 + ¥715,000$）× 40% = $¥616,000$

B組…（$¥825,000 + ¥715,000$）× 60% = $¥924,000$

▶❷　月末仕掛品原価の計算（先入先出法）

A組　素材費

月初仕掛品 500個 ¥370,000 → 500 個 ¥370,000
当月製造費用 ¥2,464,000 → (2,500) 個 ／ 月末仕掛品 700個 ¥(539,000)
完成品 3,000個

$\dfrac{¥2,464,000}{2,500\text{個} + 700\text{個}} \times 700\text{個} = ¥539,000$

加工費（数量は加工進捗度を掛けた個数）

月初仕掛品 300個 ¥357,000 → 300 個 ¥357,000
当月製造費用 ¥3,782,000 → (2,700) 個 ／ 月末仕掛品 350個 ¥(434,000)
完成品 3,000個

$\dfrac{¥3,782,000}{2,700\text{個} + 350\text{個}} \times 350\text{個} = ¥434,000$

B組　素材費

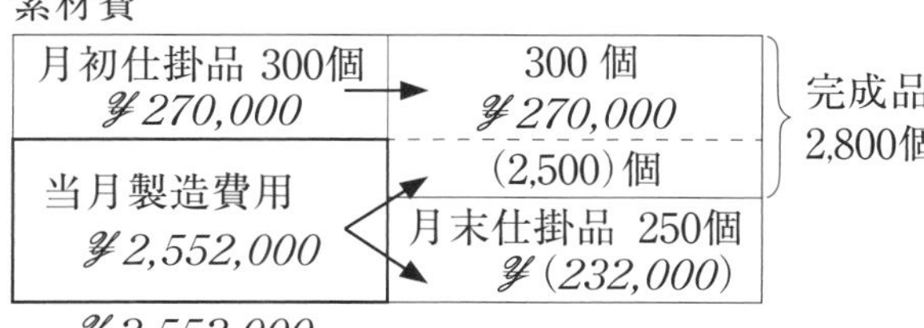

加工費（数量は加工進捗度を掛けた個数）

月初仕掛品 150個 ¥276,000 → 150 個 ¥276,000
当月製造費用 ¥5,830,000 → (2,650) 個 ／ 月末仕掛品 100個 ¥(212,000)
完成品 2,800個

$\dfrac{¥5,830,000}{2,650\text{個} + 100\text{個}} \times 100\text{個} = ¥212,000$

基本練習問題２　作表(3)

6

工程別総合原価計算表
令和○年４月分

摘　　要	第１工程	第２工程
工程個別費　素 材 費	3,245,000	——
前 工 程 費	——	▶❸ 6,440,000
労 務 費	1,920,000	1,210,000
経　　費	265,000	283,000
部門共通費配賦額	400,000	300,000
▶❶ 補助部門費配賦額	540,000	360,000
当 月 製 造 費 用	6,370,000	8,593,000
月 初 仕 掛 品 原 価	354,000	726,000
計	6,724,000	9,319,000
月 末 仕 掛 品 原 価	▶❷ 284,000	▶❹ 373,000
工 程 完 成 品 原 価	6,440,000	8,946,000
工 程 完 成 品 数 量	4,000 個	4,200 個
工　程　単　価	¥ 1,610	¥ 2,130

解　説

▶❶　補助部門費合計

¥300,000(労務費) + ¥500,000(経費) + ¥100,000(部門共通費配賦額) = ¥900,000

各工程への配賦額

第１工程…¥900,000 × 60% = ¥540,000

第２工程…¥900,000 × 40% = ¥360,000

▶❷　第１工程の月末仕掛品原価の計算（平均法）

素材費

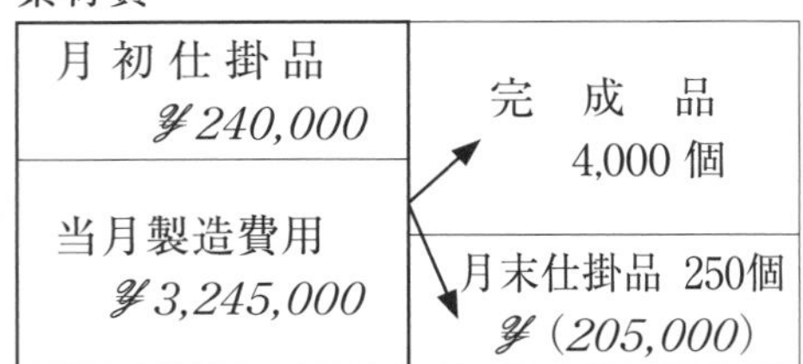

$\frac{¥240,000 + ¥3,245,000}{4,000\text{個} + 250\text{個}} \times 250\text{個} = ¥205,000$

加工費（数量は加工進捗度を掛けた個数）

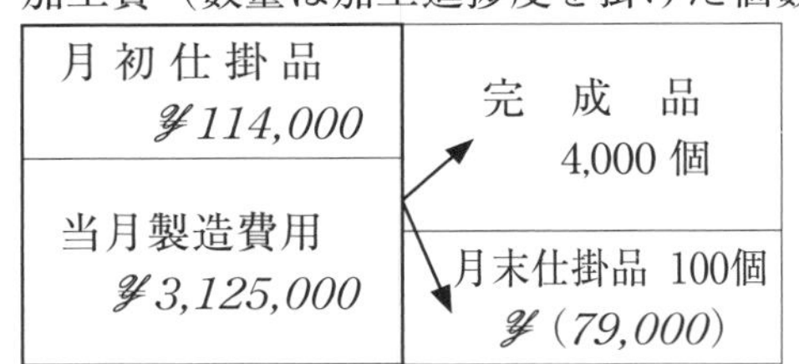

$\frac{¥114,000 + ¥3,125,000}{4,000\text{個} + 100\text{個}} \times 100\text{個} = ¥79,000$

▶❸　ただし書きⅰに「第１工程の完成品はただちにすべて第２工程に引き渡している。」とあるので，原価計算表の第１工程の完成品原価の金額を前工程費として記入する。

▶❹　第２工程の月末仕掛品原価の計算（平均法）

第１工程の完成品は第２工程の始点で投入されるので，月末仕掛品の前工程費の計算では加工進捗度は加味しない。(第１工程の素材と同じ考え方である)

前工程費

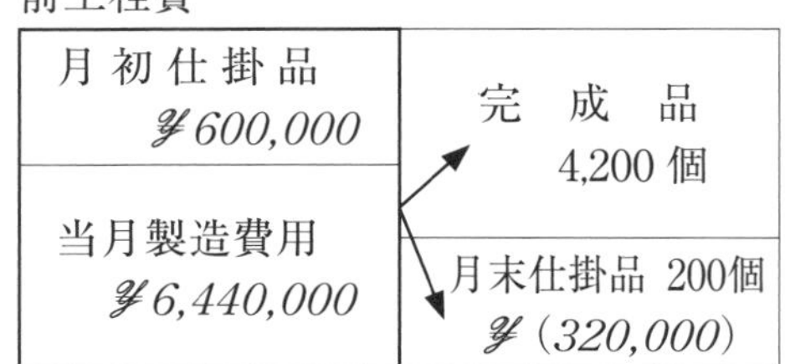

$\frac{¥600,000 + ¥6,440,000}{4,200\text{個} + 200\text{個}} \times 200\text{個} = ¥320,000$

加工費（数量は加工進捗度を掛けた個数）

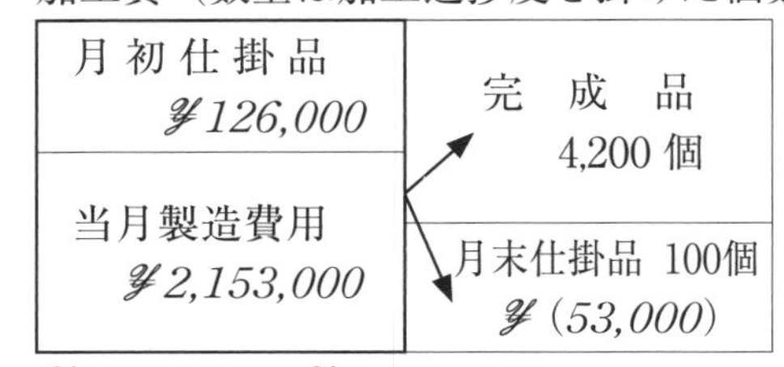

$\frac{¥126,000 + ¥2,153,000}{4,200\text{個} + 100\text{個}} \times 100\text{個} = ¥53,000$

基本練習問題３　計算(1)

7

a	当期材料費	¥ 1,045,000	b	当期労務費	¥ 1,185,000
c	当期経費	¥ 520,000	d	当期製品製造原価	¥ 2,720,000
e	売上原価	¥ 2,770,000			

解説

a．当期材料費…素材と工場消耗品の合計

素　　材

期首棚卸高 ¥195,000	当期消費高 ¥（890,000）
当期仕入高 ¥865,000	期末棚卸高 ¥170,000

工場消耗品

期首棚卸高 ¥70,000	当期消費高 ¥（155,000）
当期仕入高 ¥145,000	期末棚卸高 ¥60,000

b．当期労務費…賃金と給料の合計

賃　　金

当期支払高 ¥970,000	前期未払高 ¥110,000
当期未払高 ¥125,000	当期消費高 ¥（985,000）

c．当期経費…外注加工賃・電力料(測定高)・減価償却費の合計

外注加工賃

前期前払高 ¥40,000	当期消費高 ¥（180,000）
当期支払高 ¥185,000	当期前払高 ¥45,000

d．当期製品製造原価

仕　掛　品

期首仕掛品 ¥280,000	当期製品製造原価 ¥（2,720,000）
当期製造費用 ¥1,045,000 ¥1,185,000 ¥520,000	期末仕掛品 ¥310,000

e．売上原価

製　　品

期首製品 ¥450,000	売上原価 ¥（2,770,000）
当期製品製造原価 ¥2,720,000	期末製品 ¥400,000

8

a	当月の１級製品の製造原価	¥ 900,000	b	当月の２級製品の製品単価	¥ 240
c	当月の３級製品の売上原価	¥ 1,104,000	d	当月の１級製品の月末棚卸高	¥ 150,000

解説

資料をもとに，等級別総合原価計算表を作成すると，ａとｂの解答が導き出せる。

等級別総合原価計算表

等級別製品	重　量	等価係数	完成品数量	積　数	等級別製造原価	製品単価
１級製品	100ｇ	5	3,000個	15,000	900,000	¥300
２級製品	80〃	4	4,000〃	16,000	960,000	〃240
３級製品	60〃	3	6,000〃	18,000	1,080,000	〃180
				49,000	2,940,000	

c．３級製品の売上原価（先入先出法）

３　級　製　品

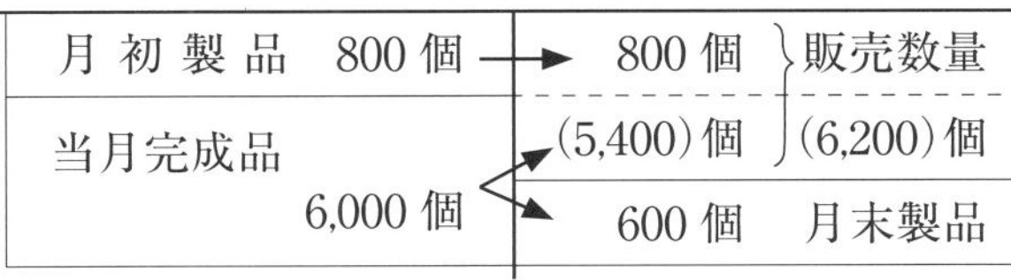

売上原価

月初製品分　800個×@¥165 = ¥ 132,000

当月完成品分　5,400個×@¥180 = ¥ 972,000

¥1,104,000

d．１級製品の月末棚卸高(先入先出法)

１　級　製　品

月初製品 400個 →	400個 ｝販売数量
当月完成品 3,000個	(2,500)個 ｝(2,900)個
	500個　月末製品

月末棚卸高

当月完成品分　500個×@¥300 = ¥150,000

基本練習問題３　計算(2)

9

a	完成品の標準原価		¥ 10,800,000
b	月末仕掛品の標準原価		¥ 900,000
c	直接材料費差異	材料消費価格差異	¥168,000（不利・有利）※不利に○
		材料消費数量差異	¥ 60,000（不利・有利）※有利に○

d	直接労務費差異	賃率差異	¥72,000（不利・有利）※有利に○
		作業時間差異	¥40,000（不利・有利）※不利に○
e	製造間接費差異	予算差異	¥55,000（不利・有利）※不利に○
		能率差異	¥20,000（不利・有利）※不利に○
		操業度差異	¥45,000（不利・有利）※不利に○

解説

a．完成品の標準原価

1,800 個 × @¥6,000 = ¥10,800,000

b．月末仕掛品の標準原価

直接材料費…200 個 × @¥3,000 = ¥600,000
直接労務費…200 個 × 50% × @¥2,000 = ¥200,000
製造間接費…200 個 × 50% × @¥1,000 = ¥100,000
} 合計 ¥900,000

c．

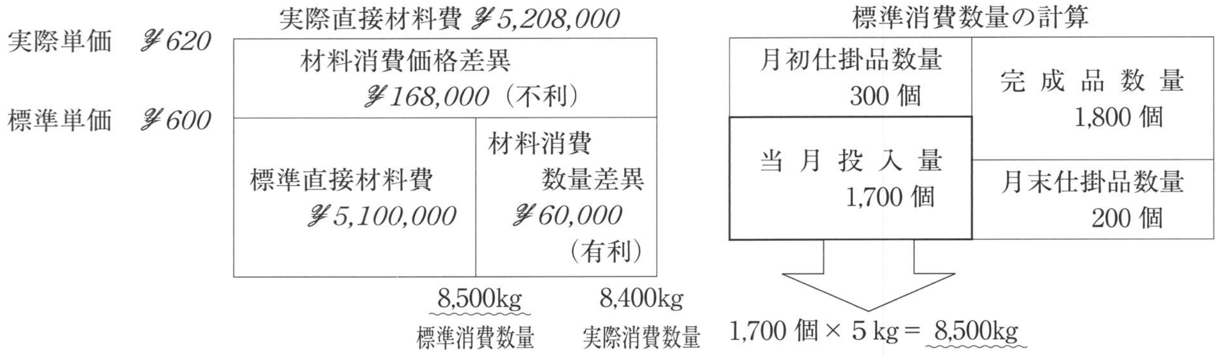

実際直接材料費 ¥5,208,000

実際単価 ¥620
標準単価 ¥600

材料消費価格差異 ¥168,000（不利）	
標準直接材料費 ¥5,100,000	材料消費数量差異 ¥60,000（有利）

8,500kg 標準消費数量　8,400kg 実際消費数量

標準消費数量の計算

月初仕掛品数量 300 個	完成品数量 1,800 個
当月投入量 1,700 個	月末仕掛品数量 200 個

1,700 個 × 5 kg = 8,500kg

d．

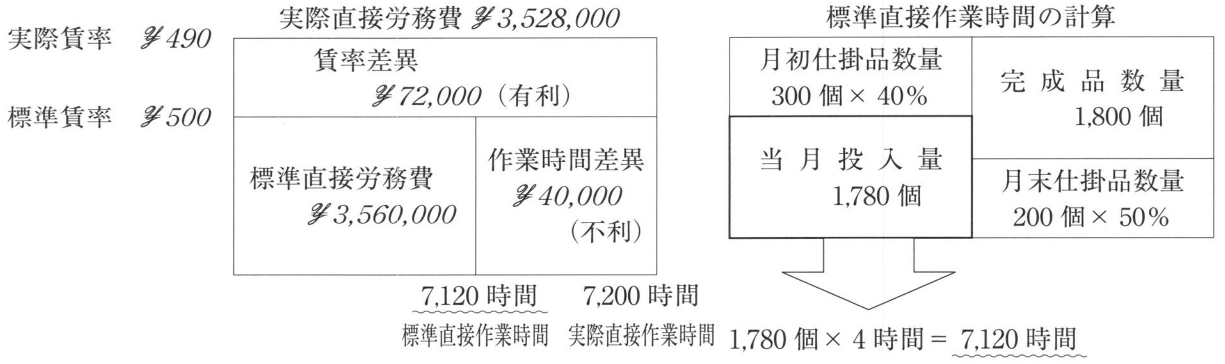

実際直接労務費 ¥3,528,000

実際賃率 ¥490
標準賃率 ¥500

賃率差異 ¥72,000（有利）	
標準直接労務費 ¥3,560,000	作業時間差異 ¥40,000（不利）

7,120 時間 標準直接作業時間　7,200 時間 実際直接作業時間

標準直接作業時間の計算

月初仕掛品数量 300 個 × 40%	完成品数量 1,800 個
当月投入量 1,780 個	月末仕掛品数量 200 個 × 50%

1,780 個 × 4 時間 = 7,120 時間

e．製造間接費の差異分析を図解すると次のようになる。

《有利差異・不利差異の判断》
実際 ＞ 標準 ⇒ 不利
実際 ＜ 標準 ⇒ 有利

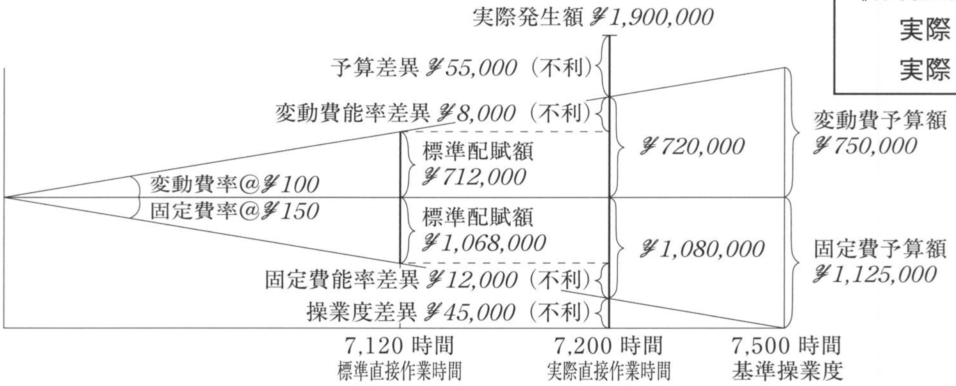

実際発生額 ¥1,900,000
予算差異 ¥55,000（不利）
変動費能率差異 ¥8,000（不利）
標準配賦額 ¥712,000
変動費率@¥100
固定費率@¥150
標準配賦額 ¥1,068,000
固定費能率差異 ¥12,000（不利）
操業度差異 ¥45,000（不利）
¥720,000
¥1,080,000
変動費予算額 ¥750,000
固定費予算額 ¥1,125,000
7,120 時間 標準直接作業時間
7,200 時間 実際直接作業時間
7,500 時間 基準操業度

注）・操業度は直接作業時間を用いているので，直接労務費で使用した作業時間数を使用する。
・固定費率…¥1,125,000 ÷ 7,500 時間 = ¥150
・各金額は操業度（時間数）に変動費率または固定費率を掛けて求める。

基本練習問題３　計算(3)

10

仕掛品			
前月繰越	(***125,000***)	製品	(***3,000,000***)
材料	(***1,173,000***)	材料消費(価格)差異	(***23,000***)
労務費	*1,521,000*	(作業時間)差異	(***20,000***)
製造間接費	*400,000*	予算差異	*6,000*
材料消費(数量)差異	*20,000*	能率差異	*5,000*
(賃率)差異	(***39,000***)	操業度差異	*4,000*
		次月繰越	(*220,000*)
	(***3,278,000***)		(***3,278,000***)

解説

【パーシャルプランによる仕掛品勘定の構成】

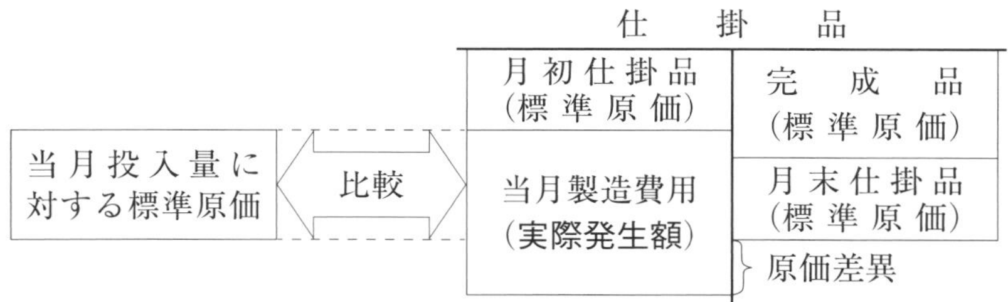

※不利差異の場合の勘定記入

完成品の標準原価　750 個 × @¥*4,000* ＝ ¥*3,000,000*

月初仕掛品の標準原価

直接材料費…50 個 × @¥*1,500* ＝ ¥*75,000*
直接労務費…50 個 × 40% × @¥*2,000* ＝ ¥*40,000*　合計 ¥*125,000*
製造間接費…50 個 × 40% × @¥*500* ＝ ¥*10,000*

月末仕掛品の標準原価

直接材料費…80 個 × @¥*1,500* ＝ ¥*120,000*
直接労務費…80 個 × 50% × @¥*2,000* ＝ ¥*80,000*　合計 ¥*220,000*
製造間接費…80 個 × 50% × @¥*500* ＝ ¥*20,000*

直接材料費の差異分析

実際直接材料費 ¥*1,173,000*

実際単価　¥*510*

標準単価　¥*500*

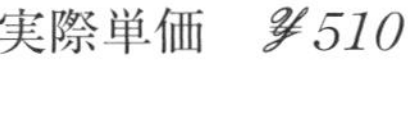

材料消費価格差異 ¥*23,000*（不利）	
標準直接材料費 ¥*1,170,000*	材料消費数量差異 ¥*20,000*（有利）
2,340kg 標準消費数量	2,300kg 実際消費数量

標準消費数量の計算

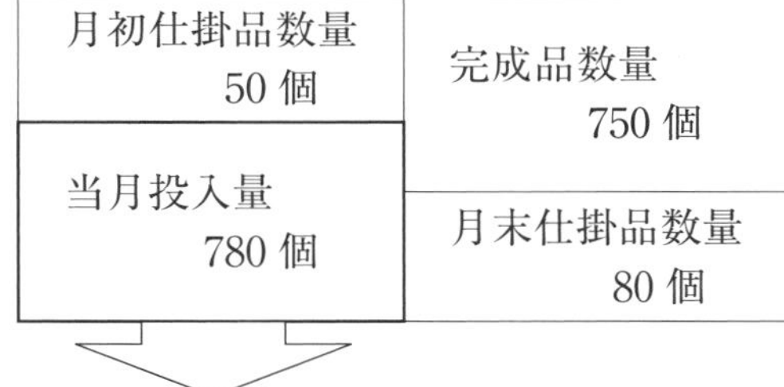

月初仕掛品数量 50 個	完成品数量 750 個
当月投入量 780 個	月末仕掛品数量 80 個

780 個 × 3 kg ＝ 2,340kg

※材料消費価格差異は不利差異なので，材料消費価格差異勘定の借方へ振り替える。

（借）材料消費価格差異　*23,000*　（貸）仕　掛　品　*23,000*

材料消費数量差異は有利差異なので，材料消費数量差異勘定の貸方へ振り替える。

（借）仕　掛　品　*20,000*　（貸）材料消費数量差異　*20,000*

直接労務費の差異分析

実際賃率 ¥975　　実際直接労務費 ¥1,521,000

標準賃率 ¥1,000

賃率差異 ¥39,000（有利）	
標準直接労務費 ¥1,540,000	作業時間差異 ¥20,000（不利）

1,540時間（標準直接作業時間）　1,560時間（実際直接作業時間）

標準直接作業時間の計算

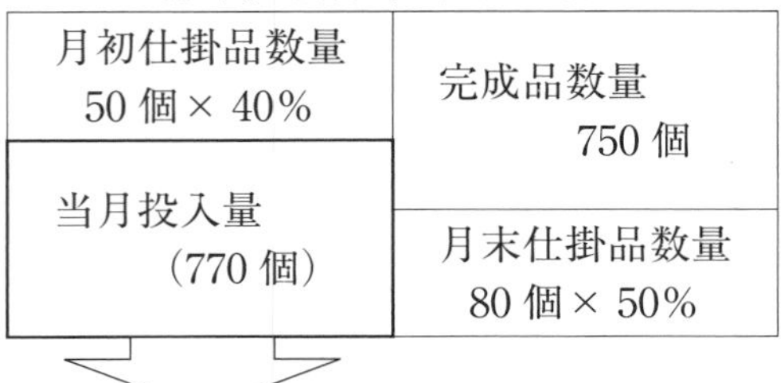

770個×2時間＝1,540時間

※賃率差異は有利差異なので，賃率差異勘定の貸方へ振り替える。

（借）仕　掛　品　39,000　（貸）賃　率　差　異　39,000

作業時間差異は不利差異なので，作業時間差異勘定の借方へ振り替える。

（借）作業時間差異　20,000　（貸）仕　掛　品　20,000

11

a	販売数量が5,000個のときの営業利益	¥ **300,000**
b	損益分岐点の売上高	**¥4,000,000**
c	目標営業利益¥450,000を達成するための販売数量	**5,500** 個

解　説

販売数量が5,000個のときの直接原価計算ベースの損益計算書を作成し，貢献利益率30%を算出する。

	〈5,000個〉		損益分岐点		(5,500個)	
売上高(@¥1,000)	5,000,000		(4,000,000)		(5,500,000)	
変動費(@¥700)	3,500,000	(×30%)		÷30%		÷30%
貢献利益	1,500,000		(1,200,000)		(1,650,000)	
固定費	1,200,000		1,200,000		1,200,000	
営業利益	300,000		0		450,000	

c．目標営業利益¥450,000を達成するための売上高¥5,500,000を販売単価¥1,000で割って販売数量を求める。

本問題集では，略式の損益計算書を利用した解答法を解説するが，公式によってこの問題を解答すると次のようになる。

〔公式による解答方法〕

$$\text{貢献利益率} \cdots \frac{\text{貢献利益}}{\text{売上高}} \Rightarrow \frac{¥1,500,000}{¥5,000,000} = 30\%$$

$$\text{損益分岐点の売上高} \cdots \frac{\text{固定費}}{\text{貢献利益率}} \Rightarrow \frac{¥1,200,000}{30\%} = ¥4,000,000$$

$$\text{目標営業利益を達成するための売上高} \cdots \frac{\text{固定費}+\text{目標営業利益}}{\text{貢献利益率}}$$

$$\Rightarrow \frac{¥1,200,000 + ¥450,000}{30\%} = ¥5,500,000$$

基本練習問題３　計算(4)

12

予　算　差　異　¥90,000（**借方**・貸方）	操業度差異　¥30,000（**借方**・貸方）

解　説

公式法変動予算による差異分析を図解すると次のようになる。

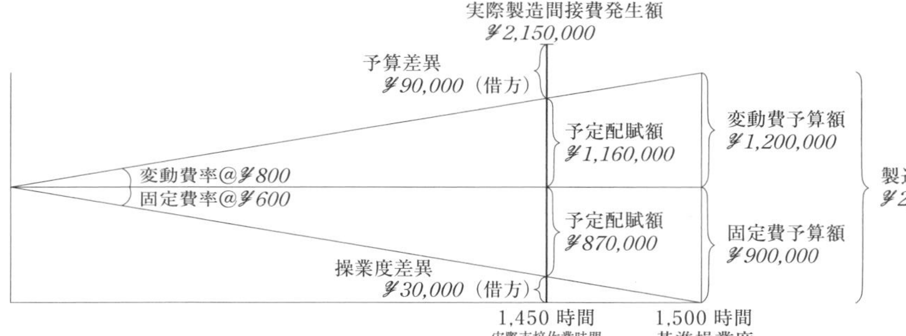

変動費予算額　¥2,100,000 − ¥900,000 = ¥1,200,000
固　定　費　率　　¥900,000 ÷ 1,500 時間 = ¥600
予定配賦額（変動費）1,450 時間×@¥800 = ¥1,160,000
予定配賦額（固定費）1,450 時間×@¥600 = ¥870,000
操業度差異…固定費予算額と固定費の予定配賦額との差異
　固定費予算額 ¥900,000 ←→ 固定費の予定配賦額 ¥870,000
予算差異…実際発生額と予算許容額（固定費予算額＋変動費の予定配賦額）との差異
　実際発生額 ¥2,150,000 ←→ 予算許容額 ¥2,060,000（¥900,000 + ¥1,160,000）

《借方差異・貸方差異の判断》
　実際 > 予定　⇒　借方
　実際 < 予定　⇒　貸方

13

(1)	月末仕掛品原価	¥	1,023,000	完成品原価	¥	9,135,000
(2)	月末仕掛品原価	¥	1,008,000	完成品原価	¥	9,150,000

解　説

(1)　正常減損が始点で発生していることから，月末仕掛品からも減損は発生していることになる。
　したがって，「正常減損費を完成品と月末仕掛品の両方に負担させる」と指示されている。
　正常減損費を完成品と月末仕掛品の両方に負担させる場合は，正常減損の数量を無視して算出すると，正常減損費が完成品と月末仕掛品にあん分される結果になる。
　月末仕掛品原価の計算（平均法）

素材費

月初仕掛品 ¥603,000	完成品 3,000kg
当月製造費用 ¥6,435,000	正常減損 50kg
	月末仕掛品 400kg ¥(828,000)

月末仕掛品原価の計算

$$\frac{¥603,000 + ¥6,435,000}{3,000\text{kg} + 400\text{kg}} \times 400\text{kg} = ¥828,000$$

加工費（加工進捗度を掛けた数量を使用）

月初仕掛品 ¥297,000	完成品 3,000kg
当月製造費用 ¥2,823,000	正常減損 0kg※
	月末仕掛品 200kg ¥(195,000)

※正常減損は始点発生なので０％換算する。

月末仕掛品原価の計算

$$\frac{¥297,000 + ¥2,823,000}{3,000\text{kg} + 200\text{kg}} \times 200\text{kg} = ¥195,000$$

完成品原価（¥603,000＋¥297,000）＋（¥6,435,000＋¥2,823,000）−（¥828,000＋¥195,000）＝¥9,135,000

(2)　正常減損が終点で発生していることから，月末仕掛品からは減損は発生していないことになる。
したがって，「正常減損費を完成品のみに負担させる」と指示されている。
正常減損費を完成品のみに負担させる場合は，正常減損数量を完成品数量に含めて計算する。

素材費

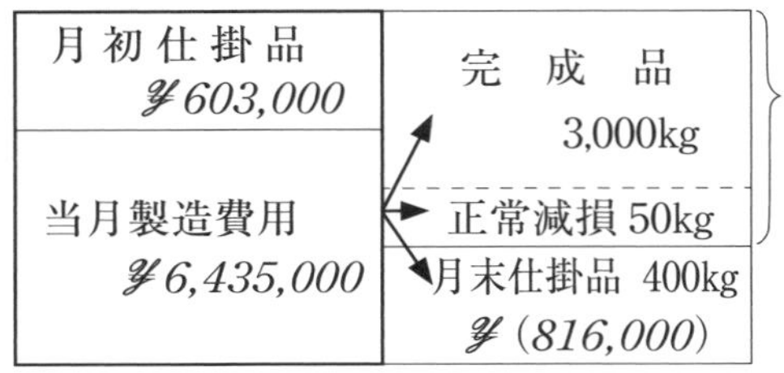

完成品原価は正常減損の 50kgを含めた 3,050kg分の金額

月末仕掛品原価の計算

$$\frac{¥603,000 + ¥6,435,000}{3,000\text{kg} + 50\text{kg} + 400\text{kg}} \times 400\text{kg} = ¥816,000$$

加工費（加工進捗度を掛けた数量を使用）

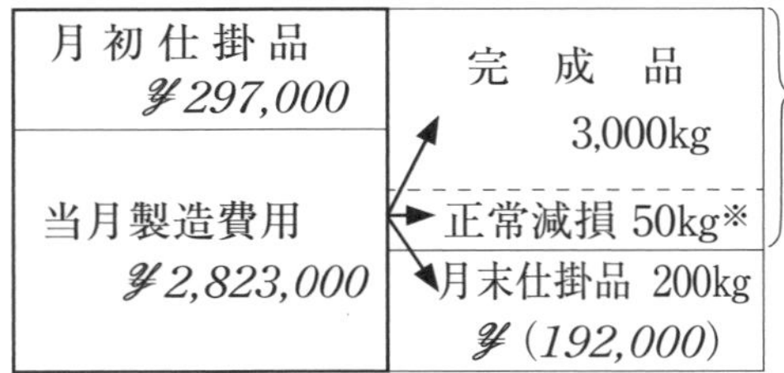

完成品原価は正常減損の 50kgを含めた 3,050kg分の金額
※正常減損は終点発生なので 100%換算する。

月末仕掛品原価の計算

$$\frac{¥297,000 + ¥2,823,000}{3,000\text{kg} + 50\text{kg} + 200\text{kg}} \times 200\text{kg} = ¥192,000$$

完成品原価（¥603,000＋¥297,000）＋（¥6,435,000＋¥2,823,000）－（¥816,000＋¥192,000）＝¥9,150,000

14

月末仕掛品原価	¥　496,000	完成品原価	¥ 4,000,000

解説

正常仕損が始点で発生していることから，月末仕掛品からも仕損が発生していると判断されるため，「正常仕損費は完成品と月末仕掛品の両方に負担させる」と指示されている。

なお，正常仕損費を完成品と月末仕掛品の両方に負担させる場合は，正常仕損の数量を無視して算出すると，正常仕損費が完成品と月末仕掛品にあん分される結果になる。

また，「仕損品の評価額は¥28,000であり，素材費から控除する」と指示されているので，素材費の月初仕掛品原価と当月製造費用の合計から仕損品の評価額を控除した金額を完成品と月末仕掛品に配分する。
（仕損品に評価額がある場合は，完成品や月末仕掛品に負担させる正常仕損費が減る）

月末仕掛品原価の計算（平均法）

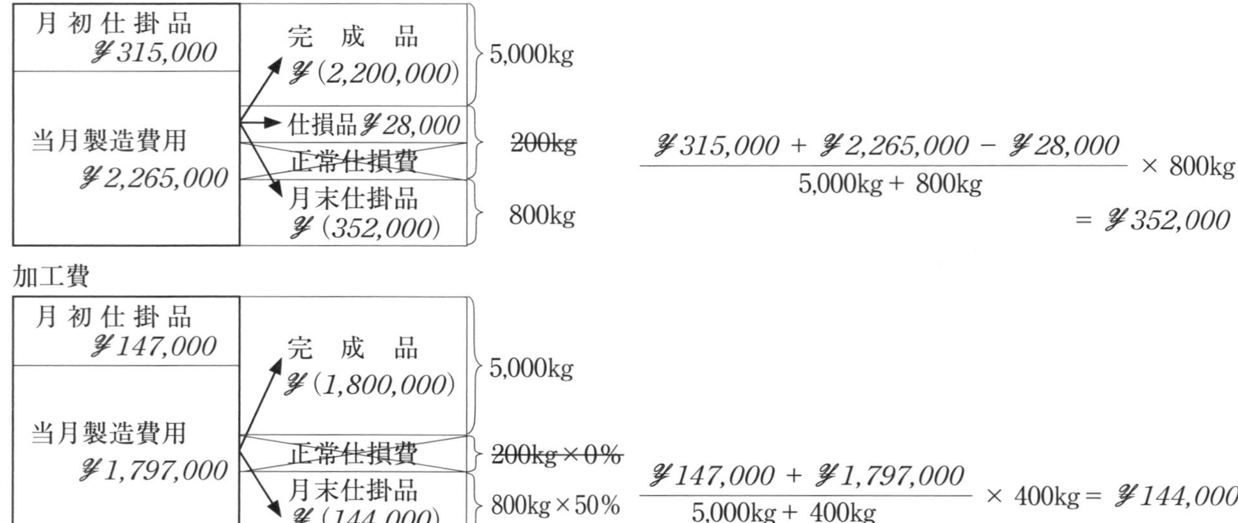

※正常仕損は始点発生なので０％換算する。

完成品原価の計算

（¥315,000＋¥147,000）＋（¥2,265,000＋¥1,797,000）－¥28,000－（¥352,000＋¥144,000）＝¥4,000,000

基本練習問題４　一連

15

(1)

	日付		借方		貸方	
	1月8日		素材	*380,000*	買掛金	*460,000*
			工場消耗品	*80,000*		
▶❶	10日		仕掛品	*303,000*	素材	*303,000*
	25日		賃金	*1,200,000*	所得税預り金	*115,000*
					健康保険料預り金	*45,000*
					当座預金	*1,040,000*
▶❷	31日	①	製造間接費	*76,000*	工場消耗品	*76,000*
▶❸		②	仕掛品	*1,125,000*	消費賃金	*1,161,000*
			製造間接費	*36,000*		
▶❹		③	仕掛品	*320,000*	第1製造部門費	*210,000*
					第2製造部門費	*110,000*
		④	製造間接費	*45,000*	健康保険料	*45,000*
		⑤	製造間接費	*168,000*	電力料	*73,000*
					保険料	*48,000*
					減価償却費	*40,000*
					雑費	*7,000*
▶❺		⑥	第1製造部門費	*185,000*	製造間接費	*325,000*
			第2製造部門費	*75,000*		
			動力部門費	*40,000*		
			修繕部門費	*25,000*		
		⑦	第1製造部門費	*35,000*	動力部門費	*40,000*
			第2製造部門費	*30,000*	修繕部門費	*25,000*
▶❻		⑧	製品	*1,575,000*	仕掛品	*1,575,000*
		⑨	消費賃金	*1,185,000*	賃金	*1,185,000*
▶❼		⑩	賃率差異	*24,000*	消費賃金	*24,000*
▶❽		⑪	製造部門費配賦差異	*10,000*	第1製造部門費	*10,000*
		⑫	第2製造部門費	*5,000*	製造部門費配賦差異	*5,000*

(2)

製造指図書＃1　　　　原価計算表

直接材料費	直接労務費	製造間接費				集計	
		部門	時間	配賦率	金額	摘要	金額
420,000	*315,000*	第1	350	*300*	*105,000*	直接材料費	*420,000*
	585,000	第1	**200**	**300**	**60,000**	直接労務費	**900,000**
	900,000	第2	**450**	**200**	**90,000**	製造間接費	**255,000**
					255,000	製造原価	**1,575,000**
						完成品数量	**70個**
						製品単価	¥ **22,500**

解説

●本検定や模擬問題は勘定記入が中心だが，基本問題ではすべての取引の仕訳を確認する。

●取引の仕訳を始める前に，注意すべき事項に赤線を引くとともに予定配賦率を計算しておこう！！

ii　素材の消費高の計算は先入先出法

iii　賃金の予定賃率は￥*900*

iv　予定配賦率の計算

第１製造部門　￥*2,700,000* ÷ 9,000 時間 = ￥*300*

第２製造部門　￥*1,500,000* ÷ 7,500 時間 = ￥*200*

▶❶　素材の消費高の計算（先入先出法）

200 個 ｛ 50 個　@ ￥*1,500*　￥　*75,000*
　　　　　150 個　@ ￥*1,520*　￥*228,000*
　　　　　　　　　　　　　　　　￥*303,000*

▶❷　工場消耗品の消費高の計算（棚卸計算法）

工場消耗品

前月繰越　350個	当月消費
当月仕入	（950）個
1,000個	月末棚卸　400個

⇒ 950 個 × @ ￥*80* = ￥*76,000*

▶❸　賃金の予定消費高の計算（原価計算表にも記入）

製造指図書＃１　650 時間 × @ ￥*900* = ￥*585,000* ｝合計￥*1,125,000* は仕掛品勘定へ
製造指図書＃２　600 時間 × @ ￥*900* = ￥*540,000* ｝

間　接　作　業　40 時間 × @ ￥*900* = ￥　*36,000* →製造間接費勘定へ

▶❹　予定配賦額の計算（原価計算表にも記入）

第１製造部門　＃１…200 時間 × @ ￥*300* = ￥　*60,000* ｝合計￥*210,000*
　　　　　　　＃２…500 時間 × @ ￥*300* = ￥*150,000* ｝

第２製造部門　＃１…450 時間 × @ ￥*200* = ￥　*90,000* ｝合計￥*110,000*
　　　　　　　＃２…100 時間 × @ ￥*200* = ￥　*20,000* ｝

▶❺　貸方の製造間接費￥*325,000* は実際発生額合計を意味する。31 日①～④の（借）製造間接費勘定の金額合計が￥*325,000* になっていれば，それまでの製造間接費に関する仕訳が正しいことになる。

▶❻　製造指図書＃１の原価計算表を集計して完成品原価を求める。

▶❼　それまでの仕訳における消費賃金勘定の貸借の差額を賃率差異勘定に振り替える。
消費賃金勘定を示すと次のようになる。

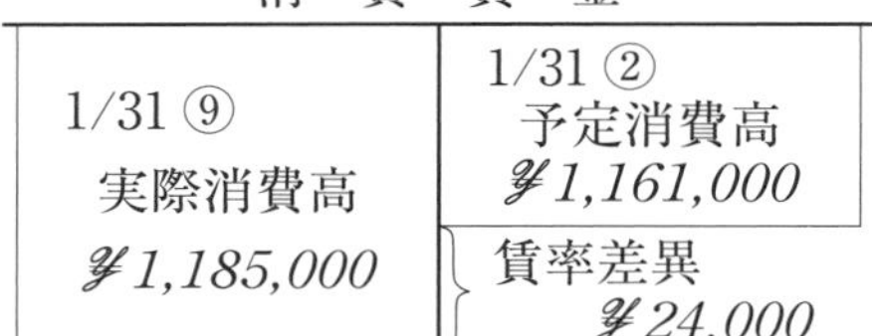

1/31 ⑨ 実際消費高 ￥*1,185,000*	1/31 ② 予定消費高 ￥*1,161,000*
	賃率差異 ￥*24,000*

消費賃金勘定の借方残高を賃率差異勘定に振り替える。

▶❽　賃率差異勘定の処理と同様に，それまでの仕訳における第１製造部門費勘定および第２製造部門費勘定の貸借の差額を製造部門費配賦差異勘定に振り替える。

【製造間接費の部門別計算による勘定の流れを確認しよう】

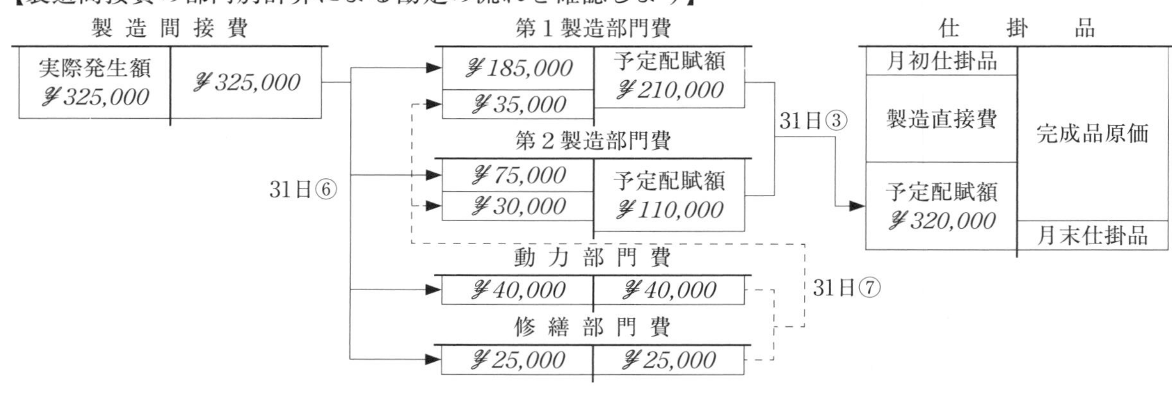

補充問題

(1)

借方		貸方	
仕掛品	***1,138,000***	第1製造部門費	***588,000***
		第2製造部門費	***550,000***

(2)

部門費振替表

相互配賦法　　　　令和○年1月分

部門費	配賦基準	金額	製造部門		補助部門	
			第1部門	第2部門	動力部門	修繕部門
部門費合計		*1,140,000*	*403,000*	*428,000*	*195,000*	*114,000*
動力部門費	kW数×運転時間数	***195,000***	▶❶ ***105,000***	***75,000***	——	***15,000***
修繕部門費	修繕回数	***114,000***	▶❷ ***54,000***	***36,000***	***24,000***	——
第1次配賦額		***309,000***	***159,000***	***111,000***	***24,000***	***15,000***
動力部門費	kW数×運転時間数	***24,000***	▶❸ ***14,000***	***10,000***		
修繕部門費	修繕回数	***15,000***	▶❹ ***9,000***	***6,000***		
第2次配賦額		***39,000***	***23,000***	***16,000***		
製造部門費合計		***1,140,000***	***585,000***	***555,000***		

(3)

借方		貸方	
第1製造部門費	***3,000***	製造部門費配賦差異	***3,000***
製造部門費配賦差異	***5,000***	第2製造部門費	***5,000***

解説

(1) 製造部門費の予定配賦率および予定配賦額の計算

第1製造部門　予定配賦率　*¥7,200,000* ÷ 12,000時間 = *¥600*

予定配賦額　#1…430時間×@*¥600* = *¥258,000*

#2…550時間×@*¥600* = *¥330,000*

合計 *¥588,000*

第2製造部門　予定配賦率　*¥6,900,000* ÷ 13,800時間 = *¥500*

予定配賦額　#1…800時間×@*¥500* = *¥400,000*

#2…300時間×@*¥500* = *¥150,000*

合計 *¥550,000*

(2)

▶❶ $¥195,000 \times \dfrac{14\text{kW} \times 500\text{時間}}{14\text{kW} \times 500\text{時間} + 8\text{kW} \times 625\text{時間} + 4\text{kW} \times 250\text{時間}} = ¥105,000$

▶❷ $¥114,000 \times \dfrac{9\text{回}}{9\text{回} + 6\text{回} + 4\text{回}} = ¥54,000$

▶❸ $¥24,000 \times \dfrac{14\text{kW} \times 500\text{時間}}{14\text{kW} \times 500\text{時間} + 8\text{kW} \times 625\text{時間}} = ¥14,000$

▶❹ $¥15,000 \times \dfrac{9\text{回}}{9\text{回} + 6\text{回}} = ¥9,000$

(3)

第1製造部門費

製造間接費	*403,000*	仕掛品	*588,000*
諸口	*182,000*		
製造部門費配賦差異	*3,000*		
	588,000		*588,000*

第2製造部門費

製造間接費	*428,000*	仕掛品	*550,000*
諸口	*127,000*	製造部門費配賦差異	*5,000*
	555,000		*555,000*

模擬試験問題　【第 1 回】

1　3点× 11 = 33点

(1)

ア	イ
2	4

③　※2つとも合っている場合に正解とする。

(2)

ア	¥ *1,200*		③
イ	¥ *1,600,000*		③
ウ	*2,400*	個	③

(3)

a	¥ *1,750,000*		③
b	¥ *880,000*		③
c	*2,900*	個	③

(4)

a	¥ *100,000*		③
b	¥ *34,000*	（不利・(有利)）	③
c	¥ *18,000*	((不利)・有利）	③

(5)

a	b
¥ *30,000*	1

③　※2つとも合っている場合に正解とする。

解　説

(1)　経費は，支払高に前払高や未払高を加減して消費高を計算する支払経費，1年分または数か月分を単位として支払われたり計上されたりするものを月割りして各月の消費高とする月割経費，計量器・検針器で測定した消費量に料率を掛けて消費高とする測定経費に分類される。

(2)　等級別総合原価計算表を作成してみると次のようになる。

等級別総合原価計算表
令和○年1月分

等級別製品	重　量	等価係数	完成品数量	積　数	等級別製造原価	製品単価
1級製品	150 g	3	(1,400) 個	4,200	*1,680,000*	¥ (*1,200*)
2級製品	100 〃	(2)	2,000 〃	(4,000)	(*1,600,000*)	〃 (*800*)
3級製品	50 〃	1	(2,400) 〃	(2,400)	(*960,000*)	〃 *400*
				10,600	*4,240,000*	

等級別総合原価計算表の作成手順の例を示すと次のとおりである。

①　各製品の1個あたりの重量を基準に等価係数を求めると3：2：1となる。

②　1級製品の完成品数量1,400個を「等価係数×完成品数量＝積数」から逆算する。

③　2級製品の積数を計算する。

④　3級製品の積数を積数の合計10,600から1級製品と2級製品の積数を差し引いて算出し，完成品数量2,400個を逆算する。

⑤　製造原価の合計 ¥*4,240,000* を積数であん分し，製品単価まで算出する。

※製品単価の割合と等価係数の割合が同じになることを確認する。

(3)　問題に示されている直接原価計算ベースの損益計算書を利用して，貢献利益率を算出する。

$$\frac{¥960{,}000\ (\text{貢献利益})}{¥3{,}000{,}000\ (\text{売上高})} = 32\%$$

また，1個あたりの変動費を次のように算出しておくとaの答えが出しやすい。

(¥*1,860,000* + ¥*180,000*) ÷ 2,400個 = ¥*850*

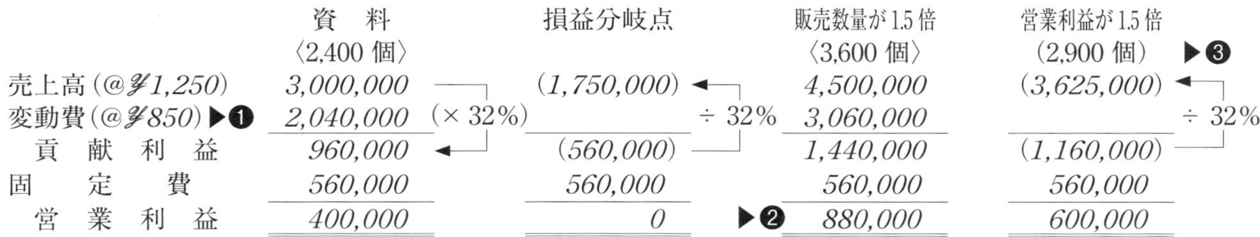

	資　料 〈2,400 個〉	損益分岐点	販売数量が 1.5 倍 〈3,600 個〉	営業利益が 1.5 倍 (2,900 個)　▶❸
売上高(@¥1,250)	3,000,000	(1,750,000)	4,500,000	(3,625,000)
変動費(@¥850)▶❶	2,040,000 (× 32%)	÷ 32%	3,060,000	÷ 32%
貢献利益	960,000	(560,000)	1,440,000	(1,160,000)
固定費	560,000	560,000	560,000	560,000
営業利益	400,000	0	▶❷ 880,000	600,000

▶❶　製品１個あたりの変動費を算出しておくと，ｂの計算がしやすい。

▶❷　販売数量が 1.5 倍になると営業利益も 1.5 倍になるわけではない。

▶❸　販売数量は，売上高を販売単価 ¥1,250 で割って求める。

(4)　a．月末仕掛品の標準直接材料費　50 個×@ ¥2,000 = ¥100,000

b．

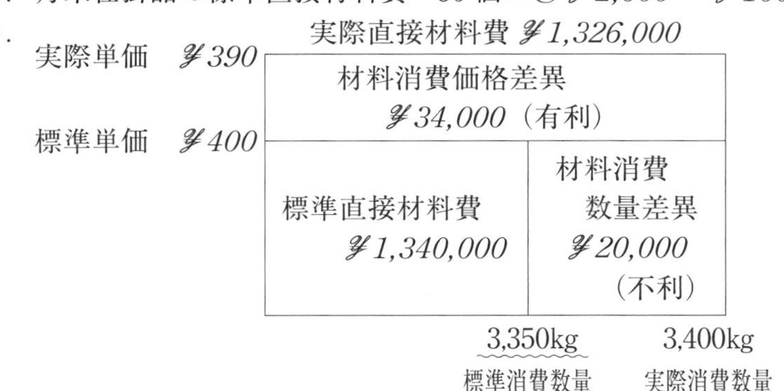

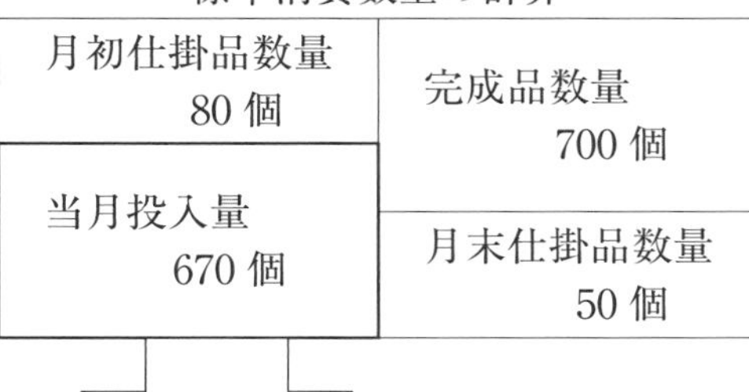

670 個 × 5kg = 3,350kg

c．

実際直接労務費 ¥1,302,000

実際賃率　¥620

標準賃率　¥600

賃率差異
¥42,000（不利）

標準直接労務費
¥1,242,000

作業時間差異
¥18,000
（不利）

2,070 時間　2,100 時間

標準直接作業時間　実際直接作業時間

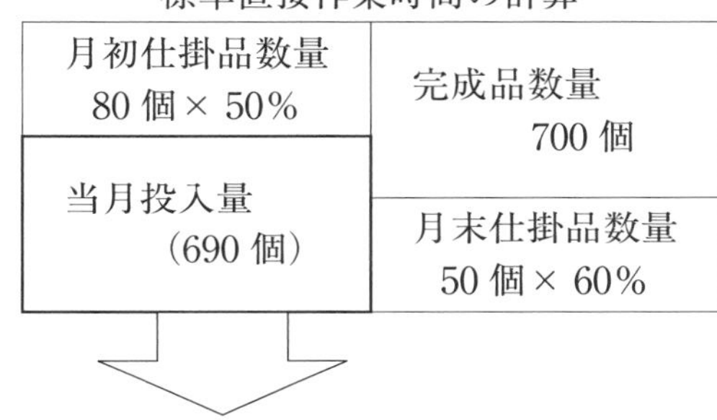

690 個 × 3 時間 = 2,070 時間

(5)　公式法変動予算による差異分析を図解すると次のようになる。

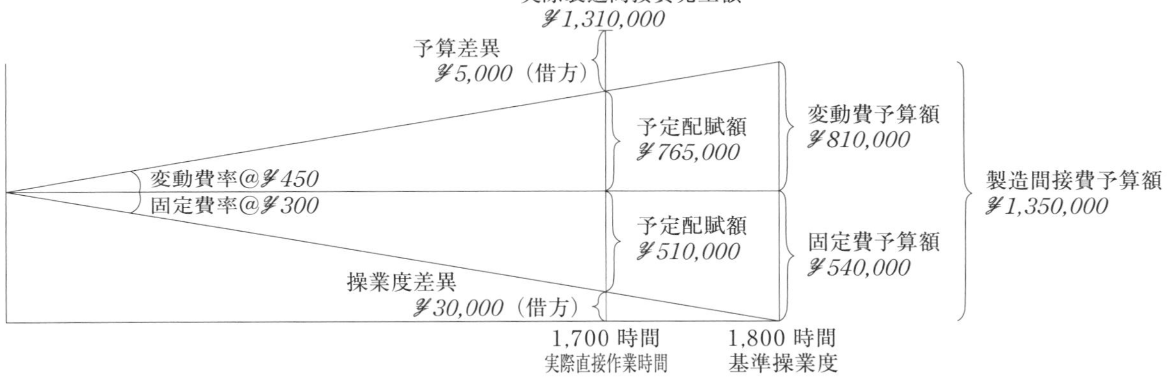

変動費予算額　¥1,350,000 − ¥540,000 = ¥810,000

固定費率　¥540,000 ÷ 1,800 時間 = ¥300

予定配賦額（変動費）1,700 時間×@ ¥450 = ¥765,000

予定配賦額（固定費）1,700 時間×@ ¥300 = ¥510,000

操業度差異…固定費予算額と固定費の予定配賦額との差異

固定費予算額 ¥540,000 ←→ 固定費の予定配賦額 ¥510,000

予算差異…実際発生額と予算許容額（固定費予算額＋変動費の予定配賦額）との差異

実際発生額 ¥1,310,000 ←→ 予算許容額 ¥1,305,000（¥540,000 + ¥765,000）

《借方差異・貸方差異の判断》

実際 ＞ 予定　⇒　借方

実際 ＜ 予定　⇒　貸方

2 4点×4＝16点

単純総合原価計算表
令和○年1月分

摘要	素材費	加工費	合計
材料費	▶❶ *1,355,000* ④	*175,000*	*1,530,000*
労務費	——	▶❷ *1,756,000* ④	*1,756,000*
経費	——	*261,000*	*261,000*
計	*1,355,000*	*2,192,000*	*3,547,000*
月初仕掛品原価	*420,000*	*315,000*	*735,000*
計	*1,775,000*	*2,507,000*	*4,282,000*
▶❸ 月末仕掛品原価	*355,000*	*327,000* ④	*682,000*
完成品原価	*1,420,000*	*2,180,000*	*3,600,000*
完成品数量	2,000個	2,000個	▶❹ 2,000個
製品単価	¥ *710*	¥ *1,090*	¥ *1,800* ④

解説

▶❶ 仕掛品勘定の前月繰越に月初仕掛品原価の合計額¥735,000を入れることによって，当月の素材の消費高を算出する。

▶❷ 賃金，給料，健康保険料の合計である。健康保険料を経費に含めないように注意する。

▶❸ 月末仕掛品原価の計算（平均法）

素材費

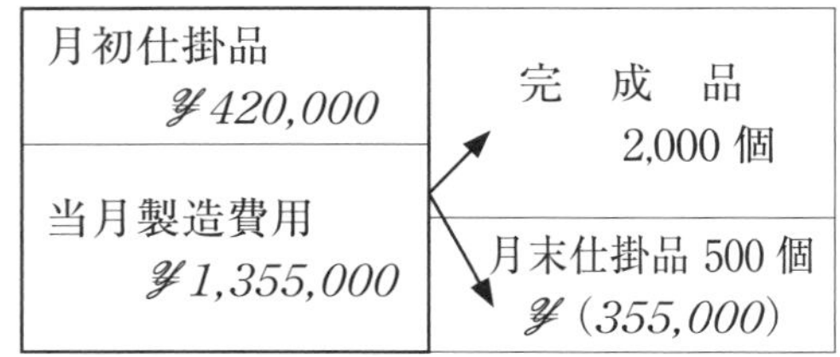

$$\frac{¥420,000 + ¥1,355,000}{2,000\text{個} + 500\text{個}} \times 500\text{個} = ¥355,000$$

加工費（数量は加工進捗度を掛けた個数）

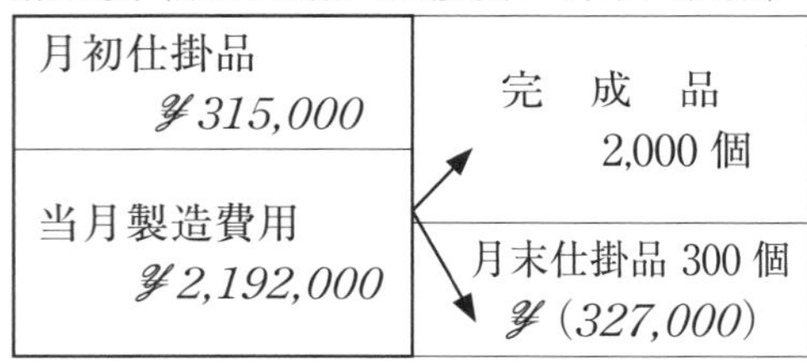

$$\frac{¥315,000 + ¥2,192,000}{2,000\text{個} + 300\text{個}} \times 300\text{個} = ¥327,000$$

▶❹ 完成品数量を4,000個としないように注意する。

3 3点×9＝27点

(1)

	借　　方		貸　　方	
1月25日	賃　　金	1,342,000	所得税預り金	136,000
			健康保険料預り金	115,000
			当座預金	1,091,000

③

(2)

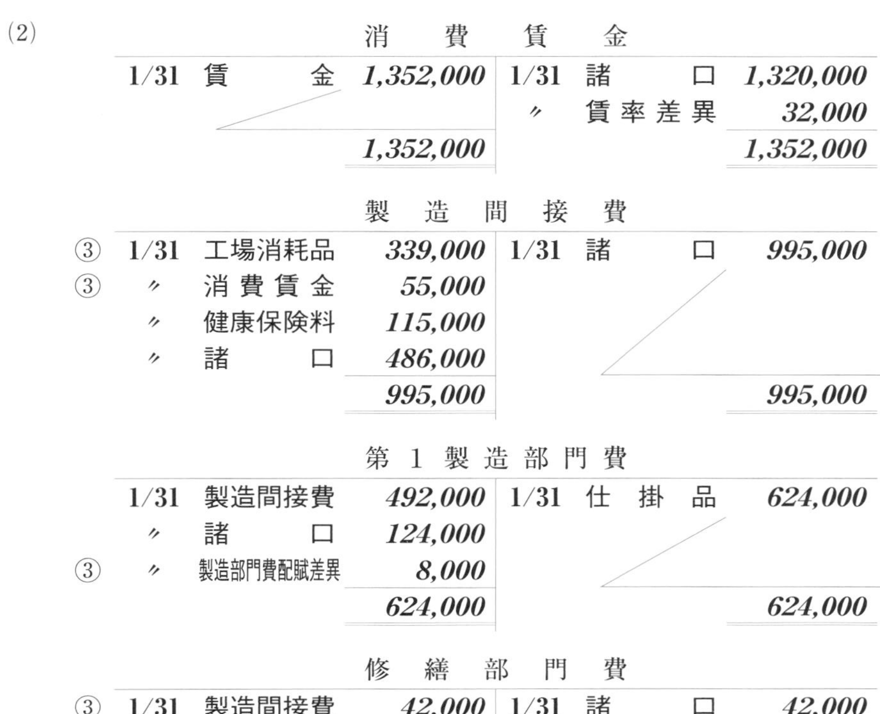

消　費　賃　金

1/31	賃　　金	1,352,000	1/31	諸　　口	1,320,000
			〃	賃率差異	32,000 ③
		1,352,000			1,352,000

製　造　間　接　費

③ 1/31	工場消耗品	339,000	1/31	諸　　口	995,000
③ 〃	消費賃金	55,000			
〃	健康保険料	115,000			
〃	諸　　口	486,000			
		995,000			995,000

第1製造部門費

1/31	製造間接費	492,000	1/31	仕掛品	624,000
〃	諸　　口	124,000			
③ 〃	製造部門費配賦差異	8,000			
		624,000			624,000

修　繕　部　門　費

③ 1/31	製造間接費	42,000	1/31	諸　　口	42,000

(3) 製造指図書＃1

原価計算表

直接材料費	直接労務費	製造間接費				集計	
		部門	時間	配賦率	金額	摘要	金額
1,120,000	165,000	第1	150	960	144,000	直接材料費	1,120,000
	770,000	第1	400	960	384,000	直接労務費	935,000
	935,000	第2	300	740	222,000	製造間接費	750,000
					750,000	製造原価	2,805,000 ③
						完成品数量	100個
						製品単価	¥ 28,050

製造指図書＃2

原価計算表

直接材料費	直接労務費	製造間接費				集計 ▶⓫	
		部門	時間	配賦率	金額	摘要	金額
③ 1,440,000	495,000	第1	250	960	240,000	直接材料費	
		第2	200	740	③ 148,000	直接労務費	

解説

●取引の仕訳を始める前に，注意すべき事項に赤線を引くとともに予定配賦率を計算しておこう！！

ii　素材の消費高の計算は移動平均法

iii　賃金の予定賃率は¥1,100（消費賃金勘定を用いて処理することを答案用紙から判断する）

iv　予定配賦率の計算

第1製造部門　¥8,064,000 ÷ 8,400時間＝¥960

第2製造部門　¥4,662,000 ÷ 6,300時間＝¥740

〔取引の仕訳〕

			借方		貸方	
▶❶	1月6日		素材	1,740,000	現金	2,100,000
			工場消耗品	360,000		
▶❷	11日		仕掛品	1,440,000	素材	1,440,000
	25日		賃金	1,342,000	所得税預り金	136,000
					健康保険料預り金	115,000
					当座預金	1,091,000
▶❸	31日	①	製造間接費	339,000	工場消耗品	339,000
▶❹		②	仕掛品	1,265,000	消費賃金	1,320,000
			製造間接費	55,000		
▶❺		③	仕掛品	994,000	第1製造部門費	624,000
					第2製造部門費	370,000
		④	製造間接費	115,000	健康保険料	115,000
		⑤	製造間接費	486,000	電力料	310,000
					保険料	40,000
					減価償却費	125,000
					雑費	11,000
▶❻		⑥	第1製造部門費	492,000	製造間接費	995,000
			第2製造部門費	301,000		
			動力部門費	160,000		
			修繕部門費	42,000		
		⑦	第1製造部門費	124,000	動力部門費	160,000
			第2製造部門費	78,000	修繕部門費	42,000
▶❼		⑧	製品	2,805,000	仕掛品	2,805,000
		⑨	消費賃金	1,352,000	賃金	1,352,000
▶❽		⑩	賃率差異	32,000	消費賃金	32,000
▶❾		⑪	第1製造部門費	8,000	製造部門費配賦差異	8,000
▶❿		⑫	製造部門費配賦差異	9,000	第2製造部門費	9,000

▶❶ 素材の消費高の計算は移動平均法なので，素材を仕入れた時点で平均単価を求める。

(¥420,000 + ¥1,740,000) ÷ (300個 + 1,200個) = ¥1,440

▶❷ 素材の消費高を移動平均法による単価¥1,440で算出し，製造指図書＃2の原価計算表に記入する。

▶❸ 工場消耗品の消費高の計算（棚卸計算法）

(620個 + 2,400個 − 760個) × @¥150 = ¥339,000

▶❹ 次の賃金の予定消費高を各勘定へ転記するとともに原価計算表にも記入する。なお，答案用紙に消費賃金勘定があることから，消費賃金勘定を用いて処理をする。

製造指図書＃1　700時間 × @¥1,100 = ¥770,000 ｝合計¥1,265,000は仕掛品勘定へ
製造指図書＃2　450時間 × @¥1,100 = ¥495,000 ｝
間接作業　50時間 × @¥1,100 = ¥55,000 → 製造間接費勘定へ

▶❺ 次の予定配賦額を第1製造部門費勘定へ転記するとともに原価計算表にも記入する。

第1製造部門　＃1…400時間 × @¥960 = ¥384,000 ｝合計¥624,000
　　　　　　　＃2…250時間 × @¥960 = ¥240,000 ｝
第2製造部門　＃1…300時間 × @¥740 = ¥222,000 ｝合計¥370,000
　　　　　　　＃2…200時間 × @¥740 = ¥148,000 ｝

▶❻ 貸方の製造間接費¥995,000は実際発生額合計を意味する。製造間接費勘定の借方に転記した金額合計が¥995,000になっていれば，それまでの製造間接費に関する仕訳が正しいことになる。

▶❼ 製造指図書＃1の原価計算表を集計して完成品原価を求める。

▶❽ 答案用紙の消費賃金勘定の貸借の差額を賃率差異勘定に振り替える。

▶❾ 答案用紙の第1製造部門費勘定の貸借の差額を製造部門費配賦差異勘定に振り替える。

▶❿ それまでの仕訳の第2製造部門費勘定の賃借の差額を製造部門費配賦差異勘定に振り替える。

▶⓫ 集計欄は製品が完成した時に記入する。A製品（製造指図書＃1）は完成したので集計欄に金額を記入して集計するが，B製品（製造指図書＃2）は未完成なので空欄のままとする。

4 4点×6＝24点

	借方		貸方		
a	仕掛品 製造間接費	380,000 92,000	外注加工賃 修繕料	380,000 92,000	④
b	材料消費価格差異	172,000	素材	172,000	④
c	仕損品 仕損費	25,000 165,000	仕掛品	190,000	④
d	A組仕掛品 B組仕掛品	76,000 72,000	組間接費	148,000	④
e	製品 副産物	2,814,000 50,000	第2工程仕掛品	2,864,000	④
f	売掛金 売上原価	350,000 285,000	売上 工場	350,000 285,000	④

解説

a．外注加工賃　￥370,000＋￥30,000－￥20,000＝￥380,000
　　修繕料　￥94,000－￥11,000＋￥9,000＝￥92,000

b．

c．製品全部が仕損じとなり，新たに製造指図書を発行して代品を製造する場合，旧製造指図書に集計された製造原価から仕損品の評価額を差し引いた金額を仕損費に計上する。

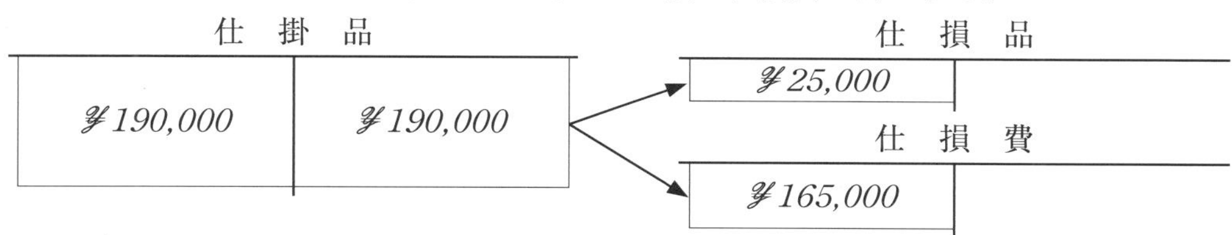

d．組直接費　A組…￥127,000＋￥348,000＝￥475,000
　　B組…￥154,000＋￥296,000＝￥450,000
　　￥925,000

組間接費の配賦率　￥148,000÷￥925,000＝16%

各組への配賦額の計算

A組…￥475,000×16%＝￥76,000

B組…￥450,000×16%＝￥72,000

e．第2工程の総合原価から副産物の評価額を差し引いた金額が完成品原価となる。
「倉庫に保管した」とあるので，第2工程半製品勘定に振り替えないようにする。

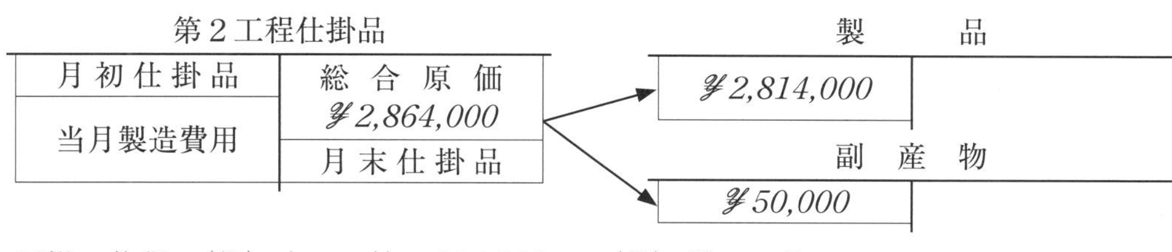

f．工場の仕訳　（借）本　社　285,000　　（貸）製　品　285,000

模擬試験問題　【第 2 回】

1　3点×11＝33点

(1)

ア	イ
4	1

③　※2つとも合っている場合に正解とする。

(2)

a	￥ 400,000
b	￥ 2,500,000
c	3,250 個

③③③

(3)

ア	￥ 180,000
イ	￥ 633,000
ウ	￥ 4,079,000
エ	￥ 2,060,000

③③③③

(4)
①

a	￥ 21,150,000
b	￥ 135,000（(不利)・有利）

③③

②

c	d
2	4

③　※2つとも合っている場合に正解とする。

(1)　実際原価計算において製造間接費を予定配賦した場合の予定配賦額と実際発生額との差額は「製造間接費配賦差異」であり，標準原価計算における製造間接費の標準額と実際発生額との差額の「製造間接費差異」と混同しないように注意する。また,「製造間接費配賦差異」は標準原価計算の「製造間接費差異」と異なり「能率差異」は発生しないことも大きな違いである。

(2)　直接原価計算ベースの損益計算書（略式）を利用して解答する。

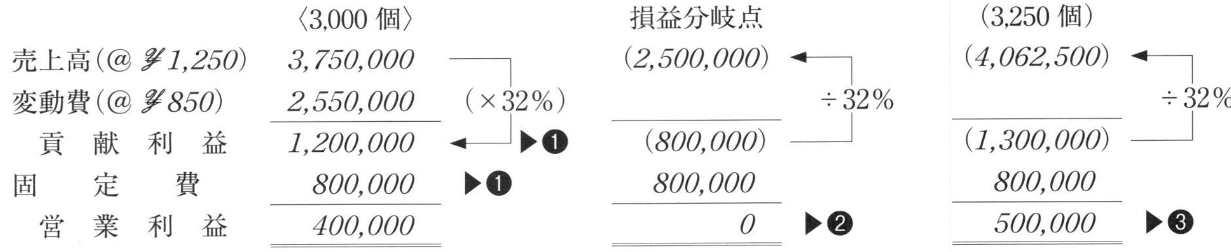

	〈3,000 個〉	損益分岐点	(3,250 個)
売上高(@￥1,250)	3,750,000	(2,500,000)	(4,062,500)
変動費(@￥850)	2,550,000		
貢献利益	1,200,000 ▶❶	(800,000)	(1,300,000)
固定費	800,000 ▶❶	800,000	800,000
営業利益	400,000	0 ▶❷	500,000 ▶❸

（×32%）　÷32%　÷32%

▶❶　固定費￥800,000と貢献利益率32%は売上高（販売数量）が増減しても変化しない。

貢献利益率…$\frac{￥1,200,000（貢献利益）}{￥3,750,000（売上高）}$ ＝ 32%

▶❷　b．損益分岐点は営業利益￥0から逆算する。
そのさい，固定費と貢献利益率が変化しないことを利用する。

▶❸　c．営業利益￥500,000から逆算する。
なお，販売数量は売上高￥4,062,500を販売単価￥1,250で割って求める。

(3)　ア．製造原価報告書の経費 *1,016,000* が仕掛品勘定の外注加工賃と製造間接費勘定の減価償却費から保管料までの合計となることから逆算する。

イ．仕掛品勘定の前期繰越は期首仕掛品を意味するので，製造原価報告書の期首仕掛品棚卸高を算出した金額がイの金額となる。

ウ．仕掛品勘定の賃金と製造間接費勘定の賃金から退職給付費用までの合計金額が製造原価報告書に記載される労務費となる。

エ．製造原価報告書の期末仕掛品棚卸高に仕掛品勘定の次期繰越 *760,000* を入れ，当期製品製造原価 *7,940,000* を求める。続いて，損益計算書の期首製品棚卸高と期末製品棚卸高の金額に製品勘定の前期繰越 *824,000* と次期繰越 *974,000* を入れ，当期製品製造原価は製造原価報告書から入れることによって売上総利益を算出する。

問題用紙の製造原価報告書と損益計算書を完成させると次のようになる。

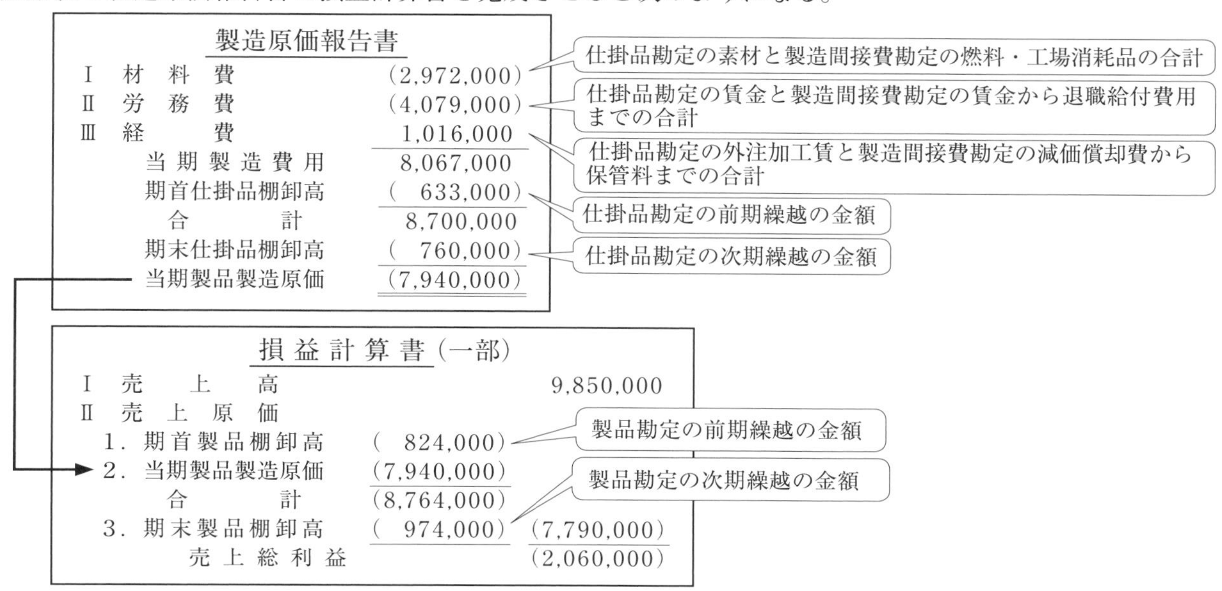

製造原価報告書

Ⅰ　材　料　費	(2,972,000)
Ⅱ　労　務　費	(4,079,000)
Ⅲ　経　　　費	1,016,000
当 期 製 造 費 用	8,067,000
期首仕掛品棚卸高	(　633,000)
合　　　計	8,700,000
期末仕掛品棚卸高	(　760,000)
当期製品製造原価	(7,940,000)

損 益 計 算 書（一部）

Ⅰ　売　上　高		9,850,000
Ⅱ　売　上　原　価		
1．期首製品棚卸高	(　824,000)	
2．当期製品製造原価	(7,940,000)	
合　　　計	(8,764,000)	
3．期末製品棚卸高	(　974,000)	(7,790,000)
売 上 総 利 益		(2,060,000)

(4)　a．完成品の標準原価　4,500 個×@*¥4,700* = *¥21,150,000*

b．

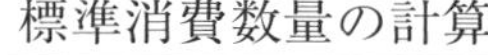

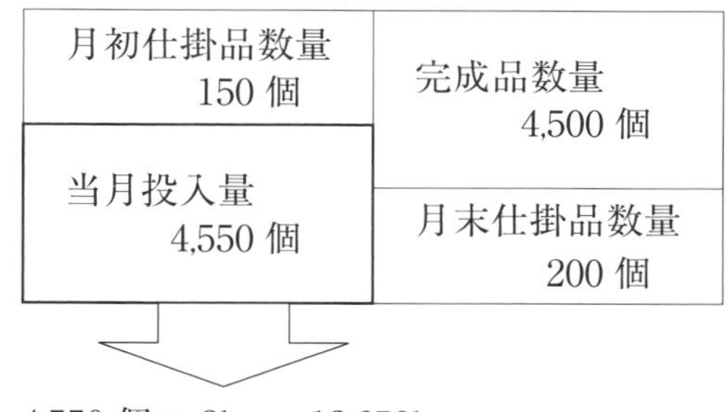

4,550 個× 3kg = 13,650kg

c．

実際直接労務費 *¥6,222,000*

実際賃率　*¥680*

標準賃率　*¥700*

賃率差異 *¥183,000*（有利）

標準直接労務費 *¥6,314,000*

作業時間差異 *¥91,000*（不利）

9,020 時間　標準直接作業時間

9,150 時間　実際直接作業時間

標準直接作業時間の計算

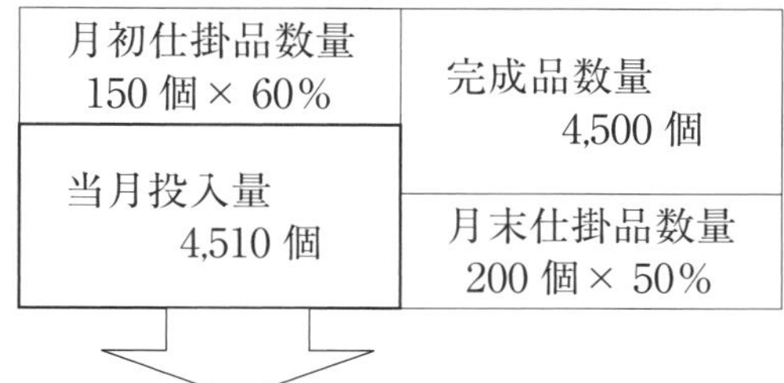

4,510 個× 2 時間 = 9,020 時間

※賃率差異は管理不能な外部要因によって発生することが多い。

作業時間差異は管理可能な内部要因によって発生することが多い。

《有利・不利の判断》

標準 < 実際 ⇒ 不利

標準 > 実際 ⇒ 有利

2 4点×4＝16点

(1)

<u>単純総合原価計算表</u>

令和○年6月分

	摘　　要	素　材　費	加　工　費	合　　計
	材　　料　　費	*5,556,000*	*247,000*	*5,803,000*
	労　　務　　費	——	*1,898,000* ④	*1,898,000*
	経　　　　　費	——	▶❷ *229,000*	*229,000*
▶❶	計	*5,556,000*	*2,374,000*	*7,930,000*
	月初仕掛品原価	*562,000*	*122,000*	*684,000*
	計	*6,118,000*	*2,496,000*	*8,614,000*
▶❸	月末仕掛品原価	*490,000* ④	*84,000*	*574,000*
	完成品原価	*5,628,000*	*2,412,000*	*8,040,000*
	完成品数量	4,000kg	4,000kg	4,000kg
	製品1kgあたりの原価	¥ *1,407*	¥ *603* ④	¥ *2,010*

(2) ¥ *87,000* ▶❹ ④

解　説

▶❶　資料cの当月製造費用がこの行（計）の金額となる。

▶❷　仕掛品勘定の減価償却費，電力料，雑費の合計額が入るが，電力料の金額が不明なので，加工費の合計額¥*2,374,000*からの逆算となる。

▶❸　月末仕掛品原価の計算（平均法）

正常減損が終点で発生していることから，月末仕掛品からは減損は発生していないことになる。

したがって，「正常減損費は完成品のみに負担させる」と指示されている。

正常減損費を完成品のみに負担させる場合は，正常減損数量を完成品数量に含めて計算するとよい。

素材費

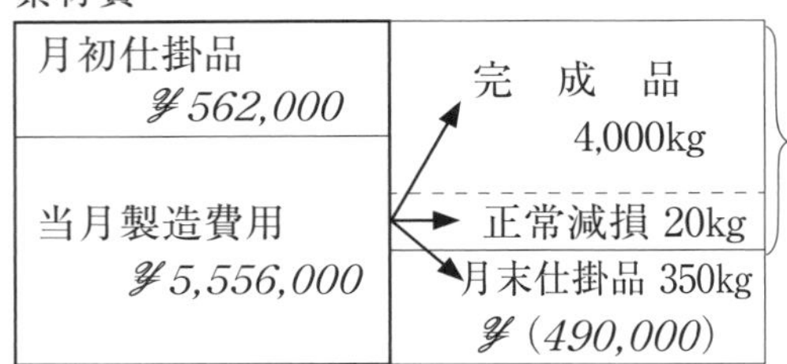

完成品原価は正常減損の20kgを含めた4,020kg分の金額

$$\frac{¥562,000 + ¥5,556,000}{4,000\text{kg} + 20\text{kg} + 350\text{kg}} \times 350\text{kg} = ¥490,000$$

加工費（加工進捗度を掛けた数量を使用）

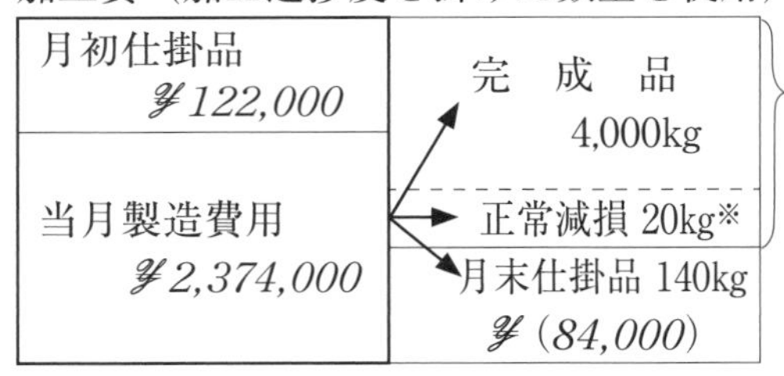

完成品原価は正常減損の20kgを含めた4,020kg分の金額

※正常減損は終点発生なので100%換算する。

$$\frac{¥122,000 + ¥2,374,000}{4,000\text{kg} + 20\text{kg} + 140\text{kg}} \times 140\text{kg} = ¥84,000$$

▶❹　資料c．当月製造費用の加工費¥*2,374,000*は仕掛品勘定の工場消耗品から雑費までの合計額であることから算出する。

3 3点×9＝27点

(1)

	借方		貸方		
6月30日⑨	賃率差異	*7,000*	消費賃金	*7,000*	③

(2)

製造間接費

③	6/30	工場消耗品	*247,000*	6/30	諸口	*680,000*
	〃	消費賃金	*72,000*			
③	〃	健康保険料	*76,000*			
	〃	諸口	*285,000*			
			680,000			*680,000*

製造部門費配賦差異

6/1	前月繰越	*13,000*	6/30	第1製造部門費	*15,000*	③
30	第2製造部門費	*8,000*	〃	次月繰越	*6,000*	
		21,000			*21,000*	

(3) 製造指図書＃1

原価計算表

直接材料費	直接労務費	製造間接費				集計	
		部門	時間	配賦率	金額	摘要	金額
1,368,000	*180,000*	第1	200	*420*	*84,000*	直接材料費	*1,368,000*
	③ *927,000*	第1	400	*420*	*168,000*	直接労務費	*1,107,000*
	1,107,000	第2	630	*400*	③ *252,000*	製造間接費	*504,000*
					504,000	製造原価	*2,979,000*
						完成品数量	180個
						製品単価	￥ *16,550* ③

(4)

部門費振替表

直接配賦法　　令和○年6月分

部門費	配賦基準	金額	製造部門		補助部門	
			第1部門	第2部門	動力部門	修繕部門
部門費合計		*680,000*	*308,000*	*248,000*	*75,000*	*49,000*
動力部門費	kW数×運転時間数	*75,000*	*48,000*	*27,000*		
修繕部門費	修繕回数	*49,000*	*28,000*	*21,000*		
配賦額合計		*124,000*	*76,000*	③ *48,000*		
製造部門費合計		*680,000*	*384,000*	*296,000*		

(5) ￥ *2,102,000* ▶❿　③

解説

●取引の仕訳を始める前に，注意すべき事項に赤線を引くとともに予定配賦率を計算しておこう！！

ii　素材の消費高の計算は先入先出法

iii　賃金の予定賃率は￥*900*

iv　予定配賦率の計算

第1製造部門　￥*5,040,000* ÷ 12,000時間＝￥*420*

第2製造部門　￥*3,600,000* ÷ 9,000時間＝￥*400*

〔取引の仕訳〕

	借方		貸方	
6月6日	素材	*1,560,000*	買掛金	*1,810,000*
	工場消耗品	*250,000*		
▶❶ 11日	仕掛品	*1,259,000*	素材	*1,259,000*

		借方		貸方	
25日		賃金	1,614,000	所得税預り金	162,000
				健康保険料預り金	76,000
				当座預金	1,376,000
▶❷ 28日		製品	2,979,000	仕掛品	2,979,000
30日 ▶❸	①	製造間接費	247,000	工場消耗品	247,000
▶❹	②	仕掛品	1,503,000	消費賃金	1,575,000
		製造間接費	72,000		
▶❺	③	仕掛品	687,000	第1製造部門費	399,000
				第2製造部門費	288,000
	④	製造間接費	76,000	健康保険料	76,000
	⑤	製造間接費	285,000	電力料	159,000
				保険料	24,000
				減価償却費	94,000
				雑費	8,000
	⑥	第1製造部門費	308,000	製造間接費	680,000
		第2製造部門費	248,000		
		動力部門費	75,000		
		修繕部門費	49,000		
▶❻	⑦	第1製造部門費	76,000	動力部門費	75,000
		第2製造部門費	48,000	修繕部門費	49,000
	⑧	消費賃金	1,582,000	賃金	1,582,000
▶❼	⑨	賃率差異	7,000	消費賃金	7,000
▶❽	⑩	第1製造部門費	15,000	製造部門費配賦差異	15,000
▶❾	⑪	製造部門費配賦差異	8,000	第2製造部門費	8,000

▶❶ 素材の消費高の計算（先入先出法）

650個 ｛ 170個 @¥1,900 ¥323,000
480個 @¥1,950 ¥936,000

▶❷ 製造指図書＃1の作業時間をもとに，賃金の予定消費高と第1製造部門費・第2製造部門費の予定配賦高を求め，製造指図書＃1の原価計算表に記入・集計して完成品原価を求める。ただし，予定消費高・予定配賦高の仕訳は問題に「月末におこなっている」とあるのでおこなわない。

賃　　金 1,030時間×@¥900 ＝ ¥927,000
第1製造部門費 400時間×@¥420 ＝ ¥168,000
第2製造部門費 630時間×@¥400 ＝ ¥252,000

▶❸ 工場消耗品の消費高の計算（棚卸計算法）

(720個＋5,000個－780個)×@¥50 ＝ ¥247,000

▶❹ 製造指図書＃1 1,030時間×@¥900 ＝ ¥927,000 ｝合計¥1,503,000は仕掛品勘定へ
製造指図書＃2 640時間×@¥900 ＝ ¥576,000
間接作業 80時間×@¥900 ＝ ¥ 72,000 → 製造間接費勘定へ

▶❺ 第1製造部門 ＃1…400時間×@¥420 ＝ ¥168,000 ｝合計¥399,000
＃2…550時間×@¥420 ＝ ¥231,000
第2製造部門 ＃1…630時間×@¥400 ＝ ¥252,000 ｝合計¥288,000
＃2… 90時間×@¥400 ＝ ¥ 36,000

▶❻ 部門費振替表を作成し，配賦額合計を用いて仕訳する。

▶❼ それまでの仕訳の消費賃金勘定の貸借の差額を賃率差異勘定に振り替える。

▶❽ それまでの仕訳の第1製造部門費勘定の貸借の差額を製造部門費配賦差異勘定に振り替える。

▶❾ それまでの仕訳の第2製造部門費勘定の貸借の差額を製造部門費配賦差異勘定に振り替える。

▶❿ 月末仕掛品原価は製造指図書＃2の製造原価である。

¥1,259,000＋¥576,000＋¥231,000＋¥36,000＝¥2,102,000
（素材）（賃金）（第1製造部門費）（第2製造部門費）

4 4点×6＝24点

	借方		貸方		
a	棚卸減耗損	*8,000*	素材	*8,000*	④
b	1級製品	*1,116,000*	仕掛品	*1,860,000*	④
	2級製品	*744,000*			
c	作業くず	*17,000*	仕掛品	*17,000*	④
d	売掛金	*2,080,000*	売上	*2,080,000*	④
	売上原価	*1,560,000*	A組製品	*990,000*	
			B組製品	*570,000*	
e	第2工程仕掛品	*1,540,000*	第1工程仕掛品	*1,540,000*	④
	製品	*3,270,000*	第2工程仕掛品	*3,270,000*	
f	工場	*830,000*	買掛金	*830,000*	④

解説

a．

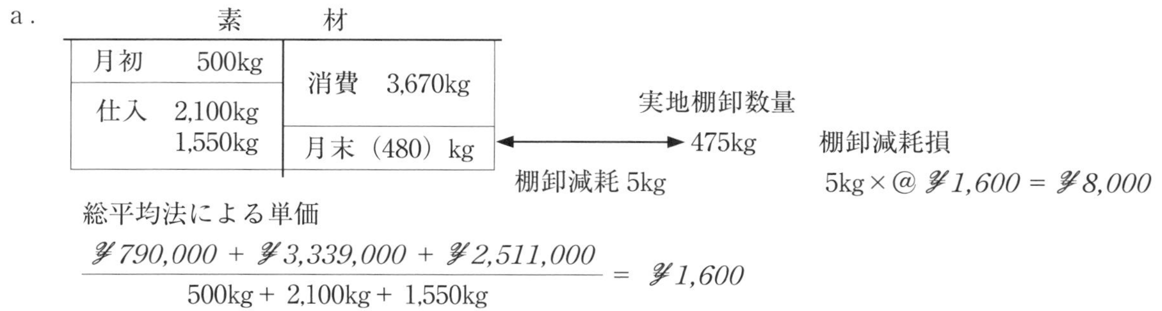

b．

等級別総合原価計算表

等級別製品	重量	等価係数	完成品数量	積数	等級別製造原価	製品単価
1級製品	200 g	2	4,500 個	9,000	*1,116,000*	*￥248*
2級製品	100 〃	1	6,000 〃	6,000	*744,000*	〃 *124*
				15,000	*1,860,000*	

c．作業くずの発生場所が製造指図書＃9の製造過程と限定できるので，製造指図書＃9の製造原価から差し引く。製造指図書から差し引くということは仕掛品勘定を減額する仕訳となる。

d．売上および売掛金の仕訳は製品別におこなう必要はない。
組別総合原価計算なので，A組製品とB組製品を減らして売上原価に振り替える。

e．第2工程が最終工程なので，第2工程完成品は製品勘定に振り替える。

f．工場の仕訳 （借）買入部品 *830,000* （貸）本　社 *830,000*

模擬試験問題　【第 3 回】

1　3点× 11 = 33点

(1)

a	¥　4,285,000
b	¥　965,000
c	¥　8,843,000

③ ③ ③

(2)

ア	イ
1	4

③　※2つとも合っている場合に正解とする。

(3)

a	¥　570,000
b	¥　2,100,000
c	¥　3,800,000

③ ③ ③

(4)

a	¥　12,000	(（不利）・有利)
b	¥　49,000	(不利・（有利）)
c	¥　13,000	(（不利）・有利)

③ ③ ③

(5)

¥　269,000

③

解　説

(1)　当期材料費　*¥4,285,000*

貸借対照表の材料 *¥780,000* は素材と工場消耗品の期末棚卸高の合計額であることから，工場消耗品の期末棚卸高 *¥193,000* を算出する。

素　　材　*¥684,000 + ¥3,421,000 − ¥587,000 = ¥3,518,000*

工場消耗品　*¥191,000 + ¥769,000 − ¥193,000 = ¥767,000*

当期労務費　*¥3,558,000*

貸借対照表の未払賃金 *¥248,000* が空欄になっている賃金の当期未払高となる。

賃　　金　予定賃率を用いているので，予定消費高を消費高として使用する。

予定消費高は実際消費高に賃率差異を加減するかたちで逆算する。

実際消費高…*¥2,975,000 − ¥240,000 + ¥248,000 = ¥2,983,000*

予定消費高…*¥2,983,000 − ¥62,000 = ¥2,921,000*

※借方残高…実際消費高＞予定消費高

給　　料　*¥637,000*

当 期 経 費　*¥965,000*

外注加工賃　*¥371,000 + ¥94,000 − ¥92,000 = ¥373,000*

水 道 料　*¥12,000* + 1,000㎥×@ *¥350 = ¥362,000*

減価償却費　*¥230,000*

当期製品製造原価　*¥8,843,000*

貸借対照表の仕掛品 *¥1,090,000* が空欄になっている期末棚卸高となる。

¥1,125,000（期首仕掛品）+ *¥8,808,000*（当期製造費用）− *¥1,090,000*（期末仕掛品）

= *¥8,843,000*

(2)　操業度の増減に比例して発生額が変化する原価要素を変動費，操業度の増減にかかわらず発生額が変化しない原価要素を固定費という。さらに準変動費や準固定費に分類されるものもある。

(3)　資料から直接原価計算ベースの損益計算書を作成して，貢献利益率30%を算出する。

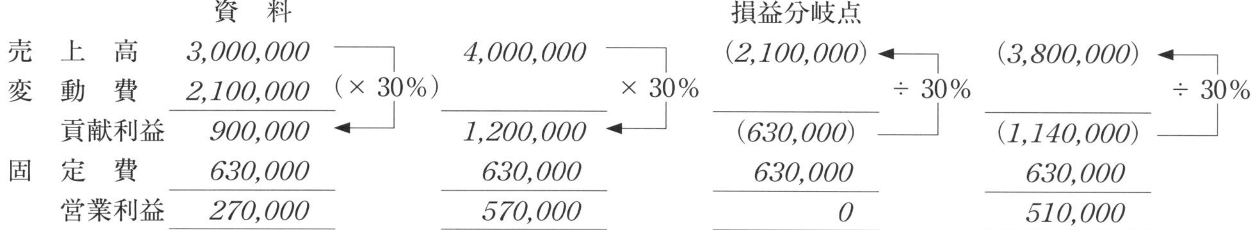

	資　料				損益分岐点			
売　上　高	3,000,000		4,000,000		(2,100,000)		(3,800,000)	
変　動　費	2,100,000	(× 30%)		× 30%		÷ 30%		÷ 30%
貢献利益	900,000		1,200,000		(630,000)		(1,140,000)	
固　定　費	630,000		630,000		630,000		630,000	
営業利益	270,000		570,000		0		510,000	

(4)　a．標準直接材料費　850個× @￥900 = ￥765,000

直接材料費差異

標準￥765,000 ←→ 実際￥777,000

￥12,000（不利）

b．

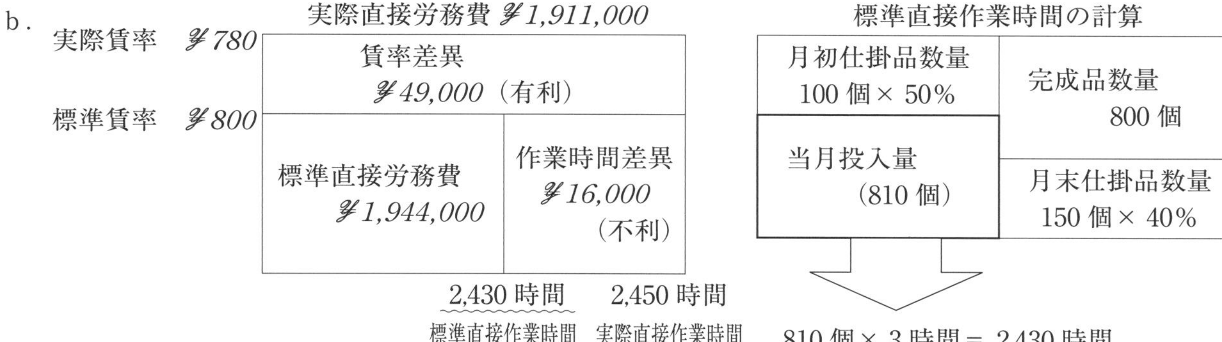

c．標準製造間接費　810個×@￥300 = ￥243,000

製造間接費差異

標準￥243,000 ←→ 実際￥256,000

￥13,000（不利）

(5)　正常減損が始点で発生していることから，月末仕掛品からも減損が発生していると判断されるため，「正常減損費は完成品と月末仕掛品の両方に負担させる」と指示されている。

正常減損費を完成品と月末仕掛品の両方に負担させる場合は，正常減損の数量を無視して算出すると，正常減損費が完成品と月末仕掛品にあん分される結果になる。

素材費

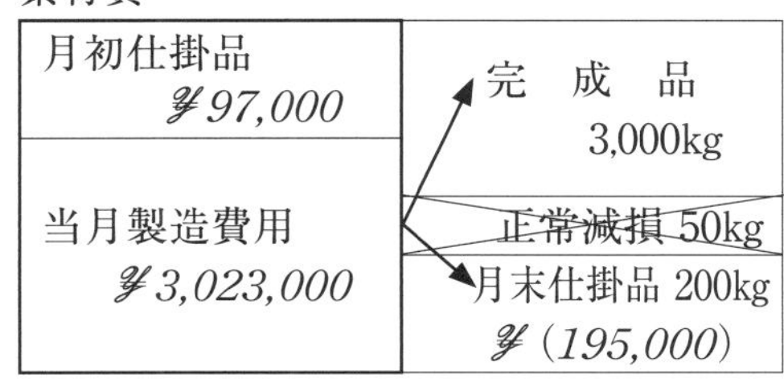

$$\frac{￥97,000 + ￥3,023,000}{3,000\text{kg} + 200\text{kg}} \times 200\text{kg} = ￥195,000$$

加工費（加工進捗度を掛けた数量を使用）

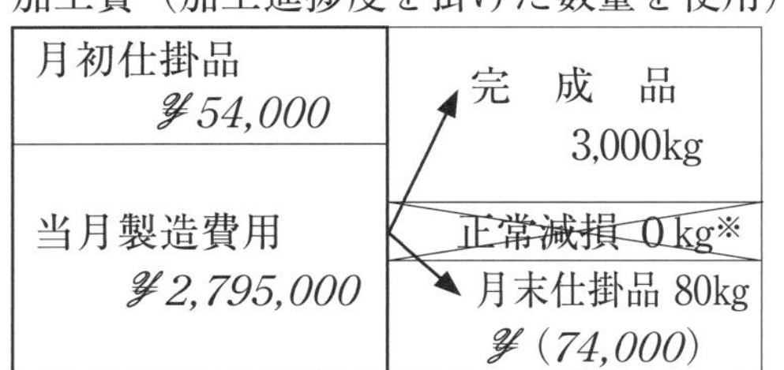

※正常減損は始点発生なので0%換算する。

$$\frac{￥54,000 + ￥2,795,000}{3,000\text{kg} + 80\text{kg}} \times 80\text{kg} = ￥74,000$$

2 4点×4＝16点

組別総合原価計算表

令和○年1月分

	摘要		A組	B組
	組直接費	素材費	**2,774,000**	**2,256,000**
		加工費	**1,826,000** ④	**1,632,000**
▶❶	組間接費	加工費	**352,000**	**288,000** ④
	当月製造費用		**4,952,000**	**4,176,000**
	月初仕掛品原価	素材費	*426,000*	*460,000*
		加工費	*144,000*	*225,000*
	計		**5,522,000**	**4,861,000**
	月末仕掛品原価	素材費	▶❷ **292,000**	*376,000*
		加工費	*110,000*	▶❸ **160,000** ④
	完成品原価		**5,120,000**	**4,325,000**
	完成品数量		2,000個	2,500個
	製品単価		¥ **2,560**	¥ **1,730**

A組仕掛品

	前月繰越	*570,000*	(A組製品)	(**5,120,000**) ④
	素材	*2,774,000*	次月繰越	(*402,000*)
	労務費	*1,760,000*		
	経費	*66,000*		
▶❶	(組間接費)	(**352,000**)		
		(**5,522,000**)		(**5,522,000**)

解説

▶❶ 組間接費の配賦額の計算

配賦率…（¥*381,000*＋¥*259,000*）÷（¥*1,760,000*＋¥*1,440,000*）＝20%

A組への配賦額…¥*1,760,000*×20%＝¥*352,000*

B組への配賦額…¥*1,440,000*×20%＝¥*288,000*

▶❷ A組の月末仕掛品の素材費の計算（先入先出法）

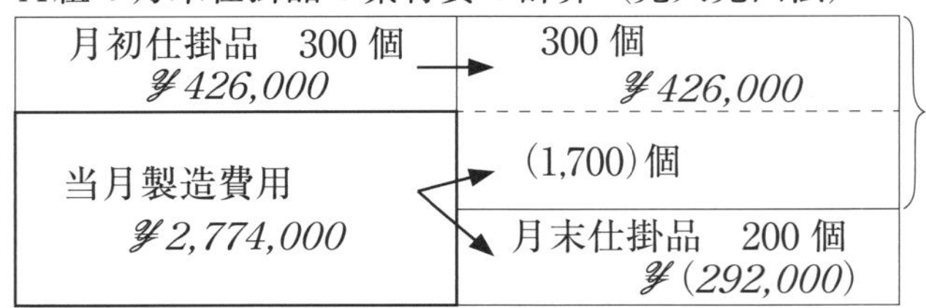

$$\frac{¥2,774,000}{1,700個+200個}\times 200個=¥292,000$$

▶❸ B組の月末仕掛品の加工費の計算（先入先出法）

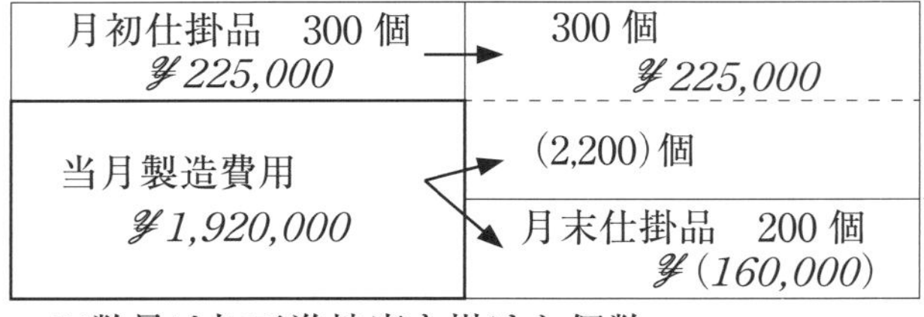

$$\frac{¥1,920,000}{2,200個+200個}\times 200個=¥160,000$$

※数量は加工進捗度を掛けた個数

3

3点×9＝27点

(1)

	借方		貸方	
1月25日	賃金	2,183,000	所得税預り金	210,000
			健康保険料預り金	95,000
			当座預金	1,878,000 ③

(2)

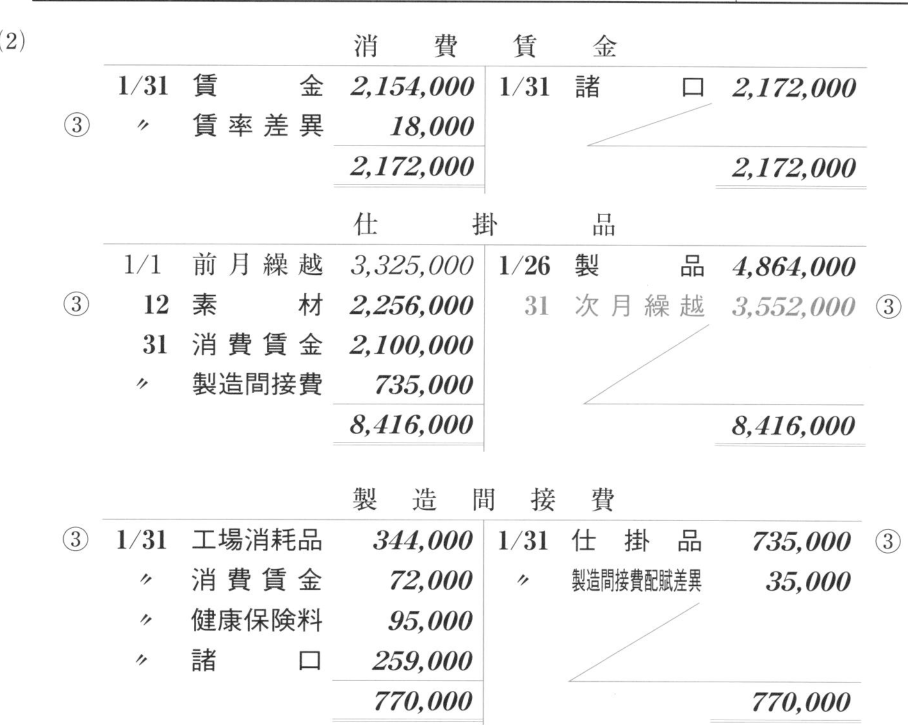

消費賃金

		借方			貸方
1/31	賃金	2,154,000	1/31	諸口	2,172,000
③ 〃	賃率差異	18,000			
		2,172,000			2,172,000

仕掛品

		借方			貸方
1/1	前月繰越	3,325,000	1/26	製品	4,864,000
③ 12	素材	2,256,000	31	次月繰越	3,552,000 ③
31	消費賃金	2,100,000			
〃	製造間接費	735,000			
		8,416,000			8,416,000

製造間接費

		借方			貸方
③ 1/31	工場消耗品	344,000	1/31	仕掛品	735,000 ③
〃	消費賃金	72,000	〃	製造間接費配賦差異	35,000
〃	健康保険料	95,000			
〃	諸口	259,000			
		770,000			770,000

(3) 製造指図書＃1

原価計算表

直接材料費	直接労務費	製造間接費	集計 摘要	金額
2,920,000	300,000	105,000	直接材料費	2,920,000
	③ 1,140,000	399,000	直接労務費	1,440,000
	1,440,000	504,000	製造間接費	504,000
			製造原価	4,864,000
			完成品数量	200個
			製品単価	￥ 24,320 ③

(4) ￥ 29,000 （(借方)・貸方） ③▶❾

解説

●取引の仕訳を始める前に，注意すべき事項に赤線を引くとともに予定配賦率を計算しておこう！！

ⅱ 素材の消費高の計算は移動平均法

ⅲ 賃金の予定賃率は￥1,200（消費賃金勘定を用いて処理することを答案用紙から判断する）

ⅳ 製造間接費の予定配賦率　￥9,072,000 ÷ 21,600時間＝￥420

〔取引の仕訳〕

		借方		貸方	
▶❶	1月4日	素材	2,090,000	買掛金	2,450,000
		工場消耗品	360,000		
▶❷	12日	仕掛品	2,256,000	素材	2,256,000
	25日	賃金	2,183,000	所得税預り金	210,000
				健康保険料預り金	95,000
				当座預金	1,878,000
▶❸	26日	製品	4,864,000	仕掛品	4,864,000

		借方		貸方	
▶❹	①	製造間接費	344,000	工場消耗品	344,000
▶❺	②	仕掛品	2,100,000	消費賃金	2,172,000
		製造間接費	72,000		
	③	製造間接費	95,000	健康保険料	95,000
31日	④	製造間接費	259,000	電力料	127,000
				保険料	35,000
				減価償却費	90,000
				雑費	7,000
▶❻	⑤	仕掛品	735,000	製造間接費	735,000
	⑥	消費賃金	2,154,000	賃金	2,154,000
▶❼	⑦	消費賃金	18,000	賃率差異	18,000
▶❽	⑧	製造間接費配賦差異	35,000	製造間接費	35,000

▶❶ 素材の消費高の計算は移動平均法なので，素材を仕入れた時点で平均単価を求める。
　(¥730,000 + ¥2,090,000) ÷ (200 個 + 550 個) = ¥3,760

▶❷ 素材の消費高を移動平均法による単価 ¥3,760 で算出し，仕掛品勘定に転記する。

▶❸ 作業時間をもとに，賃金の予定消費高と製造間接費の予定配賦高を求め，製造指図書＃１の原価計算表に記入・集計して完成品原価を求め，仕掛品勘定に転記する。
　賃　　金　950 時間×@ ¥1,200 = ¥1,140,000
　製造間接費　950 時間×@ ¥420 = ¥399,000

▶❹ 工場消耗品の消費高の計算（棚卸計算法）
　(480 個 + 1,800 個 − 560 個) ×@ ¥200 = ¥344,000

▶❺ 当月の作業時間に予定賃率 ¥1,200 を乗じて予定消費高を求め，製造指図書＃１・２の金額合計を仕掛品勘定へ振り替え，間接作業の金額を製造間接費勘定へ振り替え，各勘定に転記する。

▶❻ ②の直接作業時間に予定配賦率 ¥420 を乗じた金額を製造間接費勘定から仕掛品勘定に振り替えるとともに，各勘定へ転記する。

▶❼ 答案用紙の消費賃金勘定の貸借の差額を賃率差異勘定に振り替える。

▶❽ 答案用紙の製造間接費勘定の貸借の差額を製造間接費配賦差異勘定に振り替える。

▶❾ 操業度差異：　¥216,000　　>　　¥210,000（@ ¥120 × 1,750 時間）
　　　　固定費予算額　¥6,000　　固定費予定配賦額
　※ 固定費率…¥216,000 ÷ 1,800 時間 = @ ¥120
　公式法変動予算による差異分析を図解すると次のようになる。

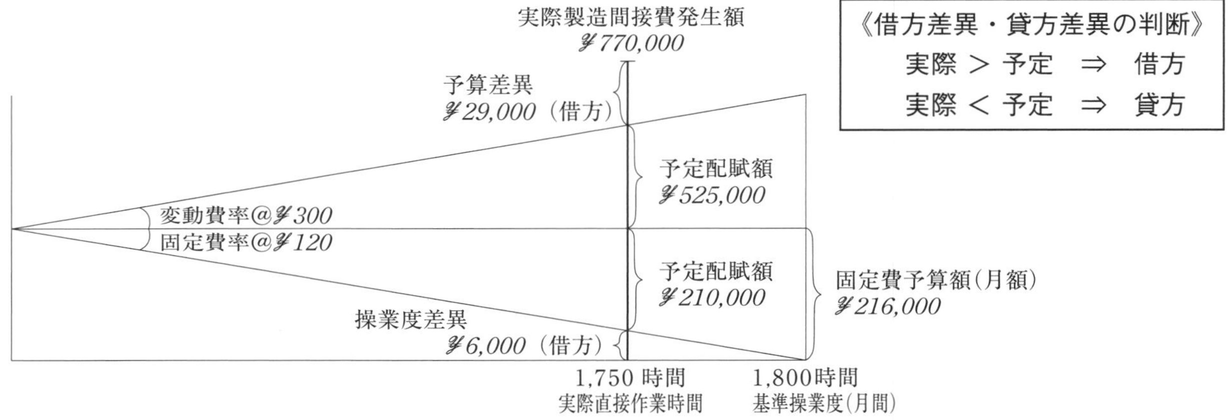

〔参考〕差異分析の資料と取引との関係
　資料 b　月間の基準操業度⇒ 21,600 時間（年間予定直接作業時間） ÷ 12 ヶ月 = 1,800 時間
　資料 c　月間の製造間接費⇒ ¥9,072,000（年間製造間接費予定額） ÷ 12 ヶ月 = ¥756,000
　資料 d　当月の実際直接作業時間⇒ 31 日②の製造指図書＃１・２の直接作業時間数の合計
　当月の実際製造間接費発生額⇒ 31 日①～④の製造間接費の発生額の合計

4 4点×6＝24点

	借 方		貸 方		
a	仕掛品	*390,000*	従業員賞与手当	*390,000*	④
b	材料消費価格差異	*16,000*	消費材料	*16,000*	④
c	1級製品 2級製品 副産物	*900,000* *675,000* *135,000*	仕掛品	*1,710,000*	④
d	売掛金 売上原価	*1,140,000* *870,000*	売上 製品	*1,140,000* *870,000*	④
e	第1工程半製品 第2工程仕掛品 製品	*2,850,000* *2,565,000* *4,900,000*	第1工程仕掛品 第1工程半製品 第2工程仕掛品	*2,850,000* *2,565,000* *4,900,000*	④
f	減価償却費 工場	*290,000* *540,000*	建物減価償却累計額	*830,000*	④

解 説

a．賞与の月割額の計上なので，半年分の支払予定額 *¥2,340,000* を6か月で割って1か月分を計上する。
従業員賞与手当は，通常，間接労務費であるが，単純総合原価計算なので，仕掛品勘定に振り替える。

b．

消費材料

実際消費高（先入先出法）	予定消費高
1,600個×@ *¥730*=*¥1,168,000*	4,800個×@ *¥740*=*¥3,552,000*
3,200個×@ *¥750*=*¥2,400,000*	
¥3,568,000	材料消費価格差異 *¥16,000*

c．総合原価 *¥1,710,000* から副産物の評価額 *¥135,000* を差し引いた *¥1,575,000* が1級製品と2級製品の完成品原価の合計となる。

等級別総合原価計算表

等級別製品	重　量	等価係数	完成品数量	積　数	等級別製造原価	製品単価
1級製品	300 g	5	4,000個	20,000	*900,000*	*¥225*
2級製品	180〃	3	5,000〃	15,000	*675,000*	〃 *135*
				35,000	*1,575,000*	

d．個別原価計算なので，A製品もB製品も製品勘定となる。A組製品やB組製品を使用しないよう注意する。
e．第1工程の完成品原価はすべて第1工程半製品勘定に振り替えているので，次のような流れとなる。

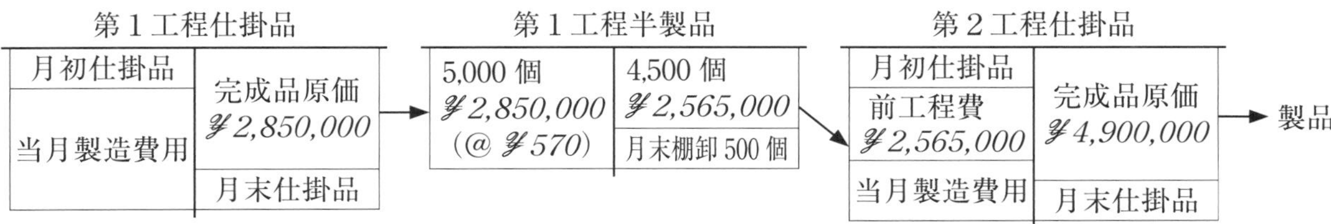

f．工場の仕訳　(借) 減価償却費　*540,000*　　(貸) 本　　社　*540,000*

模擬試験問題 【第 4 回】

1 3 点× 11 = 33 点

(1)

a	¥ 3,157,000	③
b	¥ 868,000	③
c	¥ 847,000	③
d	¥ 8,022,000	③

(2)

a	¥ 3,150,000	③
b	¥ 4,725,000	③
c	¥ 2,835,000	③

(3)

a	¥ 3,920,000		③
b	¥ 55,000	(不利(○)・有利)	③
c	¥ 14,000	(不利(○)・有利)	③

(4)

¥ 576,000	③

解 説

(1) 当期材料費 ¥3,157,000（素材と工場消耗品の合計）
　素　　材 ¥471,000 + ¥2,549,000 − ¥483,000 = ¥2,537,000
　工場消耗品 ¥105,000 + ¥612,000 − ¥97,000 = ¥620,000
当期労務費 ¥3,680,000（賃金と給料の合計）
　賃金は予定賃率を用いているので予定消費高を消費高として使用する。
当 期 経 費 ¥868,000（外注加工賃・電力料・減価償却費の合計）
　外注加工賃 ¥390,000 + ¥35,000 + ¥18,000 = ¥443,000
　電 力 料 ¥240,000（測定高）
期末仕掛品棚卸高 ¥847,000
　当期製造費用 ¥3,157,000 + ¥3,680,000 + ¥868,000 = ¥7,705,000
　¥796,000（期首仕掛品）+ ¥7,705,000（当期製造費用）− ¥[　　　]（期末仕掛品）
　　　= ¥7,654,000（当期製品製造原価）
売 上 原 価 ¥8,022,000
　普通に計算した売上原価に賃率差異を加減する。賃率差異が借方残高なので売上原価に加算する。
　¥1,495,000（期首製品）+ ¥7,654,000（当期製品製造原価）− ¥1,273,000（期末製品）
　　　+ ¥146,000（賃率差異）= ¥8,022,000（売上原価）

(2) a・bは，当月の資料をもとに，略式の直接原価計算ベースの損益計算書を作成して算出する。

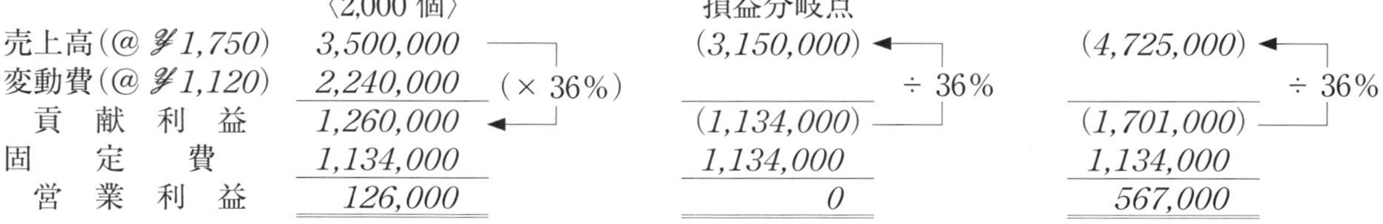

	〈2,000 個〉		損益分岐点			
売上高(@¥1,750)	3,500,000		(3,150,000)		(4,725,000)	
変動費(@¥1,120)	2,240,000	(× 36%)		÷ 36%		÷ 36%
貢献利益	1,260,000		(1,134,000)		(1,701,000)	
固定費	1,134,000		1,134,000		1,134,000	
営業利益	126,000		0		567,000	

c．変動製造費が製品 1 個あたり ¥70 減少すると貢献利益率が変化する。
　したがって，もう一度直接原価計算ベースの損益計算書を作成して，貢献利益率を計算しなおす。

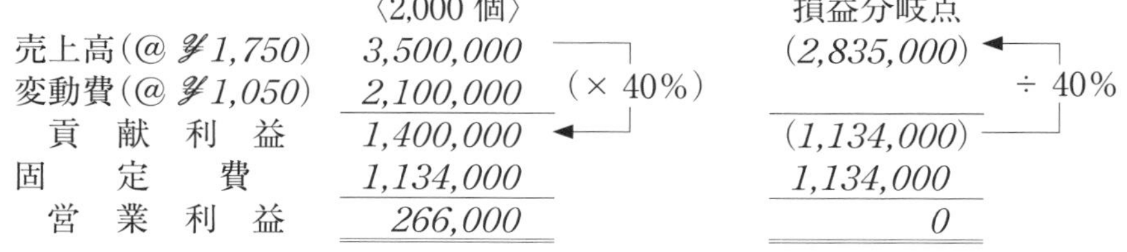

	〈2,000 個〉		損益分岐点	
売上高(@¥1,750)	3,500,000		(2,835,000)	
変動費(@¥1,050)	2,100,000	(× 40%)		÷ 40%
貢献利益	1,400,000		(1,134,000)	
固定費	1,134,000		1,134,000	
営業利益	266,000		0	

(3)　a．完成品の標準原価　700 個×@ ¥5,600 = ¥3,920,000

b．

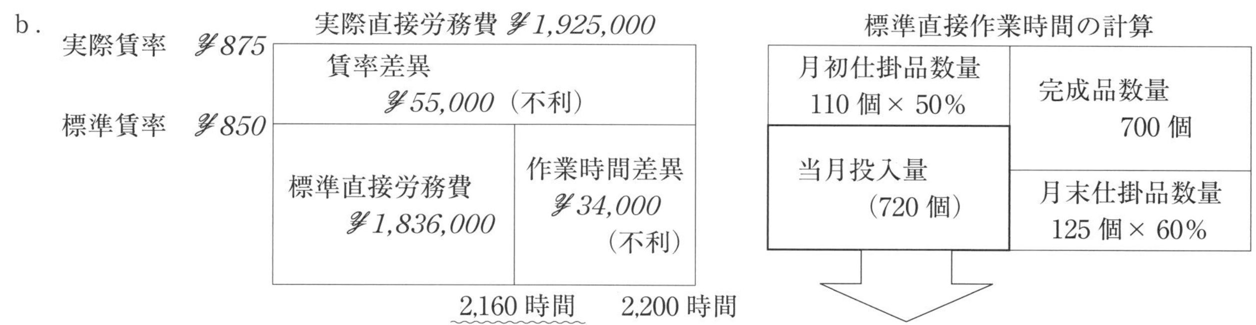

c．製造間接費の差異分析を図解すると次のようになる。

能率差異は変動費から生じた能率差異と固定費から生じた能率差異の合計となる。

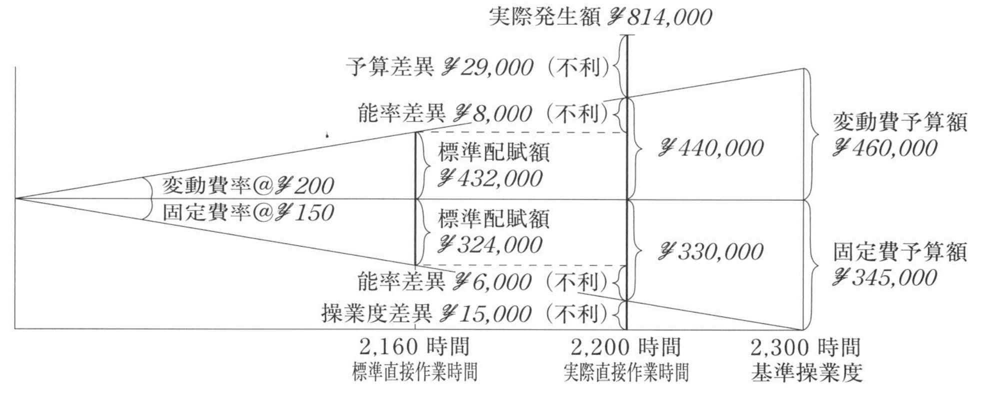

(4)　正常減損の数量は 400kg＋ 5,250kg－ 5,000kg－ 500kg＝ 150kgとなる。

正常減損が始点で発生していることから，月末仕掛品からも減損は発生していることになる。

したがって，「正常減損費は完成品と月末仕掛品の両方に負担させる」と指示されている。

正常減損費を完成品と月末仕掛品の両方に負担させる場合は，正常減損の数量を無視して算出すると，正常減損費が完成品と月末仕掛品にあん分される結果になる。

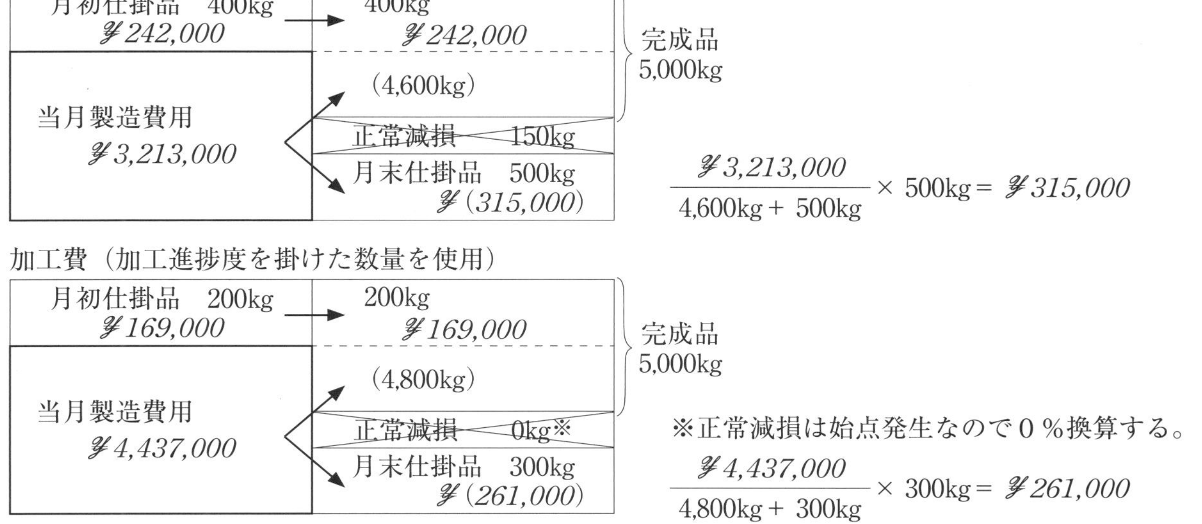

$$\frac{¥3,213,000}{4,600\text{kg}+500\text{kg}}\times 500\text{kg}=¥315,000$$

※正常減損は始点発生なので０％換算する。

$$\frac{¥4,437,000}{4,800\text{kg}+300\text{kg}}\times 300\text{kg}=¥261,000$$

2 4点×4＝16点

(1)

工程別総合原価計算表

令和○年6月分

摘要	第1工程	第2工程
工程個別費　素材費	2,611,000	——
前工程費	——	▶❸ **3,981,000**
労務費	1,385,000	1,475,000
経費	230,000	341,000
部門共通費配賦額	245,000	365,000
▶❶ 補助部門費配賦額	**405,000**	**495,000**
当月製造費用	**4,876,000**	**6,657,000**
月初仕掛品原価	485,000	358,000
計	**5,361,000**	**7,015,000**
月末仕掛品原価	▶❷ **573,000** ④	715,000
工程完成品原価	**4,788,000**	**6,300,000** ④
工程完成品数量	3,600個	2,800個
工程単価	¥ **1,330**	¥ **2,250**

(2)

¥ **530,000** ▶❹ ④

(3)

第1工程半製品

前月繰越	520,000	第2工程仕掛品	(**3,981,000**) ④ ▶❸
▶❺（第1工程仕掛品）	(**4,788,000**)	次月繰越	(1,327,000)
	(**5,308,000**)		(**5,308,000**)

解説

▶❶ ¥270,000（労務費）＋¥450,000（経費）＋¥180,000（部門共通費配賦額）＝¥900,000

▶❷ 第1工程の月末仕掛品原価の計算（平均法）

素材費

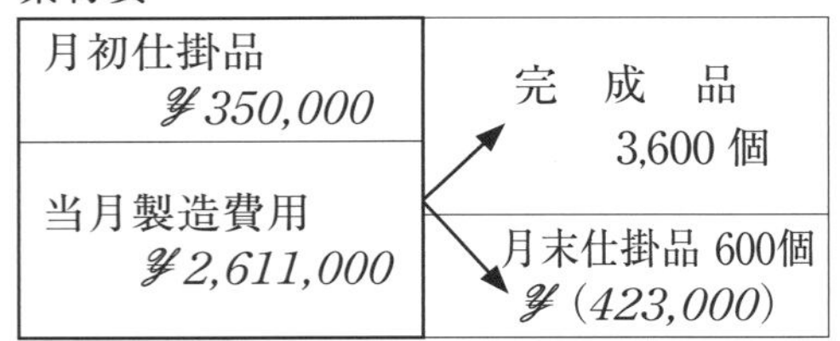

$\dfrac{¥350{,}000+¥2{,}611{,}000}{3{,}600\text{個}+600\text{個}}\times600\text{個}=¥423{,}000$

加工費（数量は加工進捗度を掛けた個数）

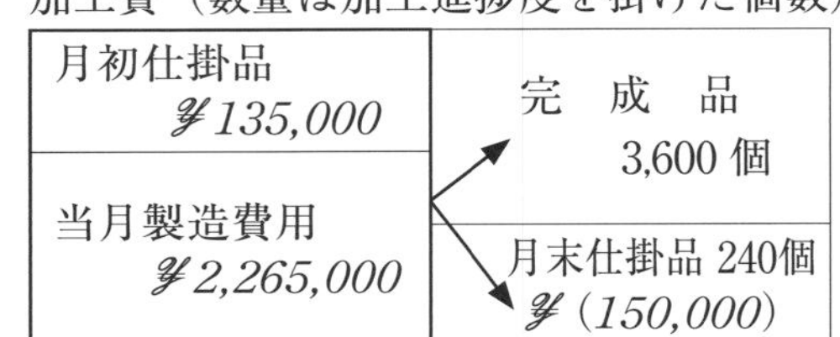

$\dfrac{¥135{,}000+¥2{,}265{,}000}{3{,}600\text{個}+240\text{個}}\times240\text{個}=¥150{,}000$

▶❸ 資料dに指示されている金額を記入する。

▶❹ 第2工程の月末仕掛品原価の計算（平均法）

第1工程完成品は第2工程の始点で投入されるので，月末仕掛品の前工程費の計算では加工進捗度は加味しない。（第1工程の素材と同じ考え方である）

前工程費

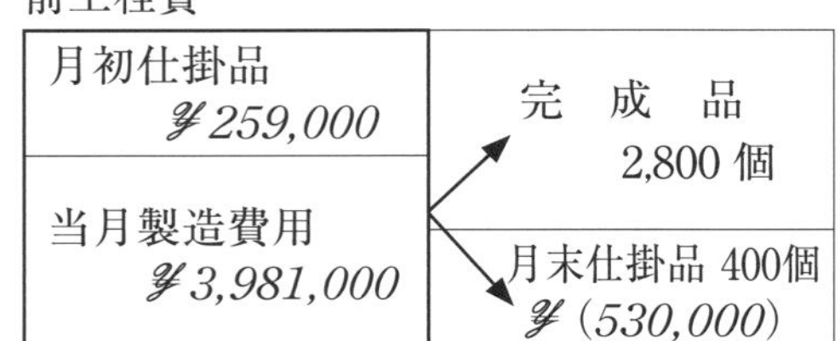

$\dfrac{¥259{,}000+¥3{,}981{,}000}{2{,}800\text{個}+400\text{個}}\times400\text{個}=¥530{,}000$

加工費（数量は加工進捗度を掛けた個数）

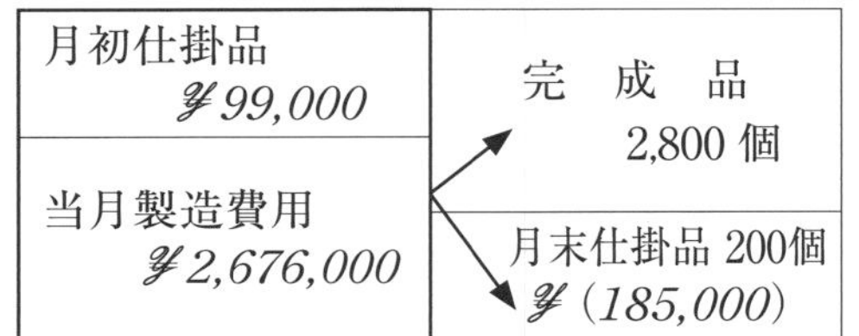

$\dfrac{¥99{,}000+¥2{,}676{,}000}{2{,}800\text{個}+200\text{個}}\times200\text{個}=¥185{,}000$

▶❺ ただし書きiに「第1工程の完成品原価は，すべて第1工程半製品勘定に振り替えている。」と指示があるので，第1工程完成品原価を記入する。相手勘定科目に前工程費と記入しないように注意する。

3　3点×9＝27点

(1)

	借方		貸方		
6月12日	仕掛品	3,464,000	素材	3,464,000	③
30日⑨	賃率差異	19,000	賃金	19,000	③

(2)

製造間接費

	借方			貸方	
③ 6/30	工場消耗品	282,000	6/30	諸口	1,433,000
〃	賃金	150,000			
〃	健康保険料	120,000			
〃	諸口	881,000			
		1,433,000			1,433,000

第1製造部門費

	借方			貸方		
6/30	製造間接費	465,000	6/30	仕掛品	540,000	③
〃	諸口	80,000	〃	製造部門費配賦差異	5,000	
		545,000			545,000	

(3) 製造指図書＃1　　原価計算表

直接材料費	直接労務費	製造間接費				集計	
		部門	時間	配賦率	金額	摘要	金額
1,760,000	125,000	第1	100	360	36,000	直接材料費	1,760,000
	③ 1,075,000	第1	800	360	288,000	直接労務費	1,200,000
	1,200,000	第2	900	540	③ 486,000	製造間接費	810,000
					810,000	製造原価	3,770,000
						完成品数量	200個
						製品単価	¥ 18,850 ③

(4)

部門費振替表

直接配賦法　　令和〇年6月分

部門費	配賦基準	金額	製造部門		補助部門	
			第1部門	第2部門	動力部門	修繕部門
部門費合計		1,433,000	465,000	739,000	144,000	85,000
動力部門費	kW数×運転時間数	144,000	12,000	132,000		
修繕部門費	修繕回数	85,000	68,000	17,000		
配賦額合計		229,000	③ 80,000	149,000		
製造部門費合計		1,433,000	545,000	888,000		

(5)

¥ 531,000 ▶⓫　③

解説

●取引の仕訳を始める前に，注意すべき事項に赤線を引くとともに予定配賦率を計算しておこう！！

ii　素材の消費高の計算は移動平均法

iii　賃金の予定賃率は¥1,250（賃金勘定だけで処理している）

iv　予定配賦率の計算

第1製造部門　¥7,560,000 ÷ 21,000時間＝¥360　※直接作業時間が基準

第2製造部門　¥9,720,000 ÷ 18,000時間＝¥540　※機械運転時間が基準

〔取引の仕訳〕

			借方		貸方	
▶❶	6月7日		素材	3,010,000	買掛金	3,265,000
			工場消耗品	255,000		
▶❷	12日		仕掛品	3,464,000	素材	3,464,000
	25日		賃金	2,180,000	所得税預り金	197,000
					健康保険料預り金	120,000
					当座預金	1,863,000
▶❸	30日	①	製造間接費	282,000	工場消耗品	282,000
▶❹		②	仕掛品	2,000,000	賃金	2,150,000
			製造間接費	150,000		
▶❺		③	仕掛品	1,431,000	第1製造部門費	540,000
					第2製造部門費	891,000
		④	製造間接費	120,000	健康保険料	120,000
		⑤	製造間接費	881,000	電力料	472,000
					保険料	134,000
					減価償却費	275,000
		⑥	第1製造部門費	465,000	製造間接費	1,433,000
			第2製造部門費	739,000		
			動力部門費	144,000		
			修繕部門費	85,000		
▶❻		⑦	第1製造部門費	80,000	動力部門費	144,000
			第2製造部門費	149,000	修繕部門費	85,000
▶❼		⑧	製品	3,770,000	仕掛品	3,770,000
▶❽		⑨	賃率差異	19,000	賃金	19,000
▶❾		⑩	製造部門費配賦差異	5,000	第1製造部門費	5,000
▶❿		⑪	第2製造部門費	3,000	製造部門費配賦差異	3,000

▶❶ 素材の消費高の計算は移動平均法なので，素材を仕入れた時点で平均単価を求める。

(¥1,320,000＋¥3,010,000)÷(600個＋1,400個)＝¥2,165

▶❷ 平均単価¥2,165で消費高を算出する。

▶❸ 工場消耗品の消費高の計算（棚卸計算法）

(280個＋850個－190個)×@¥300＝¥282,000

▶❹ 予定消費高は各時間数に予定賃率¥1,250を掛けて求め，製造指図書＃1と＃2の消費高は仕掛品勘定へ，間接作業の消費高は製造間接費勘定へ振り替える。なお，ただし書きⅲに「賃金の消費高は…賃金勘定だけで処理している。」と指示があるので，貸方は消費賃金勘定ではなく，賃金勘定で処理する。答案用紙の製造間接費勘定へ転記するとともに，製造指図書＃1の原価計算表にも記入する。

▶❺ 次の予定配賦額を第1製造部門費勘定へ転記するとともに製造指図書＃1の原価計算表にも記入する。

第1製造部門は直接作業時間を基準とする。

＃1…800時間×@¥360＝¥288,000
＃2…700時間×@¥360＝¥252,000
} 合計¥540,000

第2製造部門は機械運転時間を基準とする。

＃1…900時間×@¥540＝¥486,000
＃2…750時間×@¥540＝¥405,000
} 合計¥891,000

▶❻ 部門費振替表を作成し，配賦額合計を用いて仕訳する。

▶❼ 製造指図書＃1の原価計算表を集計して完成品原価を求める。

▶❽ 30日②の¥2,150,000が賃金の予定消費高であり，賃金の消費高が実際額の¥2,169,000になるように賃金勘定を貸方に¥19,000仕訳し，賃率差異勘定に振り替える。

▶❾ 答案用紙の第1製造部門費勘定の貸借の差額を製造部門費配賦差異勘定に振り替える。

▶❿ それまでの仕訳の第2製造部門費勘定の貸借の差額を製造部門費配賦差異勘定に振り替える。

▶⓫ ¥2,180,000(当月支払高)－¥542,000(前月未払高)－¥2,169,000(当月消費高)＝－¥531,000

4 4点×6＝24点

	借 方		貸 方		
a	材料消費価格差異	*130,000*	消費材料	*130,000*	④
b	A組仕掛品	*468,000*	組間接費	*768,000*	④
	B組仕掛品	*300,000*			
c	仕損費	*109,000*	素材	*26,000*	④
			賃金	*48,000*	
			製造間接費	*35,000*	
d	1級製品	*1,470,000*	仕掛品	*2,695,000*	④
	2級製品	*1,225,000*			
e	売上原価	*3,850,000*	製品	*3,850,000*	④
f	従業員賞与手当	*1,610,000*	当座預金	*4,790,000*	④
	工場	*3,180,000*			

解説

a．総平均法による消費単価の計算

$$\frac{¥705,000 + ¥5,145,000}{750個 + 5,250個} = ¥975$$

消費材料

実際消費高 5,200個×@¥975 ＝¥5,070,000	予定消費高 5,200個×@¥950 ＝¥4,940,000 材料消費価格差異へ ¥130,000

b．組間接費の配賦率　*¥768,000*÷(1,950時間＋1,250時間)＝*¥240*

各組への配賦額の計算　A組…1,950時間×@*¥240*＝*¥468,000*

B組…1,250時間×@*¥240*＝*¥300,000*

借方の勘定科目をA組製品・B組製品としないように注意する。

c．製品が仕損じとなり，補修指図書を発行して補修をおこなった場合は，補修指図書に集計された製造原価が仕損費となる。

仕損費を製造指図書＃12に賦課するか，製造間接費とするかの指示がないので，その後の処理は不要である。

d．

等級別総合原価計算表

等級別製品	重量	等価係数	完成品数量	積数	等級別製造原価	製品単価
1級製品	360g	3	2,800個	8,400	*1,470,000*	*¥525*
2級製品	240〃	2	3,500〃	7,000	*1,225,000*	〃*350*
				15,400	*2,695,000*	

e．製品の払出単価　*¥3,960,000*÷1,800個＝*¥2,200*

売上原価　1,750個×@*¥2,200*＝*¥3,850,000*

完成品原価と売上高の計上は済んでいるという指示があるので，当月分の売上原価を計上する仕訳のみを解答すればよい。

総合原価計算の場合，大量生産した製品を，注文を受けて発送した時点で売上高の計上をおこなうことが多い。しかし，売上原価は月末に原価計算表を作成して製造原価が算出されないと計上できないことから，この問いは，売上原価の計上のみの出題となっている。

f．工場の仕訳　(借)従業員賞与手当　*3,180,000*　(貸)本　社　*3,180,000*

模擬試験問題 【第 5 回】

1 3点× 11 = 33点

(1)

a	¥ 2,095,000	③
b	¥ 220,000	③
c	¥ 1,208,000	③
d	¥ 5,414,000	③

(2)

ア	イ
3	4

③ ※2つとも合っている場合に正解とする。

(3)

a	¥ 1,215,000	③
b	¥ 4,875,000	③
c	5,750 個	③

(4)

a	¥ 7,950,000	③
b	¥ 57,000	③
c	¥ 3,066,000	③

解 説

(1) 資料に示されている費目の消費高を仕掛品勘定と製造間接費勘定にあてはめながら解答する。

a. 仕掛品勘定をみると，直接労務費は賃金のみとわかる。さらに製造間接費勘定にも賃金があるので，直接労務費の金額は賃金の消費高から製造間接費勘定に記載されている間接賃金 ¥173,000 を差し引いた金額となる。

賃金の消費高 ¥2,257,000 − ¥293,000 + ¥304,000 = ¥2,268,000

直接賃金 ¥2,268,000 − ¥173,000 = ¥2,095,000

b. 仕掛品勘定をみると，直接経費は外注加工賃のみとわかる。

外注加工賃 ¥219,000 + ¥37,000 − ¥36,000 = ¥220,000

c. 製造間接費勘定の借方の工場消耗品から減価償却費の金額合計が実際発生額である。

工場消耗品 ¥127,000 + ¥469,000 − ¥118,000 = ¥478,000

電力料 ¥142,000（測定高）

d. 仕掛品勘定から製品勘定に振り替えられている ¥5,432,000 が当期製品製造原価（完成品原価）である。ただし，製造間接費が予定配賦されており，製造間接費配賦差異 ¥18,000（借方残高）が売上原価に振り替えられていることから，製造間接費配賦差異 ¥18,000 を売上原価に加算する必要がある。

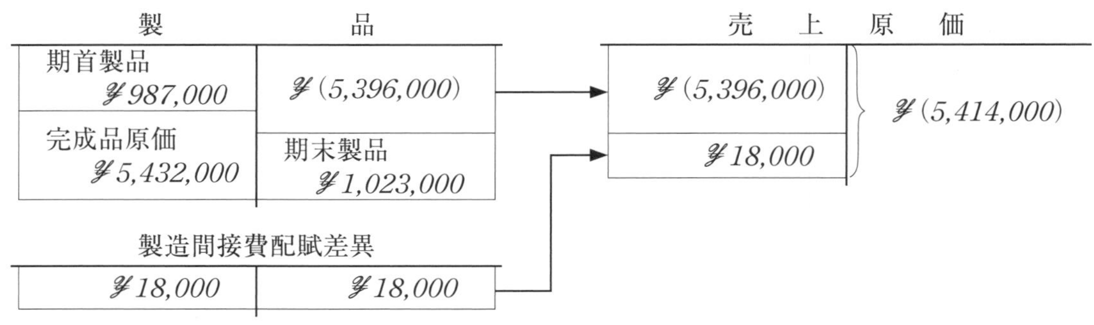

〈参考〉製造間接費の予定配賦額…¥1,190,000　期末仕掛品原価…¥398,000

(2) 原価計算の手続きのうち，部門別計算はおこなわない場合もある。

(3) 販売数量5,500個のときの直接原価計算ベースの損益計算書を作成して，貢献利益率36%を算出する。

	〈5,500個〉		損益分岐点		〈5,750個〉	
売上高(@¥1,500)	8,250,000	(×36%)	(4,875,000)	÷36%	(8,625,000)	÷36%
変動費(@¥960)	5,280,000					
貢献利益	2,970,000		(1,755,000)		(3,105,000)	
固定費	1,755,000		1,755,000		1,755,000	
営業利益	1,215,000		0		1,350,000	

c．目標を達成するための売上高が¥8,625,000と算出されたら，販売単価¥1,500で割って販売数量を求める。

(4) パーシャルプランによる仕掛品勘定は次のような構成となる。

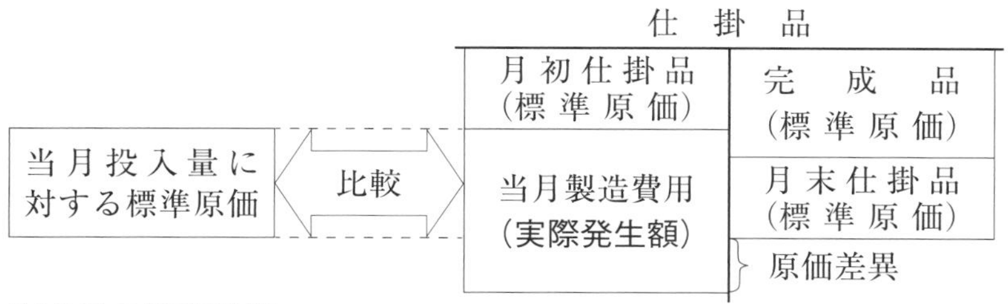

a．完成品の標準原価

1,500個×@¥5,300＝¥7,950,000

b．

c．実際直接労務費が解答となる。

賃率差異・作業時間差異ともに仕掛品勘定の貸方に記入されている。

⇒標準額よりも実際額の方が多いことを意味する→不利差異

標準直接労務費に賃率差異と作業時間差異を加算した金額が実際直接労務費

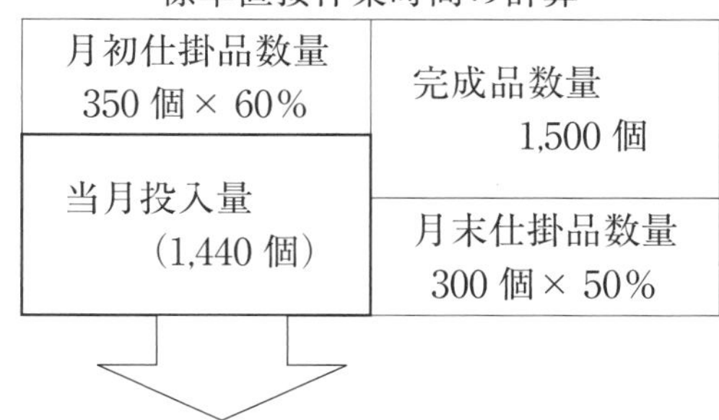

2 4点×4＝16点

組別総合原価計算表
令和○年6月分

	摘要		A組	B組
	組直接費	素材費	2,297,000	4,750,000
		加工費	2,532,000 ④	3,126,000
▶❶	組間接費	加工費	234,000	130,000 ④
	当月製造費用		5,063,000	8,006,000
	月初仕掛品原価	素材費	468,000	590,000
		加工費	270,000	144,000
	計		5,801,000	8,740,000
	月末仕掛品原価	素材費	395,000	▶❸ 480,000 ④
		加工費	▶❷ 276,000	160,000
	完成品原価		5,130,000	8,100,000
	完成品数量		3,000kg	4,000kg
	製品1kgあたりの原価		¥ 1,710	¥ 2,025

A組仕掛品

	借方		貸方	
	前月繰越	738,000	(A組製品)	(5,130,000) ④
	素材	2,297,000	次月繰越	(671,000)
	労務費	1,950,000		
	経費	582,000		
▶❶	(組間接費)	(234,000)		
		(5,801,000)		(5,801,000)

解説

▶❶ 組間接費の配賦額の計算

配賦率…（¥135,000＋¥229,000）÷（225時間＋125時間）＝¥1,040

A組への配賦額…225時間×@¥1,040＝¥234,000

B組への配賦額…125時間×@¥1,040＝¥130,000

▶❷ A組の月末仕掛品の加工費の計算（平均法）

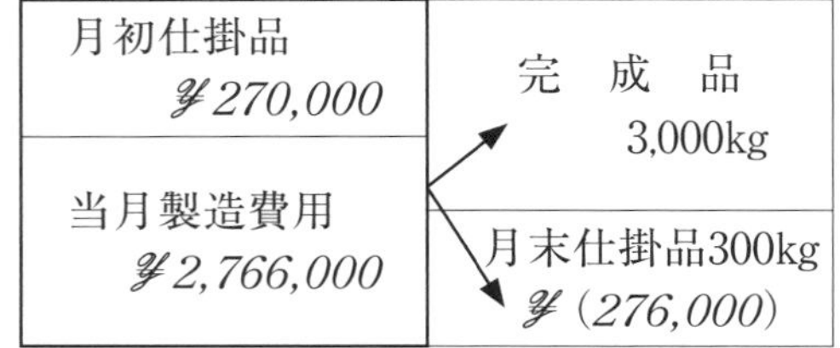

※加工進捗度を掛けた数量を使用

$$\frac{¥270,000 + ¥2,766,000}{3,000\text{kg} + 300\text{kg}} \times 300\text{kg} = ¥276,000$$

▶❸ B組の月末仕掛品の素材費の計算（平均法）

正常減損が終点で発生していることから，月末仕掛品からは減損は発生していないことになる。したがって，「正常減損費は完成品のみに負担させる」と指示されている。

正常減損費を完成品のみに負担させる場合は，正常減損数量を完成品数量に含めて計算する。

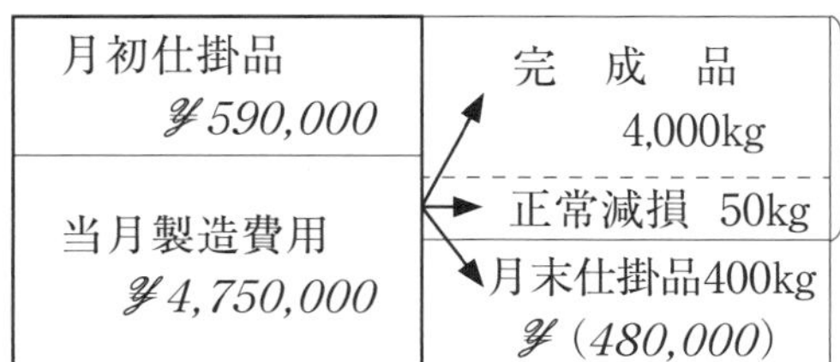

完成品原価は正常減損の50kgを含めた4,050kg分の金額

$$\frac{¥590,000 + ¥4,750,000}{4,000\text{kg} + 50\text{kg} + 400\text{kg}} \times 400\text{kg} = ¥480,000$$

3 3点×9＝27点

(1)

	借方		貸方		
6月30日③	仕掛品	1,784,000	第1製造部門費	910,000	③
			第2製造部門費	874,000	

(2)

消費賃金

		借方			貸方
6/30	賃金	3,115,000	6/30	諸口	3,132,000
③ 〃	賃率差異	17,000			
		3,132,000			3,132,000

製造間接費

		借方			貸方
③ 6/30	消耗工具器具備品	888,000	6/30	諸口	1,800,000
〃	消費賃金	378,000			
〃	健康保険料	153,000			
〃	諸口	381,000			
		1,800,000			1,800,000

製造部門費配賦差異

		借方			貸方	
6/1	前月繰越	49,000	6/30	第1製造部門費	7,000	③
30	第2製造部門費	23,000	〃	次月繰越	65,000	
		72,000			72,000	

(3) 製造指図書＃6　　原価計算表

直接材料費	直接労務費	製造間接費				集計	
		部門	時間	配賦率	金額	摘要	金額
1,636,000	216,000	第1	200	650	130,000	直接材料費	1,636,000
	③ 1,566,000	第1	600	650	390,000	直接労務費	1,782,000
	1,782,000	第2	850	760	③ 646,000	製造間接費	1,166,000
					1,166,000	製造原価	4,584,000
						完成品数量	120個
						製品単価	￥ 38,200 ③

(4)　部門費振替表

直接配賦法　　令和○年6月分

部門費	配賦基準	金額	製造部門		補助部門	
			第1部門	第2部門	動力部門	修繕部門
部門費合計		1,800,000	699,000	708,000	225,000	168,000
動力部門費	kW数×運転時間数	225,000	162,000	63,000		
修繕部門費	修繕回数	168,000	42,000	126,000		
配賦額合計		393,000	204,000	③ 189,000		
製造部門費合計		1,800,000	903,000	897,000		

(5) ￥ 3,255,000 ▶❾　③

解説

●取引の仕訳を始める前に，注意すべき事項に赤線を引くとともに予定配賦率を計算しておこう！！

ii　素材の消費高の計算は先入先出法

iii　賃金の予定賃率は￥1,080（消費賃金勘定を用いて処理することを答案用紙から判断する）

iv　予定配賦率の計算

第1製造部門　￥11,700,000 ÷ 18,000時間＝￥650

第2製造部門　￥11,400,000 ÷ 15,000時間＝￥760

〔取引の仕訳〕

		借方		貸方	
6月2日		素材	1,764,000	買掛金	1,764,000
▶❶ 13日		仕掛品	1,319,000	素材	1,319,000
▶❷ 24日		製品	4,584,000	仕掛品	4,584,000
25日		賃金	3,142,000	所得税預り金	357,000
				健康保険料預り金	153,000
				当座預金	2,632,000
30日	①	製造間接費	888,000	消耗工具器具備品	888,000
▶❸	②	仕掛品	2,754,000	消費賃金	3,132,000
		製造間接費	378,000		
▶❹	③	仕掛品	1,784,000	第1製造部門費	910,000
				第2製造部門費	874,000
	④	製造間接費	153,000	健康保険料	153,000
	⑤	製造間接費	381,000	電力料	117,000
				減価償却費	235,000
				雑費	29,000
	⑥	第1製造部門費	699,000	製造間接費	1,800,000
		第2製造部門費	708,000		
		動力部門費	225,000		
		修繕部門費	168,000		
▶❺	⑦	第1製造部門費	204,000	動力部門費	225,000
		第2製造部門費	189,000	修繕部門費	168,000
	⑧	消費賃金	3,115,000	賃金	3,115,000
▶❻	⑨	消費賃金	17,000	賃率差異	17,000
▶❼	⑩	第1製造部門費	7,000	製造部門費配賦差異	7,000
▶❽	⑪	製造部門費配賦差異	23,000	第2製造部門費	23,000

▶❶ 素材の消費高の計算（先入先出法）

900個 ｛ 200個 @¥1,450 ¥ 290,000
　　　　 700個 @¥1,470 ¥1,029,000

▶❷ 製造指図書＃6の作業時間をもとに，賃金の予定消費高と第1製造部門費・第2製造部門費の予定配賦高を求め，製造指図書＃6の原価計算表に記入・集計して完成品原価を求める。ただし，予定消費高・予定配賦高の仕訳は問題に「月末におこなっている」とあるのでおこなわない。

賃金 1,450時間×@¥1,080 = ¥1,566,000
第1製造部門費 600時間×@¥650 = ¥390,000
第2製造部門費 850時間×@¥760 = ¥646,000

▶❸ 次の賃金の予定消費高を各勘定へ転記する。

製造指図書＃6 1,450時間×@¥1,080 = ¥1,566,000 ｝合計¥2,754,000は仕掛品勘定へ
製造指図書＃7 1,100時間×@¥1,080 = ¥1,188,000
間接作業 350時間×@¥1,080 = ¥ 378,000 → 製造間接費勘定へ

▶❹ 第1製造部門 ＃6… 600時間×@¥650 = ¥390,000 ｝合計¥910,000
　　　　　　　＃7… 800時間×@¥650 = ¥520,000
第2製造部門 ＃6… 850時間×@¥760 = ¥646,000 ｝合計¥874,000
　　　　　　＃7… 300時間×@¥760 = ¥228,000

▶❺ 部門費振替表を作成し，配賦額合計を用いて仕訳する。

▶❻ 答案用紙の消費賃金勘定の貸借の差額を賃率差異勘定に振り替える。

▶❼ それまでの仕訳の第1製造部門費勘定の貸借の差額を製造部門費配賦差異勘定に振り替える。

▶❽ それまでの仕訳の第2製造部門費勘定の貸借の差額を製造部門費配賦差異勘定に振り替える。

▶❾ 月末仕掛品は製造指図書＃7の製造原価である。次の計算式か仕掛品勘定を作成して求める。

¥1,319,000（素材） + ¥1,188,000（賃金） + ¥520,000（第1製造部門費） + ¥228,000（第2製造部門費） = ¥3,255,000

4 4点×6＝24点

	借　方		貸　方		
a	仕掛品	*560,000*	特許権使用料 保険料	*360,000* *200,000*	④
b	売上原価	*5,970,000*	1級製品 2級製品	*2,520,000* *3,450,000*	④
c	仕掛品	*76,000*	仕損費	*76,000*	④
d	売上原価	*138,000*	材料消費価格差異	*138,000*	④
e	第1工程半製品 第2工程仕掛品 製品	*2,175,000* *2,430,000* *3,690,000*	第1工程仕掛品 第1工程半製品 第2工程仕掛品	*2,175,000* *2,430,000* *3,690,000*	④
f	工場	*1,928,000*	所得税預り金 健康保険料預り金 当座預金	*179,000* *116,000* *1,633,000*	④

解説

a．単純総合原価計算なのですべて仕掛品勘定に振り替える。

b．売上の計上は販売時に済んでいると考え，売上原価の計上の仕訳のみをおこなう。

c．補修指図書に集計された原価は，補修が完了した時点で製造指図書に賦課するか製造間接費に振り替える処理をする。この問題では「製造指図書＃８に賦課した。」とあるので，仕掛品勘定に振り替える。

d．

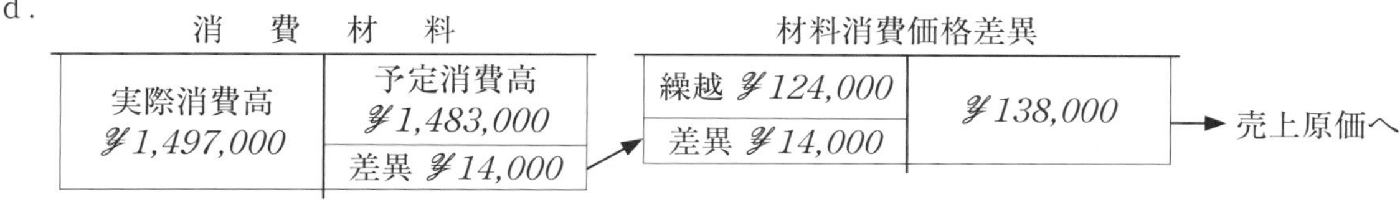

e．第１工程の完成品原価は第１工程半製品勘定を経由して第２工程仕掛品勘定に振り替える。

f．工場の仕訳　(借) 賃　　金　*1,928,000*　　(貸) 本　　社　*1,928,000*

模擬試験問題　【第 6 回】

1　3点× 11 = 33点

(1)

a	¥　1,980,000	③
b	¥　3,000,000	③
c	7,250　個	③

(2)

ア	イ
1	3

③　※2つとも合っている場合に正解とする。

(3)

a	¥　3,800,000	③
b	¥　750,000	③
c	¥　36,000	③
d	¥　6,660,000	③

(4)

a	¥　5,320,000		③
b	¥　15,000	（不利・(有利)）	③
c	¥　19,000	（(不利)・有利）	③

解　説

(1) a．全部原価計算による損益計算書の売上原価は直接原価計算による損益計算書の変動売上原価と固定製造間接費の合計額である。したがって，売上原価 ¥3,260,000 から固定製造間接費 ¥840,000 を差し引いて変動売上原価 ¥2,420,000 を算出し，変動製造マージン ¥1,980,000 を求める。

直接原価計算による損益計算書をもとに，略式の直接原価計算ベースの損益計算書を作成してbとcの解答を求めると次のとおりである。

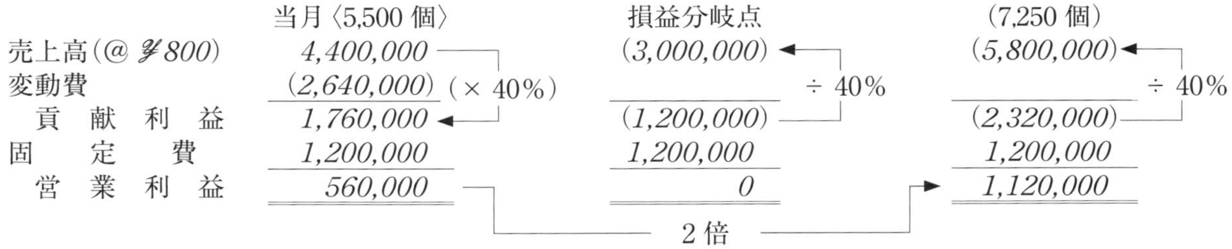

	当月〈5,500 個〉	損益分岐点	(7,250 個)
売上高(@ ¥800)	4,400,000	(3,000,000)	(5,800,000)
変動費	(2,640,000) (× 40%)	÷ 40%	÷ 40%
貢献利益	1,760,000	(1,200,000)	(2,320,000)
固定費	1,200,000	1,200,000	1,200,000
営業利益	560,000	0	1,120,000

2倍

(2) 正常減損費や正常仕損費は良品に負担させるが，完成品のみに負担させるか月末仕掛品にも負担させるかは，月末仕掛品から減損や仕損が発生しているかどうかが判断基準となる。

減損や仕損が始点（月末仕掛品の進捗度より前）で発生している場合は，月末仕掛品からも減損や仕損が発生していると判断し，正常減損費や正常仕損費を月末仕掛品にも負担させる。しかし，減損や仕損が終点（月末仕掛品の進捗度より後）で発生している場合は，月末仕掛品からは減損や仕損が発生していないと判断し，正常減損費や正常仕損費を月末仕掛品には負担させない。

(3) a．素　　材　¥600,000 + ¥3,280,000 − ¥510,000 = ¥3,370,000 ┐
工場消耗品　¥120,000 + ¥470,000 − ¥160,000 = ¥430,000 ┘ ¥3,800,000

b．外注加工賃　¥310,000 + ¥80,000 − ¥90,000 = ¥300,000 ┐
電　力　料　¥250,000（測定高） │ ¥750,000
減価償却費　¥200,000 ┘

c．製造間接費予定配賦額　1,650時間×@¥840 = ¥1,386,000
製造間接費実際発生額
工場消耗品　¥430,000（上記a参照） ┐
間接賃金　200時間×@¥960 = ¥192,000 │
給　　料　¥350,000 │ ¥1,422,000
電　力　料　¥250,000（測定高） │
減価償却費　¥200,000 ┘

製造間接費配賦差異　¥36,000

d．問題用紙の売上原価勘定を完成させると次のようになる。

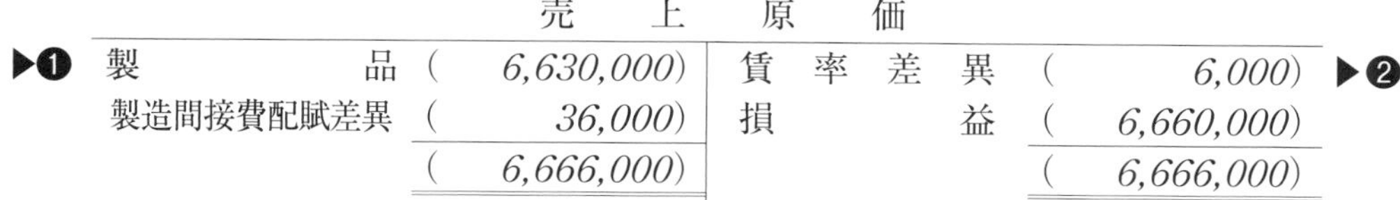

売　上　原　価

▶❶ 製　　品	(6,630,000)	賃率差異	(6,000) ▶❷
製造間接費配賦差異	(36,000)	損　　益	(6,660,000)
	(6,666,000)		(6,666,000)

▶❶ ¥1,420,000 + ¥6,700,000 − ¥1,490,000 = ¥6,630,000

▶❷ 賃金予定消費高（1,650時間 + 200時間）×@¥960 = ¥1,776,000 ┐
賃金実際消費高　¥1,760,000 − ¥270,000 + ¥280,000 = ¥1,770,000 ┘ 賃率差異 ¥6,000

(4) a．標準原価カードの空欄をうめ，製品1個あたりの標準原価を求める。

標準原価カードの直接労務費の標準直接作業時間は，製造間接費でも標準直接作業時間を基準に配賦していることから3時間が入る。よって，直接労務費は¥2,400となり，製品1個あたりの標準原価は¥5,600となる。

したがって，完成品の標準原価は　950個×@¥5,600 = ¥5,320,000と計算される。

b．

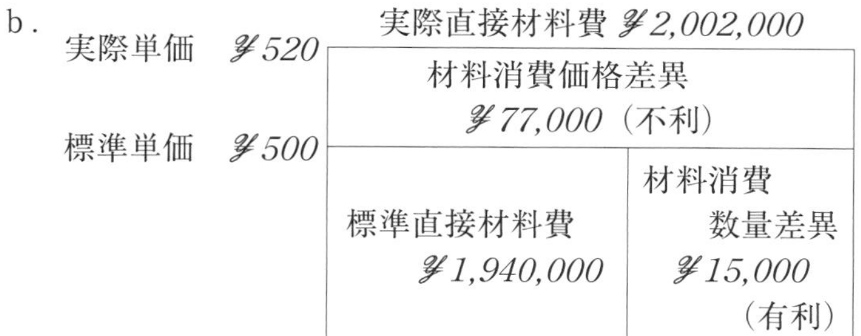

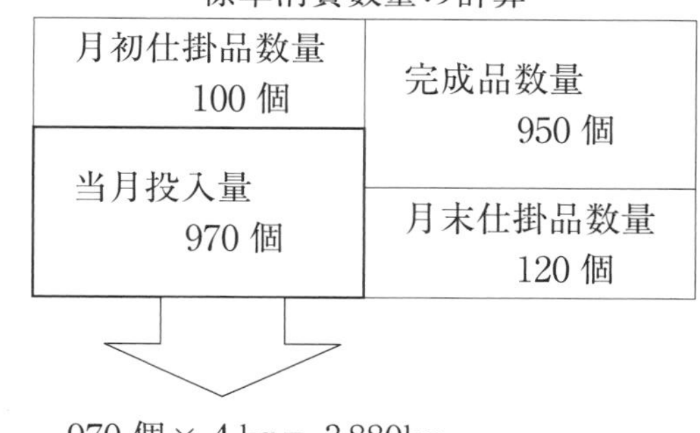

970個×4kg = 3,880kg

c．加工進捗度を加味した当月投入量の計算

月初仕掛品数量 55個	完成品数量 950個
当月投入量 (955個)	月末仕掛品数量 60個

標準製造間接費
955個×@¥1,200 = ¥1,146,000
製造間接費差異
標準額 ¥1,146,000
¥19,000（不利）
実際額 ¥1,165,000

2 4点× 4 = 16点

(1)

単純総合原価計算表
令和○年1月分

摘要	素材費	加工費	合計
材料費	*3,795,000*	▶❸ *425,000*	*4,220,000* ④
労務費	——	*1,558,000*	*1,558,000*
経費	——	*346,000*	*346,000*
計	*3,795,000*	*2,329,000*	*6,124,000*
月初仕掛品原価	▶❶ *524,000*	*142,000*	*666,000*
計	*4,319,000*	*2,471,000*	*6,790,000*
▶❷ 月末仕掛品原価	*483,000* ④	*119,000*	*602,000*
完成品原価	*3,836,000*	*2,352,000*	*6,188,000*
完成品数量	2,800個	2,800個	2,800個

等級別総合原価計算表
令和○年1月分

等級別製品	重量	等価係数	完成品数量	積数	等級別製造原価	製品単価
1級製品	750 g	3	1,200 個	3,600	*3,276,000*	*¥ 2,730* ④
2級製品	500 〃	2	1,600 〃	3,200	*2,912,000*	〃 *1,820*
				6,800	▶❹ *6,188,000*	

(2)

2 級 製 品

借方	金額	貸方	金額
前月繰越	*270,000*	(売上原価)	(▶❺ *3,091,000*) ④
仕掛品	(*2,912,000*)	次月繰越	(*91,000*)
	(*3,182,000*)		(*3,182,000*)

解説

▶❶ 仕掛品勘定の前月繰越の *¥666,000* は月初仕掛品原価の金額であり，この金額が資料ｂの素材費と加工費の合計額となることから算出する。

▶❷ 月末仕掛品原価の計算（先入先出法）

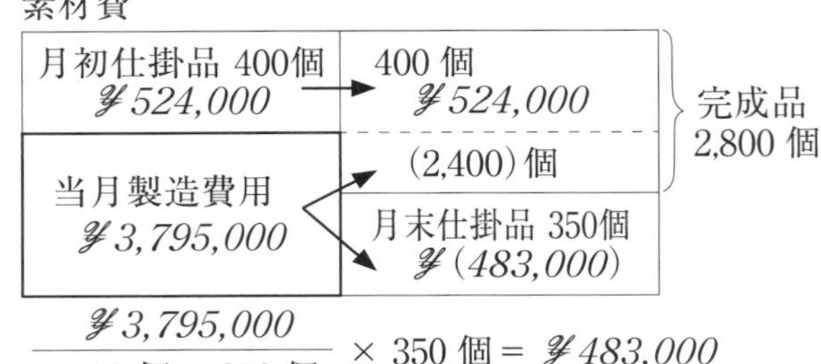

$$\frac{¥3,795,000}{2,400個 + 350個} \times 350個 = ¥483,000$$

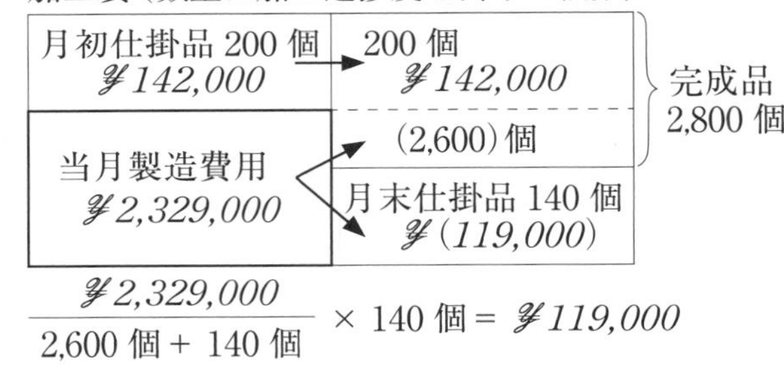

$$\frac{¥2,329,000}{2,600個 + 140個} \times 140個 = ¥119,000$$

▶❸ 仕掛品勘定の工場消耗品から雑費の合計が資料ｃの加工費 *¥2,329,000* となることから算出する。

▶❹ 仕掛品勘定の貸方の「諸口　*6,188,000*」が1級製品と2級製品の完成品原価の合計額である。

▶❺ 先入先出法によって，2級製品の売上原価を次のように算出する。

売上原価（1,700 個分）

月初製品分　150個 × @ *¥1,800* = *¥　270,000*

当月完成品分　1,550個 × @ *¥1,820* = *¥2,821,000*

¥3,091,000

3 3点×9＝27点

(1)

	借 方		貸 方		
1月14日	仕掛品	*1,542,000*	素材	*1,542,000*	③
31日①	製造間接費	*217,000*	工場消耗品	*217,000*	③
31日⑩	製造部門費配賦差異	*10,000*	第1製造部門費	*10,000*	③

(2)

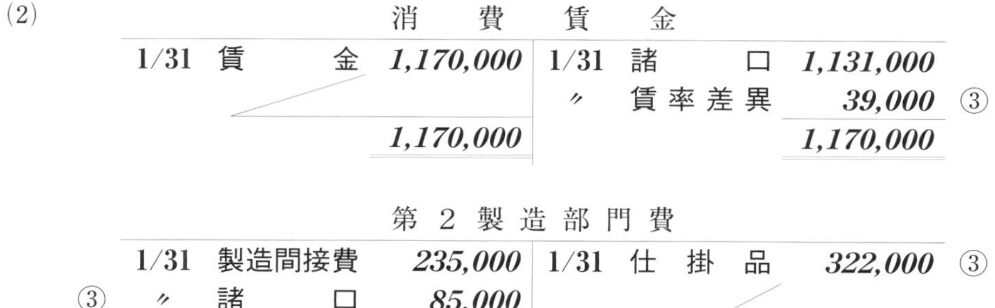

消費賃金

日付	摘要	金額	日付	摘要	金額	
1/31	賃金	*1,170,000*	1/31	諸口	*1,131,000*	
			〃	賃率差異	*39,000*	③
		1,170,000			*1,170,000*	

第2製造部門費

	日付	摘要	金額	日付	摘要	金額	
	1/31	製造間接費	*235,000*	1/31	仕掛品	*322,000*	③
③	〃	諸口	*85,000*				
	〃	製造部門費配賦差異	*2,000*				
			322,000			*322,000*	

(3) 製造指図書＃1

原価計算表

直接材料費	直接労務費	製造間接費				集計		
		部門	時間	配賦率	金額	摘要	金額	
1,029,000	*203,000*	第1	175	*800*	*140,000*	直接材料費	*1,029,000*	
	580,000	第1	150	*800*	③ *120,000*	直接労務費	*783,000*	
	783,000	第2	350	*700*	*245,000*	製造間接費	*505,000*	
					505,000	製造原価	*2,317,000*	
						完成品数量	40個	
						製品単価	¥ *57,925*	③

(4)

部門費振替表

相互配賦法　　　令和○年1月分

部門費	配賦基準	金額	製造部門		補助部門	
			第1部門	第2部門	動力部門	修繕部門
部門費合計		*682,000*	*213,000*	*235,000*	*156,000*	*78,000*
動力部門費	kW数×運転時間数	*156,000*	*96,000*	*48,000*	——	*12,000*
修繕部門費	修繕回数	*78,000*	*42,000*	*30,000*	*6,000*	——
第1次配賦額		*234,000*	*138,000*	*78,000*	*6,000*	*12,000*
動力部門費	kW数×運転時間数	*6,000*	*4,000*	*2,000*		
修繕部門費	修繕回数	*12,000*	③ *7,000*	*5,000*		
第2次配賦額		*18,000*	*11,000*	*7,000*		
製造部門費合計		*682,000*	*362,000*	*320,000*		

解説

●取引の仕訳を始める前に，注意すべき事項に赤線を引くとともに予定配賦率を計算しておこう！！

ⅱ　素材の消費高の計算は移動平均法

ⅲ　賃金の予定賃率は ¥*1,160*（消費賃金勘定を用いて処理することを答案用紙から判断する）

ⅳ　予定配賦率の計算

第1製造部門費　¥*4,320,000* ÷ 5,400時間 ＝ ¥*800*

第2製造部門費　¥*3,150,000* ÷ 4,500時間 ＝ ¥*700*

〔取引の仕訳〕

		借方		貸方	
▶❶ 1月8日		素材	1,664,000	買掛金	1,874,000
		工場消耗品	210,000		
▶❷ 14日		仕掛品	1,542,000	素材	1,542,000
25日		賃金	1,143,000	所得税預り金	116,000
				健康保険料預り金	96,000
				当座預金	931,000
▶❸ 27日		製品	2,317,000	仕掛品	2,317,000
31日	▶❹ ①	製造間接費	217,000	工場消耗品	217,000
	▶❺ ②	仕掛品	1,044,000	消費賃金	1,131,000
		製造間接費	87,000		
	▶❻ ③	仕掛品	674,000	第1製造部門費	352,000
				第2製造部門費	322,000
	④	製造間接費	96,000	健康保険料	96,000
	⑤	製造間接費	282,000	電力料	123,000
				保険料	45,000
				減価償却費	114,000
	⑥	第1製造部門費	213,000	製造間接費	682,000
		第2製造部門費	235,000		
		動力部門費	156,000		
		修繕部門費	78,000		
	▶❼ ⑦	第1製造部門費	149,000	動力部門費	156,000
		第2製造部門費	85,000	修繕部門費	78,000
	▶❽ ⑧	消費賃金	1,170,000	賃金	1,170,000
	▶❾ ⑨	賃率差異	39,000	消費賃金	39,000
	▶❿ ⑩	製造部門費配賦差異	10,000	第1製造部門費	10,000
	▶⓫ ⑪	第2製造部門費	2,000	製造部門費配賦差異	2,000

▶❶ 素材の消費高の計算は移動平均法なので，素材を仕入れた時点で平均単価を求める。
(¥392,000＋¥1,664,000)÷(160kg＋640kg)＝¥2,570

▶❷ 素材の消費高を移動平均法による単価¥2,570で算出する。

▶❸ 製造指図書＃1の作業時間をもとに，賃金の予定消費高と第1製造部門費・第2製造部門費の予定配賦高を求め，製造指図書＃1の原価計算表に記入・集計して完成品原価を求める。ただし，予定消費高・予定配賦高の仕訳は問題に「月末におこなっている」とあるのでおこなわない。

賃　　金　500時間×@¥1,160＝¥580,000
第1製造部門費　150時間×@¥800＝¥120,000
第2製造部門費　350時間×@¥700＝¥245,000

▶❹ 工場消耗品の消費高の計算（棚卸計算法）
(800個＋1,500個－750個)×@¥140＝¥217,000

▶❺ 製造指図書＃1　500時間×@¥1,160＝¥580,000 ｝合計¥1,044,000は仕掛品勘定へ
製造指図書＃2　400時間×@¥1,160＝¥464,000 ｝
間接作業　75時間×@¥1,160＝¥ 87,000 → 製造間接費勘定へ

▶❻ 第1製造部門費　(150時間＋290時間)×@¥800＝¥352,000
第2製造部門費　(350時間＋110時間)×@¥700＝¥322,000

▶❼ 部門費振替表を作成し，第1次配賦額と第2次配賦額の合計を用いて仕訳する。

▶❽ 実際平均賃率は実際消費高を実際作業時間で除して求めることから，31日②の当月の作業時間を使い，次のような計算で賃金の実際消費高を求める。
(500時間＋400時間＋75時間)×@¥1,200＝¥1,170,000

▶❾ 答案用紙の消費賃金勘定の貸借の差額を賃率差異勘定に振り替える。

▶❿ それまでの仕訳の第1製造部門費勘定の貸借の差額を製造部門費配賦差異勘定に振り替える。

▶⓫ 答案用紙の第2製造部門費勘定の貸借の差額を製造部門費配賦差異勘定に振り替える。

4 4点×6＝24点

	借 方		貸 方		
a	仕掛品	*185,000*	減価償却費	*185,000*	④
b	賃金	*22,000*	賃率差異	*22,000*	④
c	作業くず	*34,000*	製造間接費	*34,000*	④
d	A組製品	*4,699,000*	A組仕掛品	*4,699,000*	④
	B組製品	*3,671,000*	B組仕掛品	*3,671,000*	
e	売掛金	*937,000*	売上	*937,000*	④
	売上原価	*726,000*	第1工程半製品	*726,000*	
f	買掛金	*425,000*	工場	*425,000*	④

解 説

a．減価償却費の月割額の計上なので，1年分の*¥2,220,000*を12か月で割って1か月分を計上する。
　減価償却費は通常は間接経費であるが，単純総合原価計算なので，仕掛品勘定に振り替える。

b．予定消費高で転記されている賃金勘定を実際消費高に修正する処理をして，その差額を賃率差異勘定に振り替える。

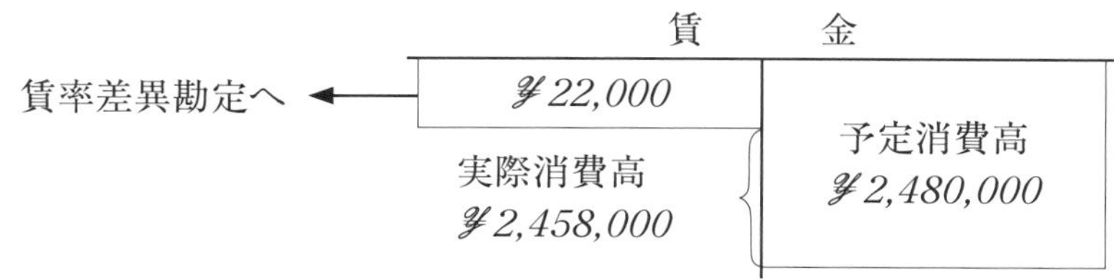

c．作業くずの発生額が，製造指図書ごとに区別できないときは，製造間接費から差し引く。

d．

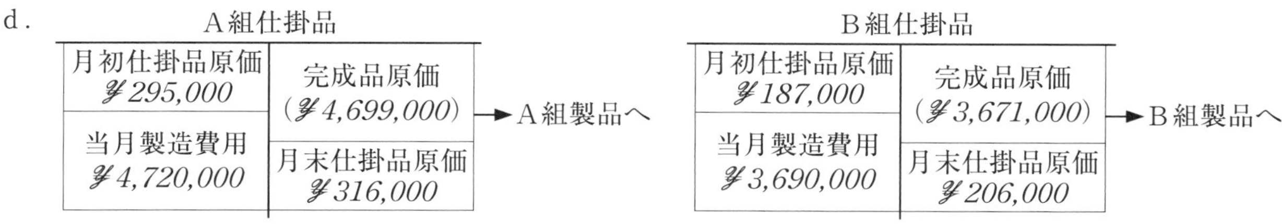

e．工程別総合原価計算における半製品は外部に販売可能なものをいう（倉庫に保管したから半製品と思いがちであるので注意する）。
　この問題は，第1工程半製品の販売に関する取引であり，半製品も通常の製品と同様の会計処理をするので，解答のような仕訳となる。

f．工場の仕訳　(借) 本　　社　*425,000*　　(貸) 素　　材　*425,000*

模擬試験問題 【第 7 回】

1 3点×11＝33点

(1)

ア	イ
3	2

③ ※2つとも合っている場合に正解とする。

(2)

a	¥ 3,900,000	③	b	¥ 5,300,000	③
c	10 %	③			

(3)

ア	¥ 3,434,000	③
イ	¥ 2,951,000	③
ウ	¥ 3,261,000	③

(4)

a	¥ 4,560,000		③
b	¥ 22,000	(不利・有利)（不利に○）	③
c	¥ 10,000	(不利・有利)（不利に○）	③

(5)

¥ 6,885,000	③

解 説

(1) 原価というと一般に製造原価をさすが，さらに製品が完成してから販売されるまでにかかる費用である販売費及び一般管理費も加えたものを総原価という。なお，営業外費用や特別損失は原価に含めないので非原価項目という。

(2) a・bは，当月の資料をもとに，略式の直接原価計算ベースの損益計算書を作成して算出する。

	〈1,250 個〉		損益分岐点		
売上高(@¥4,000)	5,000,000	(×25%)	(3,900,000)	÷25%	(5,300,000)
変動費(@¥3,000)	3,750,000				
貢献利益	1,250,000		(975,000)		(1,325,000)
固定費	975,000		975,000		975,000
営業利益	275,000		0		350,000

c．1個あたりの変動販売費が変わるので，変動費を空欄にして損益計算書を作成すると右記のようになり，変動費は1,250個で¥3,675,000に抑えなければならなくなる。よって，1個あたりの変動費は¥3,675,000÷1,250個＝¥2,940となる。

資料③の変動製造費@¥2,400は変わらないので，変動販売費は@¥540となり¥600から¥60減少させることになる。よって，変動販売費を減少させる割合は¥60÷¥600＝10%となる。

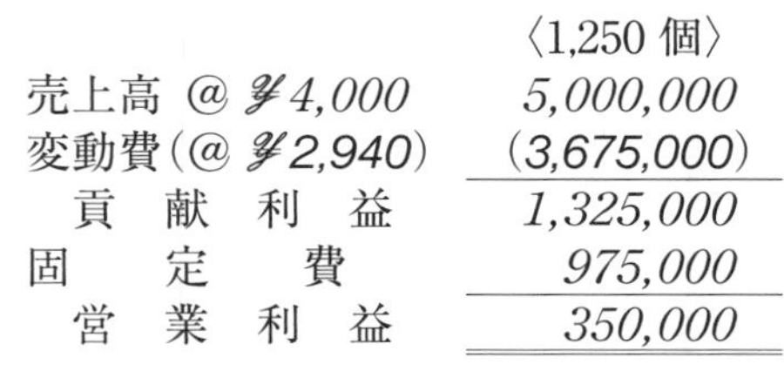

	〈1,250 個〉
売上高 @¥4,000	5,000,000
変動費(@¥2,940)	(3,675,000)
貢献利益	1,325,000
固定費	975,000
営業利益	350,000

(3) ア．材料費

貸借対照表の材料の金額は，素材と工場消耗品の期末棚卸高の合計額であり，素材と工場消耗品の個別の期末棚卸高は不明である。したがって，素材と工場消耗品の消費高を一緒に計算する。

(¥480,000＋¥64,000)＋(¥2,680,000＋¥780,000)－¥570,000＝¥3,434,000
〔期首棚卸高〕　〔当期仕入高〕　〔期末棚卸高〕

イ．労務費

賃金の消費高の計算における当期未払高は，貸借対照表の未払賃金¥490,000を用いる。

賃金の消費高　¥2,550,000－¥489,000＋¥490,000＝¥2,551,000

賃金¥2,551,000と給料¥400,000の合計額¥2,951,000が労務費となる。

ウ．売上総利益

仕掛品と製品の期末棚卸高は貸借対照表に示されている。なお，仕掛品の期首棚卸高が空欄となっているが，製造原価報告書上，当期製造費用と期首仕掛品棚卸高の合計額が表示されていることから，逆算で￥872,000と算出できる。しかし，売上総利益を算出する上では求める必要性はない。

当期製品製造原価…￥8,462,000 － ￥860,000 ＝ ￥7,602,000

売上原価…￥987,000 ＋ ￥7,602,000 － ￥980,000 ＝ ￥7,609,000

売上総利益…￥10,870,000 － ￥7,609,000 ＝ ￥3,261,000

(4) a．完成品の標準原価

950個× @￥4,800 ＝ ￥4,560,000

b．計算式で予算差異を求めると次のようになる。

（固定費予算額＋実際直接作業時間×変動費率）－実際製造間接費発生額＝予算差異

（￥300,000 ＋ 1,900時間×@ ￥350）－ ￥987,000 ＝ － ￥22,000 … ￥22,000（不利）

c．能率差異を求めると次のようになる。

（1,880時間 － 1,900時間）×@ ￥500 ＝ － ￥10,000 … ￥10,000（不利）

※ 標準直接作業時間…（950個＋ 75個× 40% － 80個× 50%）× 2時間＝ 1,880時間

製造間接費の差異分析を図解すると次のようになる。

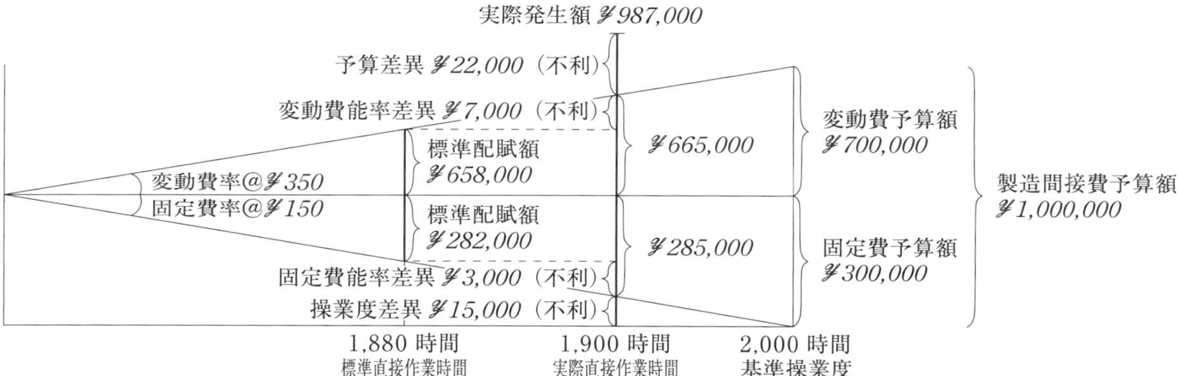

(5) 正常減損が終点で発生していることから，月末仕掛品からは減損は発生していないことになる。

したがって，「正常減損費は完成品のみに負担させる」と指示されている。

正常減損費を完成品のみに負担させる場合は，正常減損数量を完成品数量に含めるかたちで計算する。

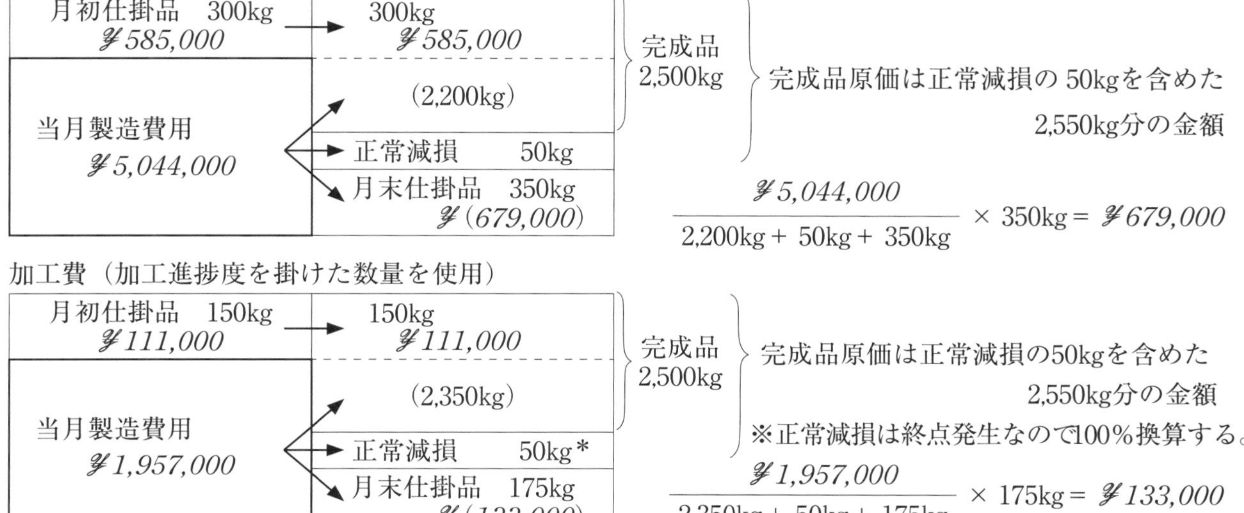

完成品原価…月初仕掛品原価＋当月製造費用－月末仕掛品原価

（￥585,000 ＋ ￥111,000）＋（￥5,044,000 ＋ ￥1,957,000）－（￥679,000 ＋ ￥133,000）＝ ￥6,885,000

2 4点×4＝16点

(1)

工程別総合原価計算表
令和○年1月分

摘要	第1工程	第2工程
工程個別費　素材費	**1,870,000**	——
前工程費	——	▶❹ **3,072,000**
労務費	**1,090,000**	545,000
経費	**163,000**	112,000
部門共通費配賦額	126,000	191,000
▶❶ 補助部門費配賦額	**234,000**	**286,000**
当月製造費用	**3,483,000**	**4,206,000**
月初仕掛品原価	296,000	873,000
計	**3,779,000**	**5,079,000**
月末仕掛品原価	▶❷ **237,000** ④	711,000
工程完成品原価	**3,542,000**	**4,368,000**
工程完成品数量	4,600個	4,200個
工程単価	¥ **770**	¥ **1,040** ④

(2) ¥ **612,000** ▶❻ ④

(3)

第1工程半製品

借方		貸方	
前月繰越	874,000	第2工程仕掛品	3,072,000 ▶❹
▶❸ (第1工程仕掛品)	(**3,542,000**)	売上原価	(**384,000**) ④▶❺
		次月繰越	(960,000)
	(**4,416,000**)		(**4,416,000**)

解説

▶❶ ¥109,000（労務費）＋¥196,000（経費）＋¥215,000（部門共通費配賦額）＝¥520,000

▶❷ 第1工程の月末仕掛品原価の計算（平均法）

素材費

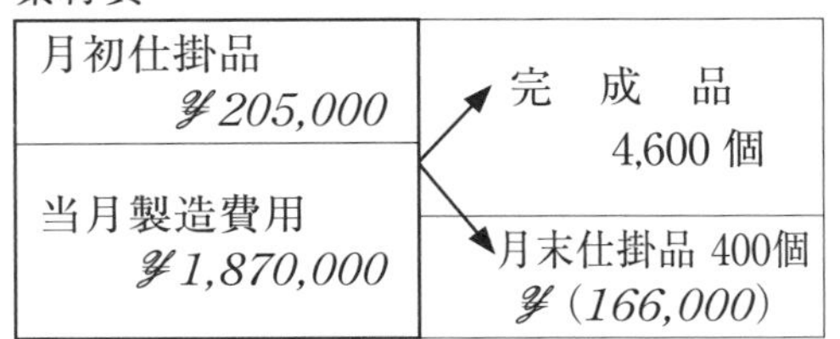

$$\frac{¥205,000+¥1,870,000}{4,600個+400個}\times 400個=¥166,000$$

加工費（数量は加工進捗度を掛けた個数）

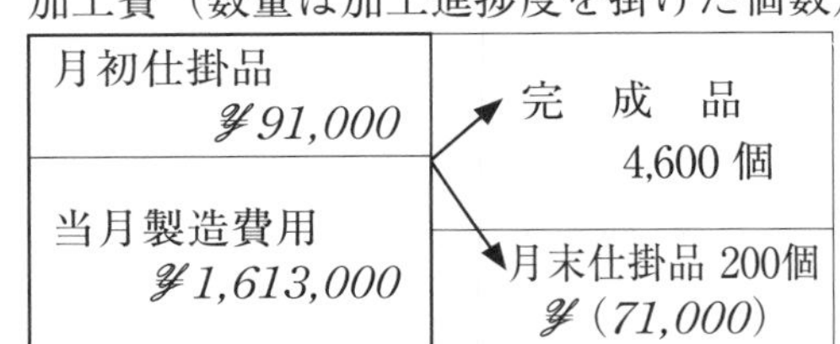

$$\frac{¥91,000+¥1,613,000}{4,600個+200個}\times 200個=¥71,000$$

▶❸ 第1工程完成品原価を記入する。

▶❹ 第1工程半製品勘定の単価を総平均法によって求め，4,000個分を第2工程に振り替える。

総平均単価　(¥874,000＋¥3,542,000)÷(1,150個＋4,600個)＝¥768

▶❺ 資料dに示された外部に販売した500個（@¥768）を売上原価に振り替える。

▶❻ 第2工程の月末仕掛品原価の計算（平均法）

第1工程完成品は第2工程の始点で投入されるので，月末仕掛品の前工程費の計算では加工進捗度は加味しない。（第1工程の素材と同じ考え方である）

前工程費

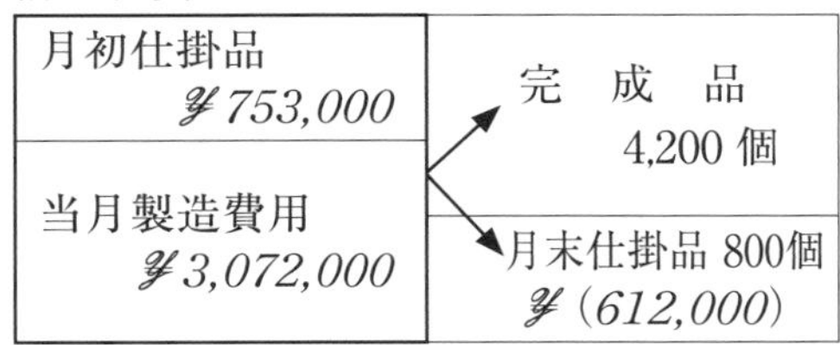

$$\frac{¥753,000+¥3,072,000}{4,200個+800個}\times 800個=¥612,000$$

加工費（数量は加工進捗度を掛けた個数）

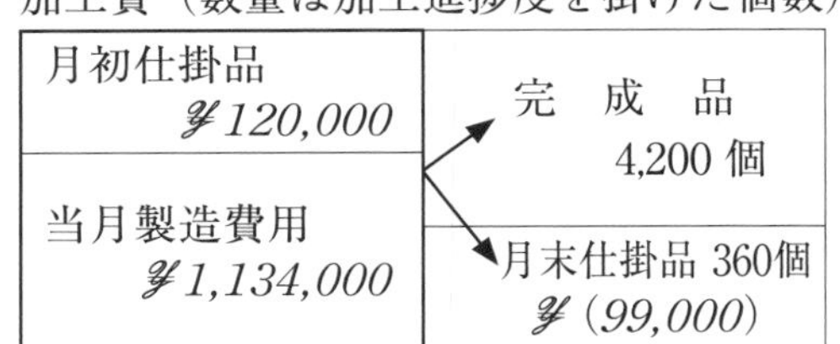

$$\frac{¥120,000+¥1,134,000}{4,200個+360個}\times 360個=¥99,000$$

3 3点×9＝27点

(1)

	借方		貸方		
1月31日①	製造間接費	732,000	工場消耗品	732,000	③
31日⑦	第1製造部門費	78,000	動力部門費	120,000	
	第2製造部門費	147,000	修繕部門費	105,000	③

(2)

素材

1/ 1	前月繰越	1,120,000	1/10	仕掛品	800,000	
16	買掛金	1,300,000	23	仕掛品	972,000	③
			31	次月繰越	648,000	
		2,420,000			2,420,000	

賃金

	1/25	賃金	2,456,000	1/ 1	前月繰越	425,000
③	31	賃率差異	53,000	31	諸口	2,438,000
	〃	次月繰越	354,000			
			2,863,000			2,863,000

第1製造部門費

③	1/31	製造間接費	685,000	1/31	仕掛品	756,000	
	〃	諸口	78,000	〃	製造部門費配賦差異	7,000	③
			763,000			763,000	

(3)

製造指図書＃1

原価計算表

直接材料費	直接労務費	製造間接費				集計	
		部門	時間	配賦率	金額	摘要	金額
1,253,000	230,000	第1	200	720	144,000	直接材料費	1,253,000
	③ 1,495,000	第1	600	720	432,000	直接労務費	1,725,000
	1,725,000	第2	700	580	406,000	製造間接費	982,000
					982,000	製造原価	3,960,000
						完成品数量	160個
						製品単価	¥ 24,750 ③

製造指図書＃2

原価計算表

直接材料費	直接労務費	製造間接費				集計	
		部門	時間	配賦率	金額	摘要	金額
800,000	575,000	第1	300	720	③ 216,000	直接材料費	
		第2	200	580	116,000	直接労務費	

解説

●取引の仕訳を始める前に，注意すべき事項に赤線を引くとともに予定配賦率を計算しておこう！！

ii 素材の消費高の計算は移動平均法

iii 賃金の予定賃率は ¥1,150（賃金勘定だけで処理している）

iv 予定配賦率の計算

第1製造部門 ¥9,720,000 ÷ 13,500時間＝¥720

第2製造部門 ¥6,960,000 ÷ 12,000時間＝¥580

〔取引の仕訳〕

		借方		貸方	
▶❶	1月10日	仕掛品	800,000	素材	800,000
▶❷	16日	素材	1,300,000	買掛金	2,020,000
		工場消耗品	720,000		
▶❸	23日	仕掛品	972,000	素材	972,000

			借方		貸方	
	25日		賃金	*2,456,000*	所得税預り金	*239,000*
					健康保険料預り金	*121,000*
					当座預金	*2,096,000*
▶❹	28日		製品	*3,960,000*	仕掛品	*3,960,000*
▶❺	31日	①	製造間接費	*732,000*	工場消耗品	*732,000*
▶❻		②	仕掛品	*2,300,000*	賃金	*2,438,000*
			製造間接費	*138,000*		
▶❼		③	仕掛品	*1,307,000*	第1製造部門費	*756,000*
					第2製造部門費	*551,000*
		④	製造間接費	*121,000*	健康保険料	*121,000*
		⑤	製造間接費	*319,000*	電力料	*95,000*
					減価償却費	*185,000*
					雑費	*39,000*
		⑥	第1製造部門費	*685,000*	製造間接費	*1,310,000*
			第2製造部門費	*400,000*		
			動力部門費	*120,000*		
			修繕部門費	*105,000*		
▶❽		⑦	第1製造部門費	*78,000*	動力部門費	*120,000*
			第2製造部門費	*147,000*	修繕部門費	*105,000*
▶❾		⑧	賃金	*53,000*	賃率差異	*53,000*
▶❿		⑨	製造部門費配賦差異	*7,000*	第1製造部門費	*7,000*
▶⓫		⑩	第2製造部門費	*4,000*	製造部門費配賦差異	*4,000*

▶❶ 素材の消費高は前月繰越高の@ *¥1,600* で計算するとともに，素材の在庫を200個に変更しておく。

▶❷ 素材の消費高の計算は移動平均法なので，素材を仕入れた時点で平均単価を求める。

(*¥320,000* + *¥1,300,000*) ÷ (200個 + 800個) = *¥1,620*

▶❸ 素材の消費高を移動平均法による単価 *¥1,620* で算出する。

▶❹ 製造指図書＃1の作業時間をもとに，賃金の予定消費高と第1製造部門費・第2製造部門費の予定配賦高を求め，製造指図書＃1の原価計算表に記入・集計して完成品原価を求める。

賃　　金　1,300時間 × @ *¥1,150* = *¥1,495,000*
第1製造部門費　600時間 × @ *¥720* = *¥432,000*
第2製造部門費　700時間 × @ *¥580* = *¥406,000*

▶❺ 工場消耗品の消費高の計算（棚卸計算法）

(1,300個 + 6,000個 − 1,200個) × @ *¥120* = *¥732,000*

▶❻ 当月の作業時間に予定賃率 *¥1,150* を乗じて予定消費高を求め，製造指図書＃1～3の金額合計は仕掛品勘定へ振り替え，間接作業の金額は製造間接費勘定へ振り替える。なお，ただし書きⅲに「賃金の消費高は…賃金勘定だけで処理している。」と指示があるので，貸方は消費賃金勘定ではなく，賃金勘定で処理する。答案用紙の賃金勘定へ転記するとともに，製造指図書＃2の原価計算表にも記入する。

▶❼ 次の予定配賦額を第1製造部門費勘定へ転記するとともに，製造指図書＃2の原価計算表にも記入する。

第1製造部門費　(600時間 + 300時間 + 150時間) × @ *¥720* = *¥756,000*
第2製造部門費　(700時間 + 200時間 + 50時間) × @ *¥580* = *¥551,000*

▶❽ 部門費振替表は次のようになる。配賦額合計を使って仕訳し，第1製造部門費勘定へ転記する。

直接配賦法　　　部門費振替表

部門費	配賦基準	金額	製造部門		補助部門	
			第1部門	第2部門	動力部門	修繕部門
部門費合計		*1,310,000*	*685,000*	*400,000*	*120,000*	*105,000*
動力部門費	kW数×運転時間数	*120,000*	*48,000*	*72,000*		
修繕部門費	修繕回数	*105,000*	*30,000*	*75,000*		
配賦額合計		*225,000*	*78,000*	*147,000*		
製造部門費合計		*1,310,000*	*763,000*	*547,000*		

▶❾ 30日②の *¥2,438,000* が賃金の予定消費高であり，賃金の消費高が実際額の *¥2,385,000* になるように賃金勘定を借方に *¥53,000* 仕訳し，賃率差異勘定に振り替える。

▶❿ 答案用紙の第1製造部門費勘定の貸借の差額を製造部門費配賦差異勘定に振り替える。

▶⓫ それまでの仕訳の第2製造部門費勘定の貸借の差額を製造部門費配賦差異勘定に振り替える。

4 4点×6＝24点

	借	方	貸	方	
a	棚卸減耗損	*39,000*	素材	*39,000*	④
b	1級製品	*1,080,000*	仕掛品	*2,165,000*	④
	2級製品	*990,000*			
	副産物	*95,000*			
c	売上原価	*26,000*	賃率差異	*26,000*	④
d	本社	*179,000*	製品	*179,000*	④
e	A組仕掛品	*342,000*	組間接費	*552,000*	④
	B組仕掛品	*210,000*			
f	現金	*3,000*	雑益	*3,000*	④

解説

a.

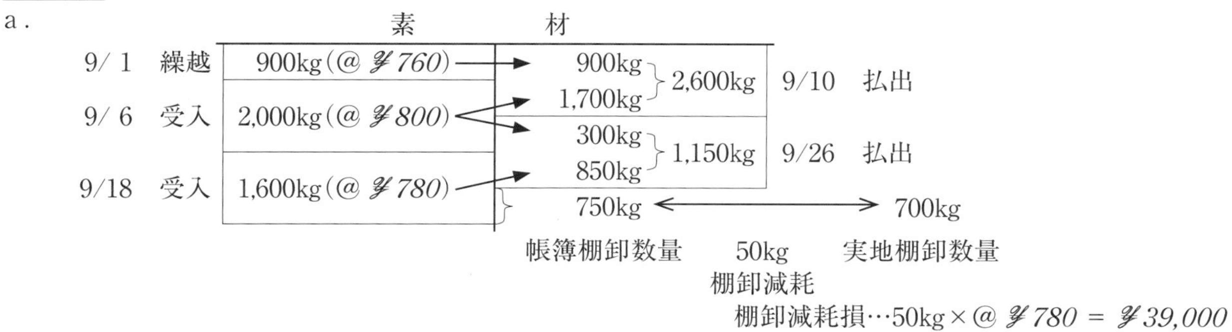

b. 総合原価￥2,165,000から副産物の評価額￥95,000を差し引いた￥2,070,000が1級製品と2級製品の完成品原価の合計となる。

等級別総合原価計算表

等級別製品	重量	等価係数	完成品数量	積数	等級別製造原価	製品単価
1級製品	270g	3	1,600個	4,800	*1,080,000*	￥*675*
2級製品	180〃	2	2,200〃	4,400	*990,000*	〃*450*
				9,200	*2,070,000*	

c.

賃率差異

当月の差異 ￥*37,000*	前月繰越 ￥*11,000*
	￥*26,000* → 売上原価へ

当月は「実際額＞予定額」なので借方差異となる。→

d. 問題の指示により，売上高計上の仕訳と売上原価の仕訳は本社がおこない，製品が減少した部分の仕訳のみを工場がおこなう。

e. 直接費　A組…￥*2,486,000*＋￥*1,835,000*＋￥*239,000*＝￥*4,560,000*
　　　　　B組…￥*1,723,000*＋￥*962,000*＋￥*115,000*＝￥*2,800,000*　｝合計￥*7,360,000*

組間接費の配賦率　￥*552,000*÷￥*7,360,000*＝7.5%

各組への配賦額の計算

A組…￥*4,560,000*×7.5%＝￥*342,000*

B組…￥*2,800,000*×7.5%＝￥*210,000*

f. 作業くず発生時に評価していないので，作業くず勘定は存在しない。したがって，作業くずを売却したさいの貸方は作業くず勘定ではなく，雑益勘定を使用する。

模擬試験問題　【第 8 回】

1

3点× 11 ＝ 33点

(1)

a	¥	4,390,000 ③
b	¥	1,764,000 ③
c	¥	1,330,000 ③
d	¥	252,000 ③

(2)

ア	イ
3	2

③　※2つとも合っている場合に正解とする。

(3)

a	¥　2,184,000 ③	b	3,080　個 ③
c	¥　585,000 ③		

(4)

①

a	¥	2,790,000 ③
b	¥	648,000 ③

②

¥　40,000　（不利・有利）③

（有利に丸印）

解　説

(1)　a．仕掛品勘定を使って当月製造費用を求める。

仕　掛　品

月初仕掛品原価 ¥780,000	完成品総合原価 ¥4,410,000
当月製造費用 ¥(4,390,000)	月末仕掛品原価 ¥760,000

b．等級別総合原価計算表を作成してみると次のようになる。

等級別総合原価計算表

等級別製品	重　量	等価係数	完成品数量	積　数	等級別製造原価	製品単価
1級製品	180 g	6	1,400 個	8,400	1,764,000	¥1,260
2級製品	120 〃	4	1,500 〃	6,000	1,260,000	〃 840
3級製品	90 〃	3	2,200 〃	6,600	1,386,000	〃 630
				21,000	4,410,000	

c．2級製品の売上原価（先入先出法）

2　級　製　品

月初製品　350個 →	350個 ｝販売数量
当月完成品 1,500個	(1,250)個 ｝(1,600)個
	250個　月末製品

売上原価

月初製品分　350個×@¥800 ＝ ¥　280,000

当月完成品分 1,250個×@¥840 ＝ ¥1,050,000

¥1,330,000

d．3級製品の月末棚卸高（先入先出法）

3　級　製　品

月初製品　500個 →	500個 ｝販売数量
当月完成品 2,200個	(1,800)個 ｝(2,300)個
	400個　月末製品

月末棚卸高

当月完成品分 400個×@¥630 ＝ ¥252,000

(2) 製造原価報告書と損益計算書の形式と関係は次のとおりである。

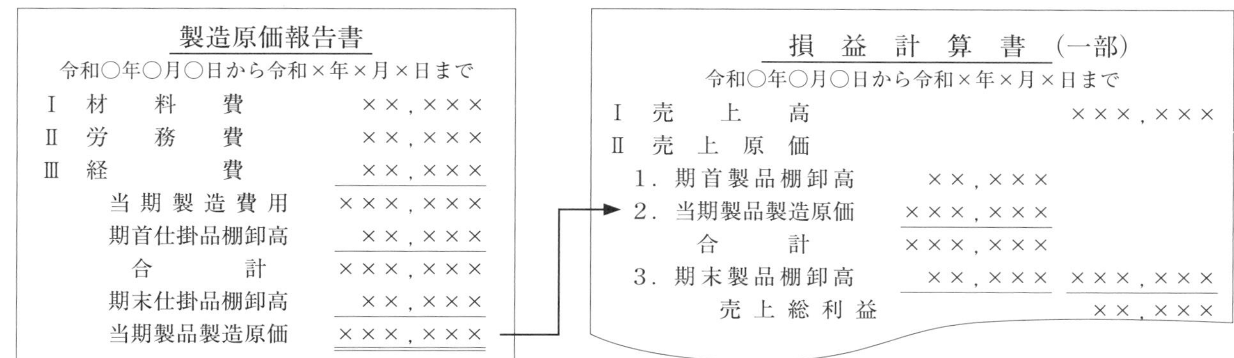

製造原価報告書

令和○年○月○日から令和×年×月×日まで

Ⅰ 材料費	××,×××
Ⅱ 労務費	××,×××
Ⅲ 経費	××,×××
当期製造費用	×××,×××
期首仕掛品棚卸高	××,×××
合計	×××,×××
期末仕掛品棚卸高	××,×××
当期製品製造原価	×××,×××

損益計算書（一部）

令和○年○月○日から令和×年×月×日まで

Ⅰ 売上高		×××,×××
Ⅱ 売上原価		
1．期首製品棚卸高	××,×××	
2．当期製品製造原価	×××,×××	
合計	×××,×××	
3．期末製品棚卸高	××,×××	×××,×××
売上総利益		××,×××

(3) a・bは，資料をもとに略式の直接原価計算ベースの損益計算書を作成して算出する。

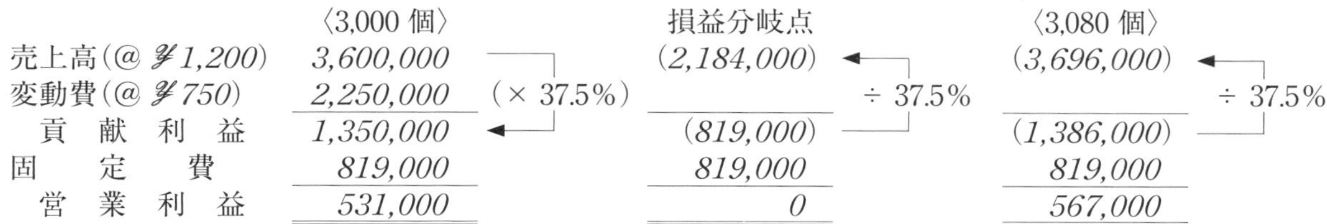

	〈3,000個〉	損益分岐点	〈3,080個〉
売上高(@￥1,200)	3,600,000	(2,184,000)	(3,696,000)
変動費(@￥750)	2,250,000 (×37.5%)	÷37.5%	÷37.5%
貢献利益	1,350,000	(819,000)	(1,386,000)
固定費	819,000	819,000	819,000
営業利益	531,000	0	567,000

c．変動販売費以外は変化しないことから，変動販売費を10%減少させた分，営業利益は増加する。

変動販売費の減少額…￥540,000 × 10% ＝ ￥54,000

営業利益…￥531,000+￥54,000 ＝ ￥585,000

(4) シングルプランによる仕掛品勘定は次のような構成となる。

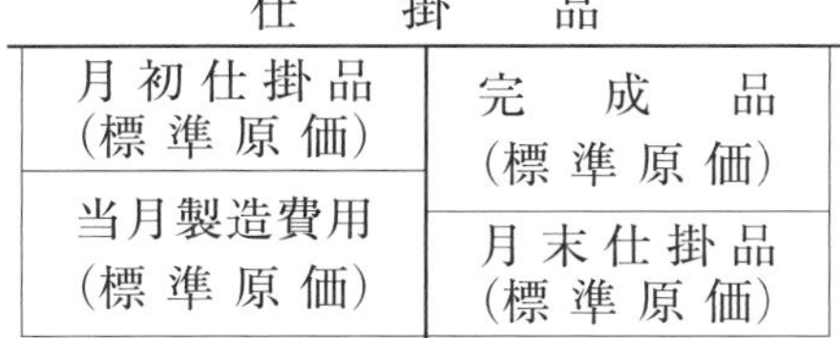

仕掛品

月初仕掛品（標準原価）	完成品（標準原価）
当月製造費用（標準原価）	月末仕掛品（標準原価）

①a．標準直接労務費が解答となる。

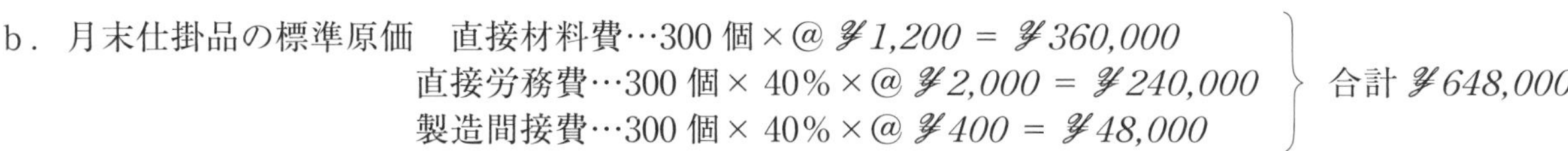

b．月末仕掛品の標準原価　直接材料費…300個×@￥1,200 ＝ ￥360,000

直接労務費…300個×40%×@￥2,000 ＝ ￥240,000

製造間接費…300個×40%×@￥400 ＝ ￥48,000

合計 ￥648,000

②

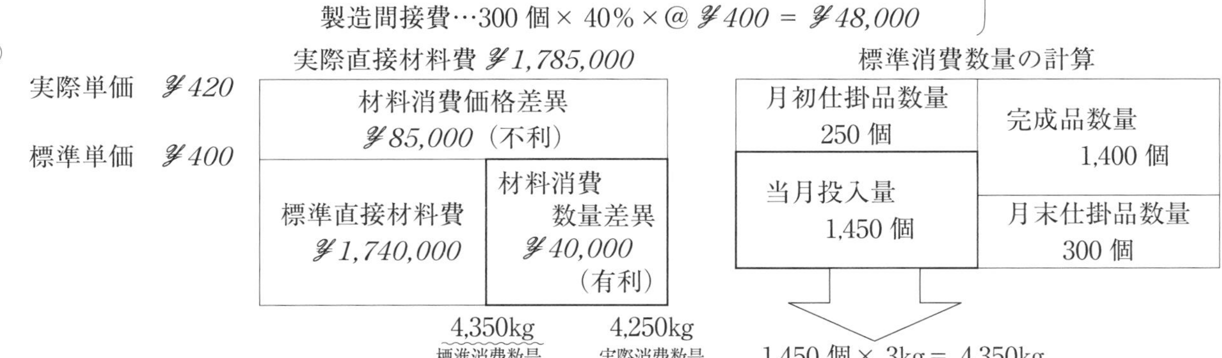

2 4点×4＝16点

(1)

単純総合原価計算表

令和○年1月分

摘要	素材費	加工費	合計
材料費	▶❶ *1,461,000* ④	*209,000*	*1,670,000*
労務費	——	*1,637,000*	*1,637,000*
経費	——	*271,000*	*271,000*
計	*1,461,000*	*2,117,000*	*3,578,000*
月初仕掛品原価	135,000	110,000	245,000
計	*1,596,000*	*2,227,000*	*3,823,000*
▶❷ 月末仕掛品原価	*171,000*	*102,000* ④	*273,000*
完成品原価	*1,425,000*	*2,125,000*	*3,550,000*
完成品数量	5,000kg	5,000kg	5,000kg
製品1kgあたりの原価	￥ *285*	￥ *425*	￥ *710* ④

(2) ￥ *216,000* ▶❸ ④

解説

▶❶ 資料c．当月製造費用の材料費￥*1,670,000*は仕掛品勘定の素材と工場消耗品の合計額であることから算出する。

▶❷ 月末仕掛品原価の計算（平均法）

正常仕損が始点で発生していることから，月末仕掛品からも仕損が発生していると判断されるため，「正常仕損費は完成品と月末仕掛品の両方に負担させる」と指示されている。

なお，正常仕損費を完成品と月末仕掛品の両方に負担させる場合は，正常仕損の数量を無視して算出すると，正常仕損費が完成品と月末仕掛品にあん分される結果になる。また，仕損品の評価額は零（*0*）なので，正常減損と同じ方法で計算をおこなうことができる。

素材費

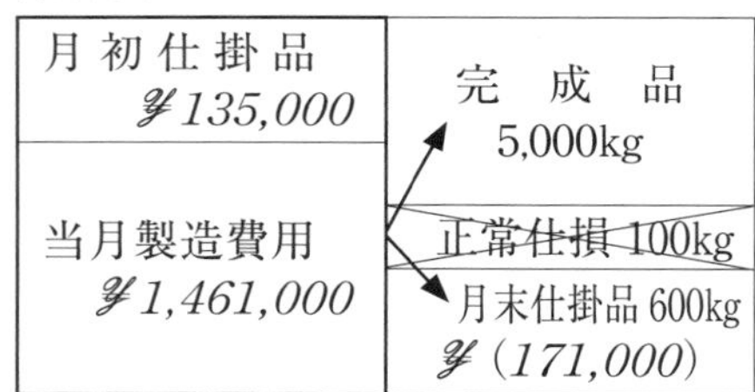

$$\frac{¥135{,}000 + ¥1{,}461{,}000}{5{,}000\text{kg} + 600\text{kg}} \times 600\text{kg} = ¥171{,}000$$

加工費（加工進捗度を掛けた数量を使用）

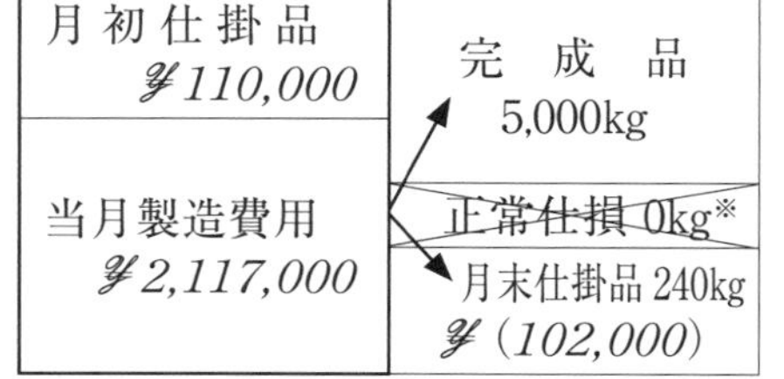

※正常仕損は始点発生なので0％で換算する。

$$\frac{¥110{,}000 + ¥2{,}117{,}000}{5{,}000\text{kg} + 240\text{kg}} \times 240\text{kg} = ¥102{,}000$$

▶❸ 資料c．当月製造費用の労務費￥*1,637,000*は仕掛品勘定の賃金から健康保険料までの合計額であることから算出する。

3 3点×9＝27点

(1)

	借 方		貸 方		
1月31日⑤	製造間接費	208,000	電力料	84,000	③
			保険料	35,000	
			減価償却費	65,000	
			修繕料	24,000	
31日⑥	消費材料	2,394,000	素材	2,394,000	③

(2)

消 費 賃 金

	日付	摘要	金額	日付	摘要	金額
	1/31	賃金	1,876,000	1/31	諸口	1,904,000
③	〃	賃率差異	28,000			
			1,904,000			1,904,000

製 造 間 接 費

	日付	摘要	金額	日付	摘要	金額	
③	1/31	工場消耗品	406,000	1/31	仕掛品	756,000	③
	〃	消費賃金	68,000	〃	製造間接費配賦差異	23,000	
	〃	健康保険料	97,000				
	〃	諸口	208,000				
			779,000			779,000	

(3)

製造指図書＃1

原 価 計 算 表

直接材料費	直接労務費	直接経費	製造間接費	集計 摘要	集計 金額	
1,530,000	170,000	36,000	70,000	直接材料費	1,530,000	
	③ 1,020,000	75,000	420,000	直接労務費	1,190,000	
	1,190,000	111,000	490,000	直接経費	111,000	
				製造間接費	490,000	
				製造原価	3,321,000	③
				完成品数量	150個	
				製品単価	¥ 22,140	

製造指図書＃2

原 価 計 算 表

直接材料費	直接労務費	直接経費	製造間接費	集計 摘要	集計 金額
③ 2,380,000	816,000	52,000	336,000	直接材料費	

(4)

¥ 418,000 ▶⑫ ③

解 説

●取引の仕訳を始める前に，注意すべき事項に赤線を引くとともに予定配賦率を計算しておこう！！

ii 素材の消費高の計算

予定消費高…予定価格は¥3,400　　実際消費高…総平均法

iv 賃金の予定賃率は¥1,360（消費賃金勘定を用いて処理することを答案用紙から判断する）

v 予定配賦率 ¥9,520,000 ÷ 17,000時間 = ¥560

〔取引の仕訳〕

	借 方		貸 方	
1月7日	素材	2,740,000	買掛金	3,160,000
	工場消耗品	420,000		

			借方		貸方	
▶❶	12日		仕掛品	*2,380,000*	消費材料	*2,380,000*
	25日		賃金	*1,930,000*	所得税預り金	*205,000*
					健康保険料預り金	*97,000*
					当座預金	*1,628,000*
▶❷	29日		仕掛品	*127,000*	外注加工賃	*127,000*
▶❸	30日		製品	*3,321,000*	仕掛品	*3,321,000*
▶❹	31日	①	製造間接費	*406,000*	工場消耗品	*406,000*
▶❺		②	仕掛品	*1,836,000*	消費賃金	*1,904,000*
			製造間接費	*68,000*		
▶❻		③	仕掛品	*756,000*	製造間接費	*756,000*
		④	製造間接費	*97,000*	健康保険料	*97,000*
▶❼		⑤	製造間接費	*208,000*	電力料	*84,000*
					保険料	*35,000*
					減価償却費	*65,000*
					修繕料	*24,000*
▶❽		⑥	消費材料	*2,394,000*	素材	*2,394,000*
		⑦	消費賃金	*1,876,000*	賃金	*1,876,000*
▶❾		⑧	材料消費価格差異	*14,000*	消費材料	*14,000*
▶❿		⑨	消費賃金	*28,000*	賃率差異	*28,000*
▶⓫		⑩	製造間接費配賦差異	*23,000*	製造間接費	*23,000*

▶❶ 消費数量に予定価格@ *¥3,400* を掛けて予定消費高を求める。貸方は消費材料勘定で処理する。

700kg×@ *¥3,400* = *¥2,380,000*

消費高を製造指図書＃２の原価計算表に記入する。

▶❷ 各原価計算表の直接経費欄に記入する。

▶❸ 製造指図書＃１の直接作業時間をもとに，賃金の予定消費高と製造間接費の予定配賦高を求め，製造指図書＃１の原価計算表に記入・集計して完成品原価を求める。ただし，予定消費高・予定配賦高の仕訳は問題に「月末におこなっている」とあるのでおこなわない。

賃　　金 750時間×@ *¥1,360* = *¥1,020,000*

製造間接費 750時間×@ *¥560* = *¥420,000*

▶❹ 工場消耗品の消費高の計算（棚卸計算法）

（1,500個＋6,000個－1,700個）×@ *¥70* = *¥406,000*

▶❺ 次の賃金の予定消費高を消費賃金勘定と製造間接費勘定へ転記するとともに製造指図書＃２の原価計算表にも記入する。（製造指図書＃１の原価計算表へは30日に記入済み）

製造指図書＃１　750時間×@ *¥1,360* = *¥1,020,000*
製造指図書＃２　600時間×@ *¥1,360* = *¥　816,000*　｝合計 *¥1,836,000* は仕掛品勘定へ
間　接　作　業　50時間×@ *¥1,360* = *¥　68,000* →製造間接費勘定へ

▶❻ 次の予定配賦額を製造間接費勘定へ転記するとともに製造指図書＃２の原価計算表にも記入する。（製造指図書＃１の原価計算表へは30日に記入済み）

製造指図書＃１　750時間×@ *¥560* = *¥420,000*
製造指図書＃２　600時間×@ *¥560* = *¥336,000*　｝合計 *¥756,000*

▶❼ 電　力　料（測定経費）…測定高 *¥84,000* が消費高となる。

保　険　料（月割経費）… *¥210,000* ÷６か月＝ *¥35,000*

減価償却費（月割経費）… *¥780,000* ÷12か月＝ *¥65,000*

修　繕　料（支払経費）… *¥18,000*（当月支払高）＋ *¥2,000*（前月前払高）＋ *¥4,000*（当月未払高）＝ *¥24,000*

▶❽ 消費数量に次の計算で求めた総平均単価を掛けて実際消費高を求める。

（*¥338,000*＋*¥2,740,000*）÷（100kg＋800kg）＝ *¥3,420*

700kg×@ *¥3,420* ＝ *¥2,394,000*

▶❾ それまでの仕訳の消費材料勘定の貸借の差額を材料消費価格差異勘定に振り替える。

▶❿ 答案用紙の消費賃金勘定の貸借の差額を賃率差異勘定に振り替える。

▶⓫ 答案用紙の製造間接費勘定の貸借の差額を製造間接費配賦差異勘定に振り替える。

▶⓬ *¥1,930,000*（当月支払高）－ *¥472,000*（前月未払高）－ *¥1,876,000*（当月消費高）＝ － *¥418,000*

4　4点×6＝24点

	借	方	貸	方	
a	仕　掛　品	*230,000*	特許権使用料	*230,000*	④
b	A組仕掛品	*490,000*	組間接費	*882,000*	④
	B組仕掛品	*392,000*			
c	作業くず	*9,000*	仕　掛　品	*9,000*	④
d	売上原価	*74,000*	材料消費価格差異	*74,000*	④
e	第1工程半製品	*936,000*	第1工程仕掛品	*936,000*	④
	第2工程仕掛品	*819,000*	第1工程半製品	*819,000*	
	製　品	*1,260,000*	第2工程仕掛品	*1,260,000*	
f	健康保険料	*123,000*	当座預金	*540,000*	④
	工　場	*147,000*			
	健康保険料預り金	*270,000*			

解　説

a．特許権使用料は直接経費であり，製造指図書＃4に賦課とあるので，仕掛品勘定に振り替える。

b．組間接費の配賦率　*¥882,000* ÷（*¥1,400,000* ＋ *¥1,120,000*）＝ 35％
　各組への配賦額の計算
　　A組…*¥1,400,000* × 35％＝ *¥490,000*
　　B組…*¥1,120,000* × 35％＝ *¥392,000*

c．作業くずの発生場所が製造指図書＃7の製造過程と限定できるので，製造指図書＃7の製造原価から差し引く。製造指図書から差し引くということは仕掛品勘定を減額する仕訳となる。

d．

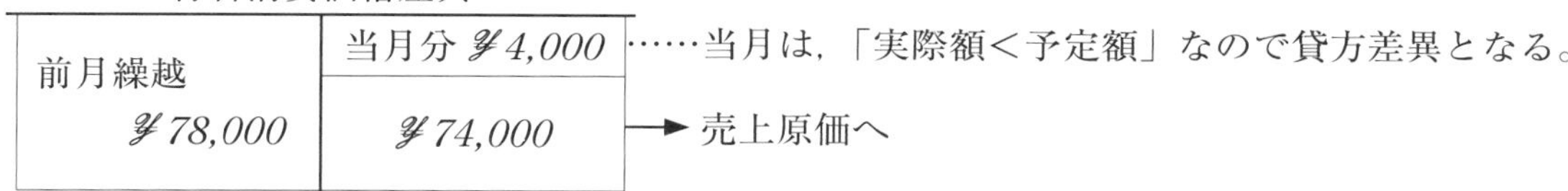

e．工程別総合原価計算表から，第1工程の完成品原価は *¥936,000*　第2工程の完成品原価は *¥1,260,000* であり，第2工程に投入された第1工程完成品原価（第1工程半製品）は *¥819,000* とわかる。勘定の流れを示すと，次のようになる。

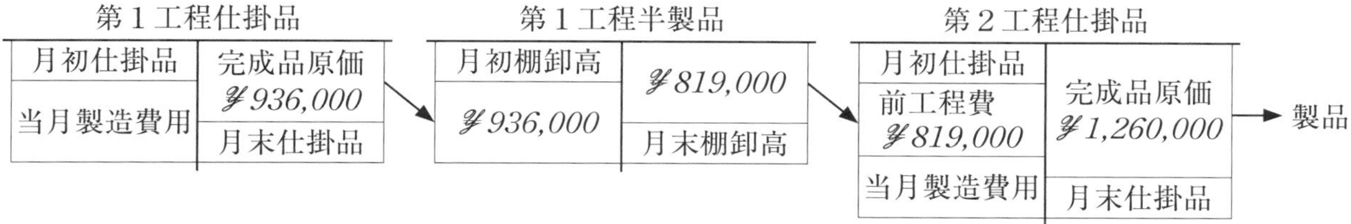

f．本社の支払額を分析すると次のようになり，これが仕訳の借方となる。

支払額　*¥540,000*
- 事業主負担分　*¥270,000*
  - 工場の従業員の分　*¥147,000*……工場勘定
  - 本社の従業員の分　*¥123,000*……健康保険料勘定
- 従業員負担分　*¥270,000*……健康保険料預り金勘定

なお，工場の仕訳を示すと次のようになる。

（借）健康保険料　*147,000*　　（貸）本　　社　*147,000*

第 95 回　（改題）

1　3 点× 11 ＝ 33 点

(1)

ア	イ
4	1

③　※2つとも合っている場合に正解とする。

(2)

ア	¥ 118,500	③
イ	¥ 666,500	③
ウ	¥ 2,638,000	③

(3)

¥ 9,500	③

(4)

a	¥ 1,020,000	③
b	¥ 1,400,000	③
c	¥ 175	③

(5)

a	¥ 490,000	③
b	¥ 350,000 （(不利)・有利）	③
c	¥ 42,000 （(不利)・有利）	③

解　説

(1)　製造直接費と製造間接費の説明であり，製造指図書に直接集計できるものを製造直接費，直接集計できないものを製造間接費という。また，製造直接費を製造指図書に直接集計することを賦課といい，製造間接費を一定の基準により各製造指図書に分けることを配賦という。

(2)　ア．製造原価報告書に記載されている材料費¥2,697,500は仕掛品勘定の素材¥2,547,000と製造間接費勘定の素材¥32,000と工場消耗品の合計額であることから，（ ア ）の金額は¥118,500となる。

イ．製造原価報告書の労務費は仕掛品勘定の賃金¥3,458,000と製造間接費勘定の賃金から退職給付費用までの合計額¥478,000を合計した¥3,936,000となり，当期製造費用¥7,300,000から材料費と労務費を引いた¥666,500が（ イ ）の金額となる。

ウ．仕掛品勘定と製造原価報告書の関係と製品勘定と損益計算書の売上原価の関係から（ ウ ）の金額を算出する。

問題用紙の製造原価報告書と損益計算書を完成させると次のようになる。

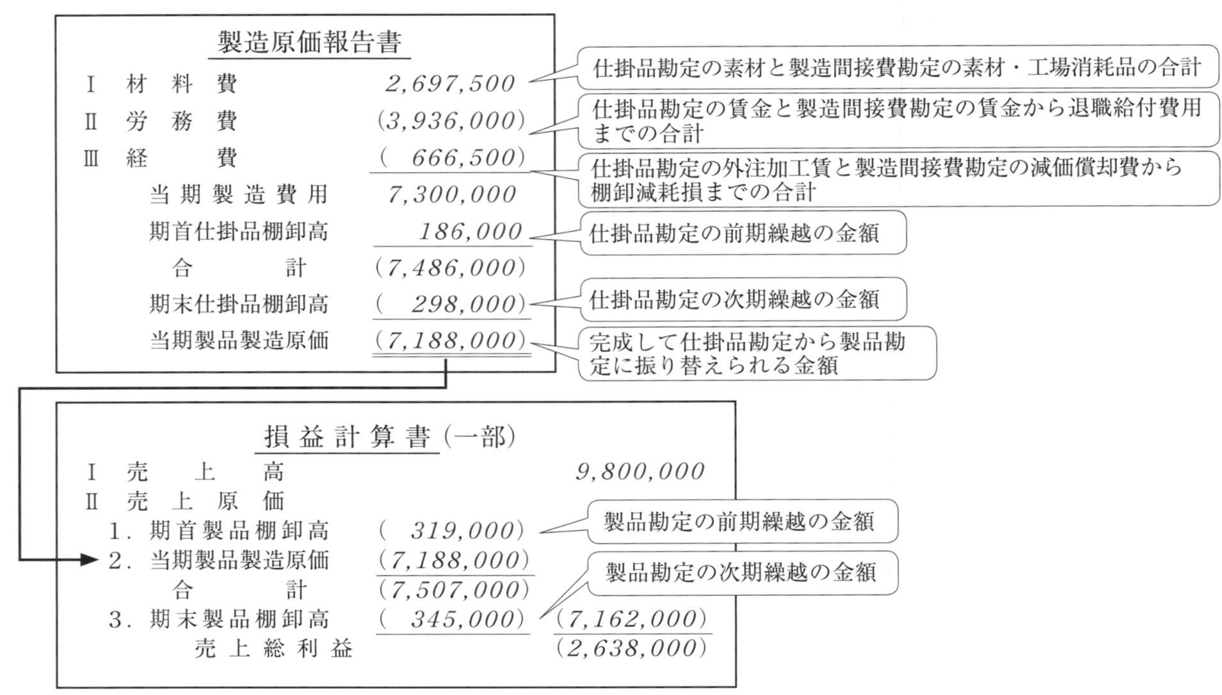

製造原価報告書

Ⅰ 材料費	2,697,500	仕掛品勘定の素材と製造間接費勘定の素材・工場消耗品の合計
Ⅱ 労務費	(3,936,000)	仕掛品勘定の賃金と製造間接費勘定の賃金から退職給付費用までの合計
Ⅲ 経費	(666,500)	仕掛品勘定の外注加工賃と製造間接費勘定の減価償却費から棚卸減耗損までの合計
当期製造費用	7,300,000	
期首仕掛品棚卸高	186,000	仕掛品勘定の前期繰越の金額
合計	(7,486,000)	
期末仕掛品棚卸高	(298,000)	仕掛品勘定の次期繰越の金額
当期製品製造原価	(7,188,000)	完成して仕掛品勘定から製品勘定に振り替えられる金額

損益計算書（一部）

Ⅰ 売上高		9,800,000	
Ⅱ 売上原価			
1．期首製品棚卸高	(319,000)		製品勘定の前期繰越の金額
2．当期製品製造原価	(7,188,000)		
合計	(7,507,000)		
3．期末製品棚卸高	(345,000)	(7,162,000)	製品勘定の次期繰越の金額
売上総利益		(2,638,000)	

⑶　単純総合原価計算によって１級製品と２級製品の完成品総合原価¥5,700,000を求め，等級別総合原価計算表を作成して完成品総合原価を１級製品と２級製品にあん分する。

等級別総合原価計算表

等級別製品	重　量	等価係数	完成品数量	積　数	等級別製造原価	製品単価
１級製品	25 g	5	240 個	1,200	2,280,000	¥9,500
２級製品	15 〃	3	600 〃	1,800	3,420,000	〃 5,700
				3,000	5,700,000	

⑷　a．資料⑤の貢献利益率45％から直接原価計算ベースの損益計算書を作成し，変動費¥1,155,000を算出する。算出した変動費は変動売上原価と変動販売費の合計額であることから，変動費の金額から変動販売費¥135,000（販売費及び一般管理費¥565,000から固定販売費及び一般管理費¥430,000を差し引いた金額）を差し引いて変動売上原価¥1,020,000を算出する。

資料のデータから直接原価計算ベースの損益計算書を作成し，ｂとｃの金額を算出する。

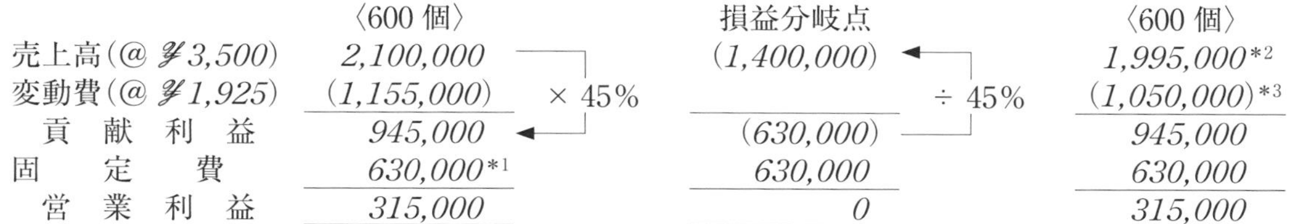

	〈600 個〉		損益分岐点		〈600 個〉
売上高(@¥3,500)	2,100,000		(1,400,000)		1,995,000*2
変動費(@¥1,925)	(1,155,000)	× 45%		÷ 45%	(1,050,000)*3
貢献利益	945,000		(630,000)		945,000
固定費	630,000*1		630,000		630,000
営業利益	315,000		0		315,000

＊１　固定製造間接費¥200,000と固定販売費及び一般管理費¥430,000の合計額となる。
＊２　販売単価¥3,500（¥2,100,000÷600個）から5%引き下げた¥3,325に600個を掛けて求める。
＊３　営業利益を¥315,000にするためには変動費が¥1,050,000でなければならない。

ｃ．販売単価を５％引き下げて¥315,000の営業利益を達成するには，１個あたりの変動費は¥1,750（¥1,050,000÷600個）となる。当月の１個あたりの変動費は¥1,925（¥1,155,000÷600個）なので，１個あたりの変動費の削減額は¥175となる。

⑸　a．月末仕掛品の標準原価

直接材料費…100個×¥1,800＝¥180,000
直接労務費…100個×50％×¥5,000＝¥250,000
製造間接費…100個×50％×¥1,200＝¥ 60,000
合計¥490,000

b．

※ 当月の標準消費数量
3,450個×５kg＝17,250kg

c．製造間接費の差異分析を図解すると次のようになる。

加工進捗度を加味した当月投入量　3,500個＋100個×50％－150個×40％＝3,490個
当月の標準直接作業時間　3,490個×４時間＝13,960時間
能率差異は，変動費能率差異¥14,000（不利）と固定費能率差異¥28,000（不利）の合計額

実際発生額
¥4,343,000
予算差異 ¥33,000（不利）
変動費能率差異 ¥14,000（不利）
標準配賦額
¥1,396,000
¥1,410,000
変動費率@¥100
固定費率@¥200
標準配賦額
¥2,792,000
¥2,820,000
固定費予算額
¥2,900,000
固定費能率差異 ¥28,000（不利）
操業度差異 ¥80,000（不利）
13,960 時間
標準直接作業時間
14,100 時間
実際直接作業時間
14,500 時間
基準操業度

2 4点×4＝16点

組別総合原価計算表

令和○年1月分

摘要		A組	B組
組直接費	素材費	*3,724,000*	*2,958,000*
	加工費	*3,862,000*	*2,741,000*
▶❶ 組間接費	加工費	*600,000* ④	*400,000*
当月製造費用		*8,186,000*	*6,099,000*
月初仕掛品原価	素材費	*350,000*	*449,000*
	加工費	*184,000*	*211,000*
計		*8,720,000*	*6,759,000*
月末仕掛品原価	素材費	▶❷ *532,000* ④	*348,000*
	加工費	*322,000*	▶❸ *216,000* ④
完成品原価		*7,866,000*	*6,195,000*
完成品数量		*2,300* 個	*3,500* 個
製品単価		￥ *3,420*	￥ *1,770*

B組仕掛品

借方	金額	貸方	金額
前月繰越	*660,000*	（B組製品）	（ *6,195,000*） ④
素材	*2,958,000*	次月繰越	（ *564,000*）
労務費	*2,320,000*		
経費	*421,000*		
▶❶（組間接費）	（ *400,000*）		
	（ *6,759,000*）		（ *6,759,000*）

解説

▶❶ 組間接費の配賦額の計算

配賦率…（￥*128,000*＋￥*232,000*＋￥*640,000*）÷（2,400時間＋1,600時間）＝￥*250*

A組への配賦額…2,400時間×@￥*250*＝￥*600,000*

B組への配賦額…1,600時間×@￥*250*＝￥*400,000*

▶❷ A組の月末仕掛品の素材費の計算（先入先出法）

正常減損は終点で発生していることから，月末仕掛品から減損は発生していないことになる。

したがって，「正常減損費は完成品のみに負担させる」と指示されている。

正常減損費を完成品のみに負担させる場合は，正常減損の数量を完成品数量に含めて計算する。

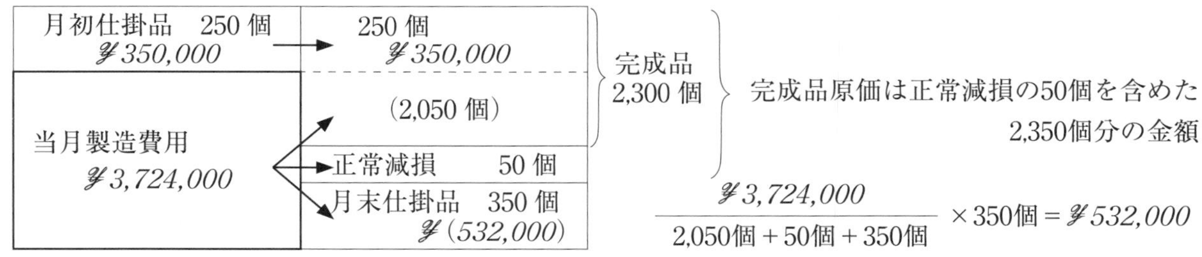

$$\frac{￥3,724,000}{2,050個＋50個＋350個}×350個＝￥532,000$$

▶❸ B組の月末仕掛品の加工費の計算（先入先出法）

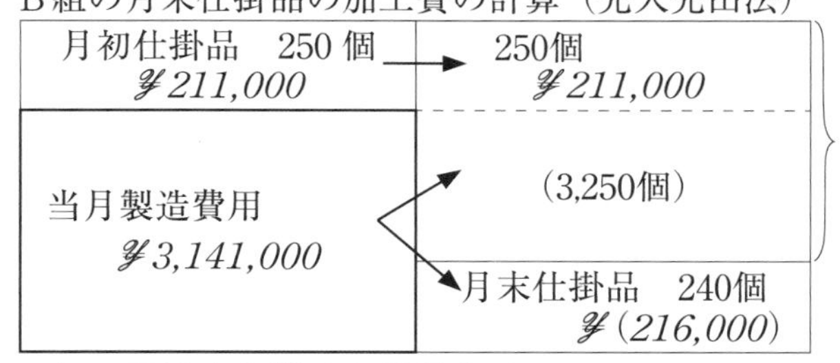

完成品
3,500個

$$\frac{￥3,141,000}{3,250個＋240個}×240個＝￥216,000$$

※加工進捗度を掛けた数量を使用

3 3点×9＝27点

(1)

	借　方		貸　方	
1月27日	製　品	4,635,000	仕　掛　品	4,635,000

③

(2)

素　材

1/ 1	前月繰越	650,000	1/12	仕掛品	2,140,000 ③
6	買掛金	2,025,000	31	次月繰越	535,000
		2,675,000			2,675,000

製造間接費

③ 1/31	工場消耗品	399,000	1/31	諸口	1,134,000
〃	消費賃金	200,000			
〃	健康保険料	147,000			
〃	諸口	388,000			
		1,134,000			1,134,000

第1製造部門費

③ 1/31	製造間接費	490,000	1/31	仕掛品	650,000
〃	諸口	156,000			
③ 〃	製造部門費配賦差異	4,000			
		650,000			650,000

(3) 製造指図書＃1

原価計算表

直接材料費	直接労務費	製造間接費				集計	
		部門	時間	配賦率	金額	摘要	金額
2,080,000	475,000	第1	380	650	247,000	直接材料費	2,080,000
	③ 1,225,000	第1	400	650	260,000	直接労務費	1,700,000
	1,700,000	第2	580	600	③ 348,000	製造間接費	855,000
					855,000	製造原価	4,635,000
						完成品数量	50個
						製品単価	¥ 92,700

(4) 相互配賦法

部門費振替表

令和○年1月分

部門費	配賦基準	金額	製造部門		補助部門	
			第1部門	第2部門	動力部門	修繕部門
部門費合計		1,134,000	490,000	407,000	174,000	63,000
動力部門費	kW数×運転時間数	174,000	120,000	48,000	——	6,000
修繕部門費	修繕回数	63,000	28,000	28,000	7,000	——
第1次配賦額		237,000	148,000	76,000	7,000	6,000
動力部門費	kW数×運転時間数	7,000	5,000	2,000		
修繕部門費	修繕回数	6,000	3,000	③ 3,000		
第2次配賦額		13,000	8,000	5,000		
製造部門費合計		1,134,000	646,000	488,000		

(5) ¥ 1,275 ▶⑪ ③

解説

●取引の仕訳を始める前に，注意すべき事項に赤線を引くとともに予定賃率を計算しておこう！！

ii　素材の消費高の計算は移動平均法

iii　賃金の予定賃率の計算　¥30,000,000 ÷ 24,000時間 = ¥1,250

iv　予定配賦率　第1製造部門　¥650　　第2製造部門　¥600

〔取引の仕訳〕

			借方		貸方	
▶❶	1月6日		素材	2,025,000	買掛金	2,445,000
			工場消耗品	420,000		
▶❷	12日		仕掛品	2,140,000	素材	2,140,000
	25日		賃金	2,538,000	所得税預り金	246,000
					健康保険料預り金	147,000
					当座預金	2,145,000
▶❸	27日		製品	4,635,000	仕掛品	4,635,000
▶❹	31日	①	製造間接費	399,000	工場消耗品	399,000
▶❺		②	仕掛品	2,250,000	消費賃金	2,450,000
			製造間接費	200,000		
▶❻		③	仕掛品	1,130,000	第1製造部門費	650,000
					第2製造部門費	480,000
		④	製造間接費	147,000	健康保険料	147,000
		⑤	製造間接費	388,000	電力料	138,000
					保険料	56,000
					減価償却費	194,000
		⑥	第1製造部門費	490,000	製造間接費	1,134,000
			第2製造部門費	407,000		
			動力部門費	174,000		
			修繕部門費	63,000		
▶❼		⑦	第1製造部門費	156,000	動力部門費	174,000
			第2製造部門費	81,000	修繕部門費	63,000
		⑧	消費賃金	2,499,000	賃金	2,499,000
▶❽		⑨	賃率差異	49,000	消費賃金	49,000
▶❾		⑩	第1製造部門費	4,000	製造部門費配賦差異	4,000
▶❿		⑪	製造部門費配賦差異	8,000	第2製造部門費	8,000

▶❶ 素材勘定に転記するとともに素材の消費高の計算が移動平均法なので，この時点で平均単価を求める。
(¥650,000＋¥2,025,000)÷(250個＋750個)＝¥2,675

▶❷ 素材の消費高を移動平均法による単価¥2,675で算出して，素材勘定へ転記する。

▶❸ 作業時間をもとに，賃金の予定消費高と第1製造部門費・第2製造部門費の予定配賦高を求め，製造指図書＃1の原価計算表に記入・集計して完成品原価を求める。

賃　　　金　980時間×@¥1,250 ＝ ¥1,225,000
第1製造部門費　400時間×@¥650 ＝ ¥260,000
第2製造部門費　580時間×@¥600 ＝ ¥348,000

▶❹ 工場消耗品の消費数量を棚卸計算法で計算し，消費高を求める。また，製造間接費勘定に転記する。
(1,200個＋6,000個－1,500個)×@¥70＝¥399,000

▶❺ 作業時間をもとに，賃金の予定消費高を求める。また，製造間接費勘定へ転記する。

製造指図書＃1　980時間×@¥1,250＝¥1,225,000
製造指図書＃2　820時間×@¥1,250＝¥1,025,000 } 合計¥2,250,000は仕掛品勘定へ
間接作業　160時間×@¥1,250＝¥　200,000 → 製造間接費勘定へ

▶❻ 作業時間をもとに，予定配賦額を求める。また，第1製造部門費勘定へ転記する。

第1製造部門費　(400時間＋600時間)×@¥650＝¥650,000
第2製造部門費　(580時間＋220時間)×@¥600＝¥480,000

▶❼ 部門費振替表を作成し，第1次配賦額と第2次配賦額の合計を用いて仕訳する。

▶❽ それまでの仕訳の消費賃金勘定の貸借の差額を賃率差異勘定に振り替える。

▶❾ 答案用紙の第1製造部門費勘定の貸借の差額を製造部門費配賦差異勘定に振り替える。

▶❿ それまでの仕訳の第2製造部門費勘定の貸借の差額を製造部門費配賦差異勘定に振り替える。

▶⓫ 31日⑧で示されている賃金実際消費高を31日②で示されている作業時間の合計で割って求める。
¥2,499,000÷(980時間＋820時間＋160時間)＝¥1,275

4 4点×6＝24点

	借 方		貸 方		
a	仕掛品	*164,000*	減価償却費	*164,000*	④
b	棚卸減耗損	*19,200*	素材	*19,200*	④
c	賃率差異	*34,000*	売上原価	*34,000*	④
d	仕掛品	*720,000*	特許権使用料	*720,000*	④
e	売掛金	*1,230,000*	売上	*1,230,000*	④
	売上原価	*870,000*	第1工程半製品	*870,000*	
f	工場	*1,960,000*	所得税預り金	*192,000*	④
			健康保険料預り金	*85,000*	
			当座預金	*1,683,000*	

解 説

a．減価償却費の月割額の計上なので，1年分の*￥1,968,000*を*12*か月で割って1か月分を計上する。
　減価償却費は，通常，間接経費であるが，単純総合原価計算なので，仕掛品勘定に振り替える。

b．

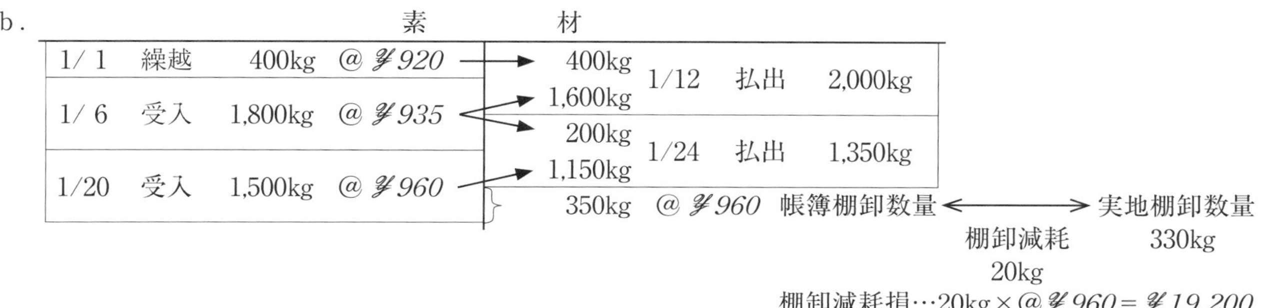

c．

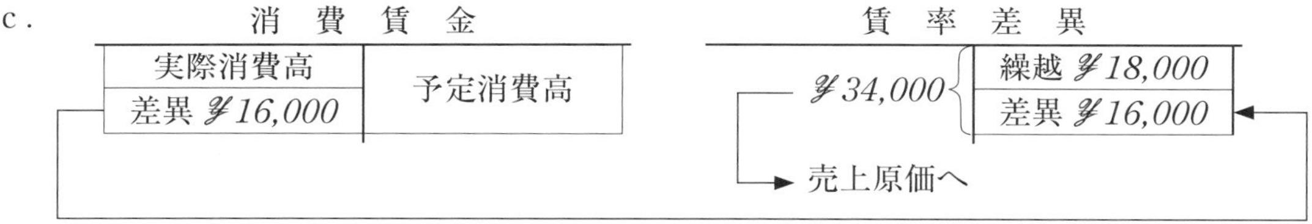

d．特許権使用料の消費高は製造指図書＃8に対するものと明記されているので，仕掛品勘定に振り替える。

e．工程別総合原価計算における半製品は外部に販売が可能なものをいう。（倉庫に保管したから半製品と思いがちであるので注意する）
　この問題は，第1工程半製品の販売に関する取引であり，半製品も通常の製品と同様の会計処理をするので，解答のような仕訳となる。

f．工場の仕訳　（借）賃　　金　*1,960,000*　（貸）本　　社　*1,960,000*

第96回　(改題)

1　3点×11＝33点

(1)

a	¥　2,201,000
b	¥　737,000
c	¥　386,000

③③③

(2)

a	¥　4,540,000
b	¥　7,000 (借方・(貸方))

③③

(3)

a	¥　820,000
b	¥　6,050,000
c	¥　3,100,000

③③③

(4)

a	¥　7,420,000
b	¥　65,000 (不利・(有利))

③③

(5)

ア	イ
3	1

③　※2つとも合っている場合に正解とする。

解　説

(1) a．当期材料費…素材・工場消耗品の合計額

素　　材　¥318,000＋¥1,938,000－¥357,000＝¥1,899,000

工場消耗品　¥93,000＋¥310,000－¥101,000＝¥302,000

b．当期経費…外注加工賃・電力料・減価償却費の合計額

外注加工賃　¥319,000＋¥65,000－¥72,000＝¥312,000

電　力　料　¥260,000（測定高）

減価償却費　¥165,000

c．期末仕掛品棚卸高

当期労務費…賃金・給料・健康保険料の合計額　¥3,386,000

賃金　¥2,324,000－¥248,000＋¥281,000＝¥2,357,000

仕　掛　品

期首仕掛品 ¥421,000	完　成　品 ¥6,359,000
当期製造費用 材　料 ¥2,201,000 労務費 ¥3,386,000 経　費 ¥737,000	期末仕掛品 ¥(386,000)

(2)　部門費振替表を直接配賦法で作成すると次のようになる。

部　門　費　振　替　表

部　門　費	配　賦　基　準	金　　額	製　造　部　門		補　助　部　門	
			第１部門	第２部門	動力部門	工場事務部門
部門費合計		8,328,000	4,321,000	3,456,000	375,000	176,000
動力部門費	kW数×運転時間数	375,000	120,000	255,000		
工場事務部門費	従　業　員　数	176,000	99,000	77,000		
配賦額合計		551,000	219,000	332,000		
製造部門費合計		8,328,000	4,540,000	3,788,000		

↑補助部門費配賦後の第１製造部門費

第２製造部門費配賦差異

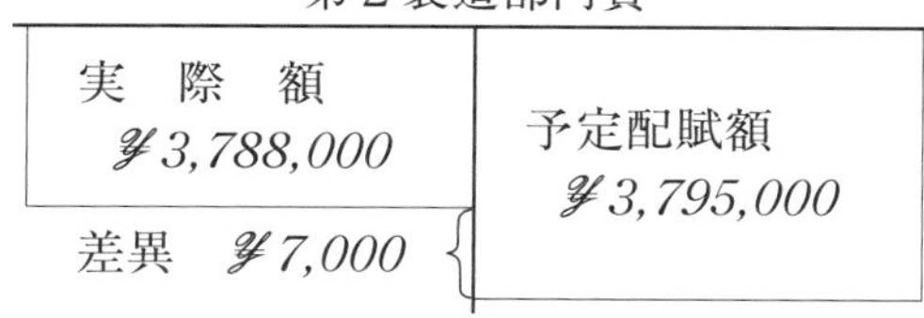

※　実際額は資料③にも示されているが，上記の部門費振替表の第２製造部門の合計額のことである。

(3)　資料をもとに，略式の直接原価計算ベースの損益計算書を作成して算出する。

(4)　a．完成品の標準原価　1,400個×@¥5,300＝¥7,420,000

b．

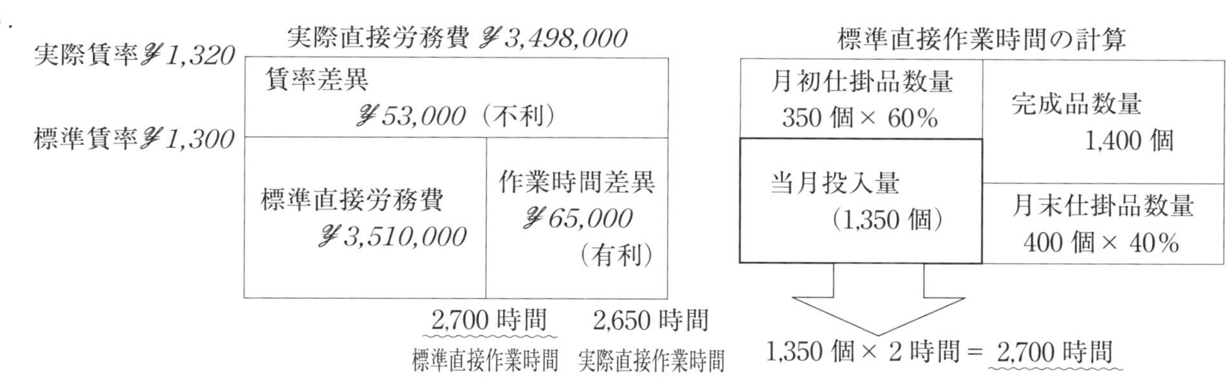

(5)　この内容は，原価計算基準の「原価計算の目的」に示されているものである。
原価計算の目的として示されている内容は次の５項目である。

1．企業の出資者，債権者，経営者等のために，過去の一定期間における損益ならびに期末における財政状態を財務諸表に表示するために必要な真実の原価を集計すること。
2．価格計算に必要な原価資料を提供すること。
3．経営管理者の各階層に対して，原価管理に必要な原価資料を提供すること。
4．予算の編成ならびに予算統制のために必要な原価資料を提供すること。
5．経営の基本計画を設定するに当たり，これに必要な原価情報を提供すること。

2 4点×4 = 16点

(1)

工程別総合原価計算表

令和○年6月分

摘　　要	第1工程	第2工程
工程個別費　素　材　費	2,643,000	——
前工程費	——	▶❹ 6,496,000
労　務　費	3,654,000	3,056,000
経　　費	457,000	149,000
部門共通費配賦額	379,000	281,000
▶❶ 補助部門費配賦額	162,000	243,000
当月製造費用	7,295,000	10,225,000
月初仕掛品原価	861,000	1,171,000
計	8,156,000	11,396,000
月末仕掛品原価	▶❷ 700,000 ④	▶❻ 927,000
工程完成品原価	7,456,000	10,469,000
工程完成品数量	3,200個	2,900個
工　程　単　価	¥ 2,330	¥ 3,610 ④

(2)

¥ 693,000 ▶❻ ④

(3)

第1工程半製品

借方		貸方	
前月繰越	1,824,000	第2工程仕掛品	6,496,000 ▶❹
▶❸ (第1工程仕掛品)	(7,456,000)	売上原価	(1,160,000) ④▶❺
		次月繰越	(1,624,000)
	(9,280,000)		(9,280,000)

解説

▶❶ 次の補助部門費を資料a③の指示どおり，第1工程に40%，第2工程に60%の割合で配賦する。
¥235,000（労務費）+¥128,000（経費）+¥42,000（部門共通費配賦額）=¥405,000

▶❷ 第1工程の月末仕掛品原価の計算（平均法）

素材費

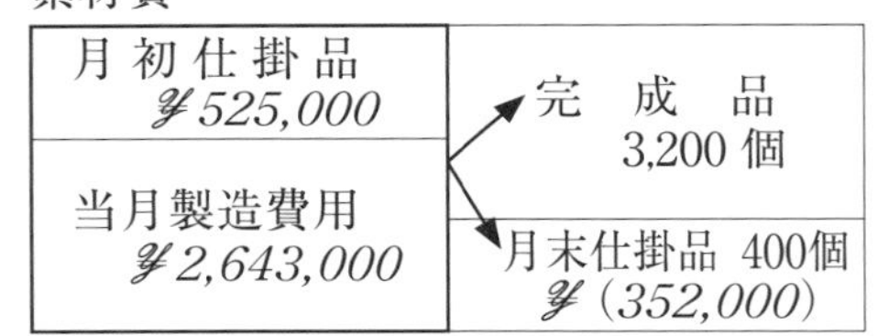

加工費（数量は加工進捗度を掛けた個数）

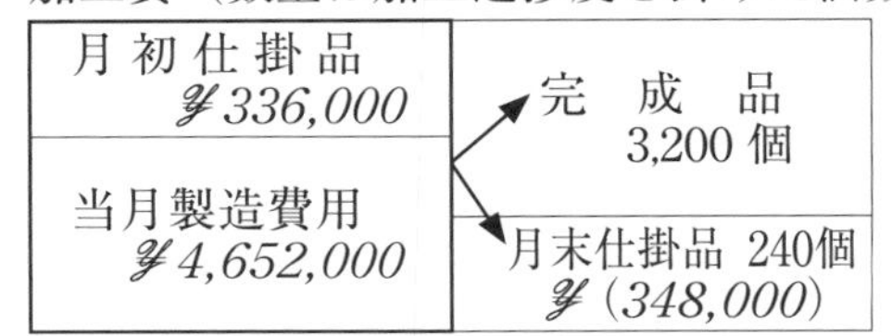

$$\frac{¥525,000+¥2,643,000}{3,200\text{個}+400\text{個}}\times 400\text{個}=¥352,000$$

$$\frac{¥336,000+¥4,652,000}{3,200\text{個}+240\text{個}}\times 240\text{個}=¥348,000$$

▶❸ 第1工程完成品原価を記入する。

▶❹ 第1工程半製品の単価を総平均法によって求め，2,800個分が第2工程へ振り替えられる。
総平均単価…（¥1,824,000+¥7,456,000）÷（800個+3,200個）=¥2,320

▶❺ 外部に販売した500個分も総平均単価（@¥2,320）で算出し，売上原価へ振り替えられる。

▶❻ 第2工程の月末仕掛品原価の計算（平均法）
第1工程完成品は第2工程の始点で投入されるので，月末仕掛品の前工程費の計算では加工進捗度は加味しない。（第1工程の素材と同じ考え方である）

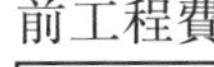
前工程費

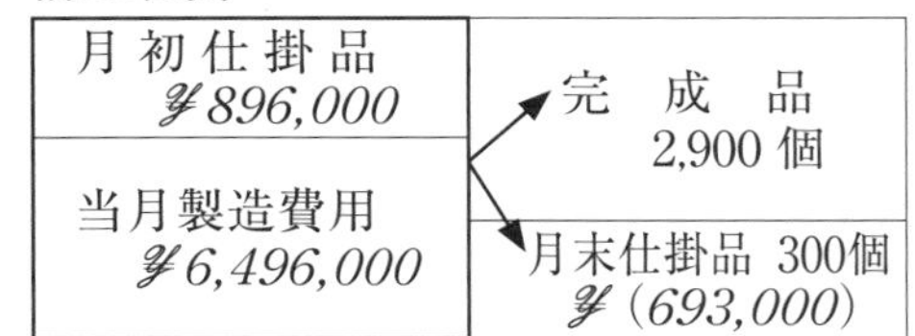

加工費（数量は加工進捗度を掛けた個数）

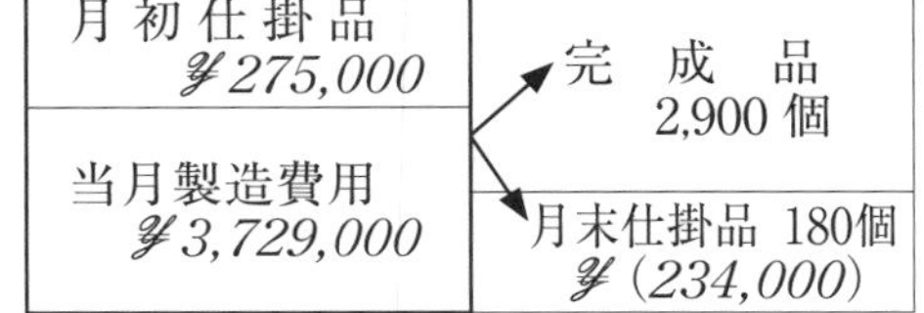

$$\frac{¥896,000+¥6,496,000}{2,900\text{個}+300\text{個}}\times 300\text{個}=¥693,000$$

$$\frac{¥275,000+¥3,729,000}{2,900\text{個}+180\text{個}}\times 180\text{個}=¥234,000$$

3 3点×9＝27点

(1)

	借	方	貸	方	
6月30日①	製造間接費	*224,000*	工場消耗品	*224,000*	③

(2)

仕　掛　品

	6/1	前月繰越	*3,895,000*	6/30	製　品	***9,624,000***
③	12	素　材	***1,811,000***	〃	次月繰越	*6,459,000*
	30	消費賃金	***7,688,000***			
③	〃	製造間接費	***2,604,000***			
	〃	外注加工費	***85,000***			
			16,083,000			***16,083,000***

製　造　間　接　費

	6/30	工場消耗品	***224,000***	6/30	仕掛品	***2,604,000***
	〃	消費賃金	***496,000***	〃	製造間接費配賦差異	***10,000***
③	〃	健康保険料	***409,000***			
	〃	諸　口	***1,485,000***			
			2,614,000			***2,614,000***

(3) 製造指図書＃1

原　価　計　算　表

直接材料費	直接労務費	直接経費	製造間接費	集計 摘要	集計 金額
1,536,000	*1,736,000*	*35,000*	*588,000*	直接材料費	***1,536,000***
	③ ***4,216,000***	***85,000***	***1,428,000***	直接労務費	***5,952,000***
	5,952,000	***120,000***	***2,016,000***	直接経費	***120,000***
				製造間接費	***2,016,000***
				製造原価	***9,624,000***
				完成品数量	**600個**
				製品単価	***¥ 16,040*** ③

(4) ***¥ 1,245*** ③ ▶❺

(5) ***¥ 33,000*** （借方・貸方）〔借方に○〕 ③ ▶❺

(6) ***¥ 7,000*** （借方・貸方）〔借方に○〕 ③ ▶❽

解説

●取引の仕訳を始める前に，注意すべき事項に赤線を引くとともに予定配賦率を計算しておこう！！

ii　素材の消費高の計算は先入先出法

iii　賃金の予定賃率は*¥1,240*

iv　製造間接費の予定配賦率　*¥31,500,000*÷75,000時間＝*¥420*

〔取引の仕訳〕

		借方		貸方	
	6月8日	素材	*2,080,000*	買掛金	*2,296,000*
		工場消耗品	*216,000*		
▶❶	12日	仕掛品	*1,811,000*	素材	*1,811,000*
	25日	賃金	*8,197,000*	所得税預り金	*821,000*
				健康保険料預り金	*409,000*
				当座預金	*6,967,000*

		借方		貸方	
▶❷	①	製造間接費	224,000	工場消耗品	224,000
▶❸	②	仕掛品	7,688,000	消費賃金	8,184,000
		製造間接費	496,000		
▶❹	③	仕掛品	2,604,000	製造間接費	2,604,000
	④	製造間接費	409,000	健康保険料	409,000
	⑤	仕掛品	85,000	外注加工費	85,000
30日	⑥	製造間接費	1,485,000	電力料	534,000
				保険料	168,000
				減価償却費	700,000
				雑費	83,000
▶❺	⑦	消費賃金	8,217,000	賃金	8,217,000
		賃率差異	33,000	消費賃金	33,000
▶❻	⑧	製品	9,624,000	仕掛品	9,624,000
▶❼	⑨	製造間接費配賦差異	10,000	製造間接費	10,000

▶❶ 素材の消費高を先入先出法で計算し，仕掛品勘定に転記する。

1,400個 { 450個 @¥1,280 ¥576,000
950個 @¥1,300 ¥1,235,000 }

▶❷ 工場消耗品の消費数量を棚卸計算法で計算し，消費高を製造間接費勘定に転記する。

(750個＋2,700個－650個)×@¥80＝¥224,000

▶❸ 賃金の予定消費高は次のように計算する。

製造指図書＃１　3,400時間×@¥1,240 ＝ ¥4,216,000 }
製造指図書＃２　2,800時間×@¥1,240 ＝ ¥3,472,000 } 合計¥7,688,000は仕掛品勘定へ
間　接　作　業　400時間×@¥1,240 ＝ ¥ 496,000 → 製造間接費勘定へ

仕掛品勘定と製造間接費勘定への転記と製造指図書＃１の原価計算表への記入もおこなう。

▶❹ 30日②の直接作業時間のデータを使い，予定配賦額を次のように計算する。

製造指図書＃１　3,400時間×@¥420＝¥1,428,000 }
製造指図書＃２　2,800時間×@¥420＝¥1,176,000 } 合計¥2,604,000は仕掛品勘定へ

仕掛品勘定と製造間接費勘定への転記と製造指図書＃１の原価計算表への記入もおこなう。

▶❺ 賃金の実際消費高を賃金勘定から消費賃金勘定に振り替えるとともに，消費賃金勘定の貸借の差額を賃率差異勘定に振り替える。この金額が問題(5)の解答となる。

また，問題(4)の実際平均賃率は賃金実際消費高を30日②の作業時間の合計で割って求める。

¥8,217,000÷(3,400時間＋2,800時間＋400時間)＝¥1,245

▶❻ 製造指図書＃１の原価計算表を集計して完成品原価を求め，仕掛品勘定から製品勘定へ振り替えるとともに仕掛品勘定に転記する。

▶❼ 答案用紙の製造間接費勘定の貸借の差額を製造間接費配賦差異勘定に振り替える。

▶❽ 公式法変動予算による差異分析を図解すると次のようになる。

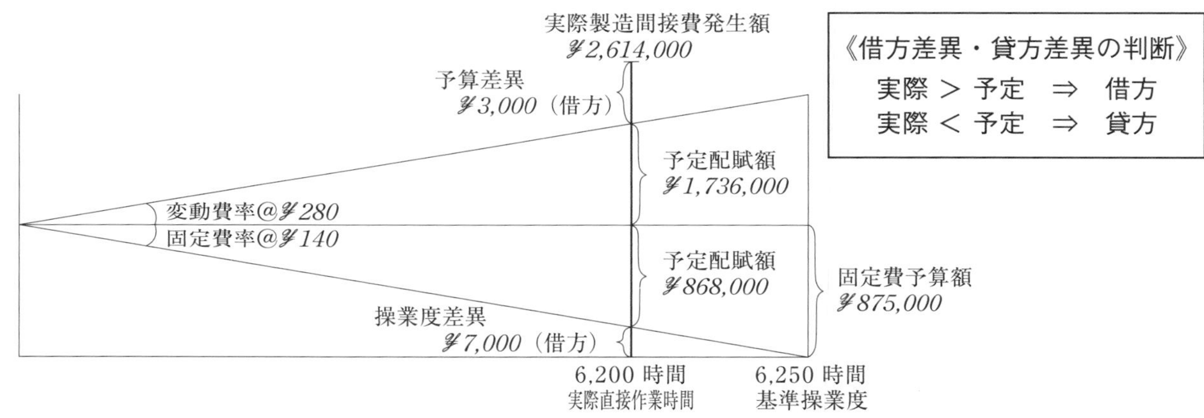

〔参考〕 実際製造間接費発生額…製造間接費勘定の借方合計額
実際直接作業時間…30日②の製造指図書＃１と＃２の作業時間の合計
固定費率…固定費予算額÷基準操業度　または　予定配賦率－変動費率

4 4点×6＝24点

	借方		貸方		
a	A組仕掛品	*294,000*	組間接費	*672,000*	④
	B組仕掛品	*378,000*			
b	仕掛品	*321,000*	従業員賞与手当	*321,000*	④
c	製品	*6,000,000*	仕掛品	*6,000,000*	④
d	売上原価	*3,000*	材料消費価格差異	*3,000*	④
e	1級製品	*1,575,000*	仕掛品	*2,875,000*	④
	2級製品	*1,300,000*			
f	保険料	*413,000*	当座預金	*980,000*	④
	工場	*567,000*			

解説

a．組間接費の配賦率　*¥672,000*÷(1,680時間＋2,160時間)＝*¥175*
各組への配賦額の計算
A組…1,680時間×@*¥175*＝*¥294,000*
B組…2,160時間×@*¥175*＝*¥378,000*

b．賞与の月割額の計上なので，半年分の支払予定額*¥1,926,000*を6か月で割って1か月分を計上する。
従業員賞与手当は，通常，間接労務費であるが，単純総合原価計算なので仕掛品勘定に振り替える。

c．完成品原価月報に示されている合計金額を仕掛品勘定から製品勘定に振り替える。個別原価計算なので，製造指図書ごとに勘定科目を変える必要はない。

d．

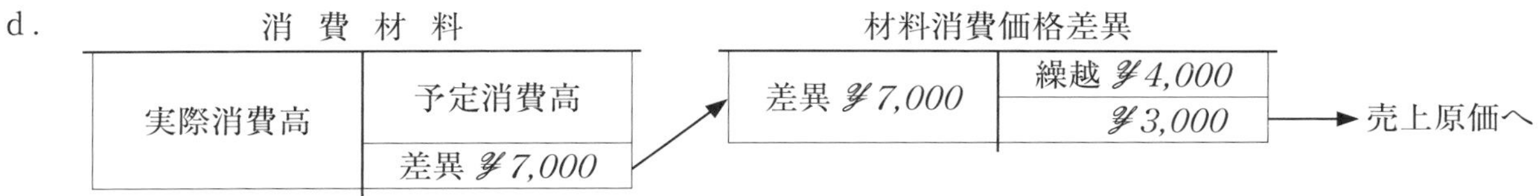

e．等級別総合原価計算表を示すと次のようになる。

等級別総合原価計算表

等級別製品	重量	等価係数	完成品数量	積数	等級別製造原価	製品単価
1級製品	350 g	7	1,800個	12,600	*1,575,000*	*¥875*
2級製品	200 〃	4	2,600 〃	10,400	*1,300,000*	〃 *500*
				23,000	*2,875,000*	

f．工場の仕訳　(借) 保険料　*567,000*　(貸) 本社　*567,000*

公益財団法人 全国商業高等学校協会 主催
文部科学省 後援

令和５年度　第９７回
簿記実務検定試験
第１級　原価計算

（令和６年１月２８日実施）

時間　１３時１０分から１４時４０分（制限時間９０分）

注 意 事 項

1　監督者の指示があるまで，問題を開いてはいけません。

2　問題用紙は１ページから７ページまであります。

3　問題用紙の落丁や印刷が不鮮明である場合には，挙手をして監督者の指示に従いなさい。なお，問題についての質問には応じません。

4　解答はすべて解答用紙に記入しなさい。

5　途中退室は原則できません。

6　試験終了後，問題用紙も回収します。

1 次の各問いに答えなさい。

(1) 次の文の［　　］にあてはまるもっとも適当な語を，下記の語群のなかから選び，その番号を記入しなさい。

標準原価計算では，直接材料費差異を価格差異と数量差異とに分析する。このうち，価格差異は標準単価と実際単価の差額に［ ア ］をかけて計算する。この差異は［ イ ］の原因によって発生する場合が多いので管理不能差異とよばれる。

1. 標準消費数量　2. 製造現場外　3. 実際消費数量　4. 製造現場内　5. 完成品数量

(2) 北海道製作所における当期（令和5年1月1日から令和5年12月31日まで）の下記の貸借対照表（一部）と資料により，次の製造原価報告書の（ ア ）から（ ウ ）に入る金額を求めなさい。

製造原価報告書

北海道製作所　令和5年1月1日から令和5年12月31日まで　（単位：円）

Ⅰ 材料費	（ ア ）
Ⅱ 労務費	（ イ ）
Ⅲ 経費	（　）
当期製造費用	（　）
期首仕掛品棚卸高	（　）
合計	（　）
期末仕掛品棚卸高	（　）
当期製品製造原価	（ ウ ）

貸借対照表（一部）

北海道製作所　令和5年12月31日　（単位：円）

材料	213,900	未払賃金	270,000
仕掛品	748,000		

資料

① 素材	期首棚卸高	¥ 341,000	当期仕入高	¥1,870,000
	期末棚卸高	¥ 198,000		
② 工場消耗品	期首棚卸高	¥ 62,400	当期仕入高	¥ 305,000
	期末棚卸高	¥［　　］		
③ 賃金	前期未払高	¥ 287,000	当期支払高	¥1,429,000
	当期未払高	¥ 270,000		
④ 従業員賞与手当	当期消費高	¥ 331,000		
⑤ 健康保険料	当期消費高	¥ 420,000		
⑥ 外注加工賃	前期前払高	¥ 34,000	当期支払高	¥ 372,000
	当期未払高	¥ 39,000		
⑦ 電力料	当期支払高	¥ 165,000	当期測定高	¥ 163,500
⑧ 減価償却費	当期消費高	¥ 102,000		
⑨ 仕掛品	期首棚卸高	¥ 678,000	期末棚卸高	¥［　　］

(3) 新潟製作所は，単純総合原価計算によって総合原価を計算したあと，等級別製品の原価を計算している。次の資料によって，2級製品の製造原価を求めなさい。

ただし，等価係数は，各製品の1個あたりの重量を基準としている。

資　　料

① 仕掛品勘定（製造勘定を意味している）

仕　掛　品

前月繰越	350,000	諸　口	（　　　）
材　料	1,078,000	次月繰越	275,000
労務費	1,985,000		
経　費	427,000		
	3,840,000		3,840,000

② 製品1個あたりの重量　1級製品　700g　2級製品　560g

③ 完成品数量　1級製品　1,500個　2級製品　2,000個

(4) 単純総合原価計算を採用している富山製作所の次の資料から，完成品単価を求めなさい。

ただし，i　素材は製造着手のときにすべて投入され，加工費は製造の進行に応じて消費されるものとする。

ii　月末仕掛品原価の計算は平均法による。

iii　正常減損は製造工程の終点で発生しており，正常減損費は完成品のみに負担させる。

資　　料

① 生産データ

月初仕掛品　300kg（加工進捗度40%）
当月投入　5,700kg
合　計　6,000kg
月末仕掛品　400kg（加工進捗度50%）
正常減損　100kg
完成品　5,500kg

② 月初仕掛品原価

素材費　¥　219,000
加工費　¥　150,000

③ 当月製造費用

素材費　¥4,401,000
加工費　¥7,506,000

(5) 標準原価計算を採用している福井製作所の当月における下記の資料により，次の仕掛品勘定の（ a ）から（ c ）の金額を求めなさい。なお，仕掛品勘定は製造勘定を意味している。

ただし，i　直接材料は製造着手のときにすべて投入されるものとする。

ii　仕掛品勘定への記帳方法は，パーシャル・プランによっている。

仕　掛　品

前月繰越	1,360,000	製　品	（ a ）
材　料	（ b ）	材料消費価格差異	109,000
労務費	4,968,000	材料消費数量差異	35,000
製造間接費	3,898,000	作業時間差異	（ c ）
賃率差異	207,000	予算差異	21,000

資　　料

① 標準原価カード（一部）

A製品　標準原価カード

	標準単価	標準消費数量	金　額
直接材料費	¥　350	8kg	¥2,800
	標準賃率	標準直接作業時間	
直接労務費	¥1,250	3時間	¥3,750
		製品1個あたりの標準原価	¥9,400

② 生産データ

月初仕掛品　250個（加工進捗度40%）
当月投入　1,350個
合　計　1,600個
月末仕掛品　280個（加工進捗度50%）
完成品　1,320個

③ 実際直接材料費

実際単価　¥360
実際消費数量　10,900kg

④ 実際直接労務費

実際賃率　¥1,200
実際直接作業時間　4,140時間

(6) 石川製作所では，直接原価計算をおこない利益計画を立てている。次の先月の資料と月例会議の会話（一部）から，会話文の［　］にあてはまる適当な金額または数量を記入しなさい。

資　　料

① 販売単価　¥2,500
② 変動製造費（製品／個あたり）¥1,000
③ 変動販売費（製品／個あたり）¥　200
④ 固定製造間接費　¥1,000,000
⑤ 固定販売費及び一般管理費　¥1,340,000
⑥ 月間目標営業利益　¥520,000

月例会議の会話（一部）

【営業部長】 先月の営業実績を報告します。販売数量は2,300個，営業利益は［ア］円でした。
【社　　長】 目標営業利益を上回り，売れ行きは好調のようですね。引き続き営業努力をお願いします。
【購買部長】 しかし，困ったことに，今月から物価高騰の影響を受け，材料費が先月に比べ値上がりしています。
【社　　長】 材料費の値上がりはどのように影響しますか。経理部長さん，いかがですか。
【経理部長】 はい。材料費の値上がりにより，製品／個あたりの変動製造費が先月に比べ100円増加する見込みとなります。したがって，今月の販売数量と販売単価が先月と変わらない場合，営業利益が420,000円となり，目標営業利益を下回ることが予想されます。
　また，今月の損益分岐点における販売数量は，先月と比べて［イ］個増加します。
【社　　長】 そうですか。来月は，月間の目標営業利益を下回りたくないですね。対応として何か良いアイデアはありませんか。
【副 社 長】 それでは，固定費を削減する案はどうでしょうか。
【経理部長】 はい。来月の製品／個あたりの変動製造費が先月に比べ100円増加したままで，販売数量と販売単価が先月と変わらない場合，月間の目標営業利益520,000円を達成するためには，固定費を［ウ］円削減する必要があります。しかしながら，現状では固定費の削減は大変困難であるため，来月以降の変動販売費を見直すことや販売単価を値上げするなどの検討が必要だと思われます。

2 三重製作所は，組別総合原価計算を採用し，A組製品とB組製品を製造している。下記の資料によって，

(1) 組別総合原価計算表を完成しなさい。
(2) A組仕掛品勘定（A組製造勘定）を完成しなさい。

ただし，i 組間接費は直接労務費を基準として配賦する。
　ii 素材は製造着手のときにすべて投入され，加工費は製造の進行に応じて消費されるものとする。
　iii 月末仕掛品原価の計算は先入先出法による。

資　　料

a．月初仕掛品原価
　A組　¥1,691,400（素材費　¥1,127,400　加工費　¥564,000）
　B組　¥1,036,000（素材費　¥　580,000　加工費　¥456,000）

b．当月製造費用

	A組直接費	B組直接費	組間接費
材料費	¥4,340,100	¥2,655,000	¥　89,000
労務費	¥4,752,000	¥3,168,000	¥684,000
経　費	¥　312,000	¥　628,400	¥217,000

c．生産データ

	A組		B組	
月初仕掛品	600個	（加工進捗度40%）	400個	（加工進捗度50%）
当月投入	2,300個		1,800個	
合　計	2,900個		2,200個	
月末仕掛品	500個	（加工進捗度60%）	200個	（加工進捗度40%）
完成品	2,400個		2,000個	

3 個別原価計算を採用している滋賀製作所の下記の取引によって，次の各問いに答えなさい。

(1) 1月17日の取引の仕訳を示しなさい。
(2) 仕掛品勘定（製造勘定）・製造間接費勘定に必要な記入をおこない，締め切りなさい。なお，勘定記入は日付・相手科目・金額を示すこと。
(3) A製品（製造指図書#1）とB製品（製造指図書#2）の原価計算表を作成しなさい。
(4) 1月末の賃金未払高を求めなさい。

ただし，i 前月繰越高は，次のとおりである。

素　　材　800個　@¥3,150　¥2,520,000
工場消耗品　350〃　〃〃　120　¥　42,000
仕 掛 品（製造指図書#1）　¥3,210,000（原価計算表に記入済み）
賃　　金（未払高）　¥　945,000

ii 素材の消費高の計算は移動平均法により，工場消耗品の消費数量の計算は棚卸計算法によっている。
iii 賃金の消費高の計算は，実際平均賃率を用いている。
iv 製造間接費は直接作業時間を配賦基準として予定配賦している。

年間製造間接費予定額（予算額）	¥33,480,000
年間予定直接作業時間（基準操業度）	74,400時間

(5) 製造間接費配賦差異における次の資料から，予算差異の金額を求めなさい。なお，解答欄の（　）のなかは借方差異の場合は借方，貸方差異の場合は貸方を○で囲むこと。

資　　料
a．製造間接費については，公式法変動予算により予算を設定して予定配賦をおこなっている。
b．月間の基準操業度（直接作業時間）は6,200時間である。
c．月間の製造間接費予算額は，変動費率 ¥250　固定費予算額 ¥1,240,000である。
d．当月の製造間接費の実際発生額は ¥2,754,000であった。

取　　引
1月　8日　B製品（製造指図書#2）の注文を受け，素材600個を消費して製造を開始した。
10日　素材および工場消耗品を次のとおり買い入れ，代金は掛けとした。
素　　材　1,300個　@¥3,180　¥4,134,000
工場消耗品　2,150〃　〃〃　120　¥　258,000
17日　C製品（製造指図書#3）の注文を受け，素材500個を消費して製造を開始した。
25日　賃金を次のとおり小切手を振り出して支払った。
賃 金 総 額　¥8,528,000
うち，控除額　所 得 税　¥654,000　健康保険料　¥351,000
31日 ① 工場消耗品の月末棚卸数量は200個であった。よって，消費高を計上した。（間接材料）
② 当月の賃金実際消費高を次の作業時間によって計上した。ただし，当月の実際平均賃率は作業時間1時間あたり ¥1,300であった。
製造指図書#1　2,460時間　製造指図書#2　2,120時間
製造指図書#3　1,520時間　間 接 作 業　450時間
③ 直接作業時間によって，製造間接費を予定配賦した。
④ 健康保険料の事業主負担分 ¥351,000を計上した。
⑤ 当月の製造経費消費高を計上した。
電 力 料　¥680,500　保 険 料　¥154,000
減価償却費　620,000　雑　　費　87,500
⑥ A製品（製造指図書#1）50個が完成した。
⑦ 製造間接費の予定配賦額と実際発生額との差額を，製造間接費配賦差異勘定に振り替えた。

4 下記の取引の仕訳を示しなさい。ただし，勘定科目は，次のなかからもっとも適当なものを使用すること。

製　　品	第1工程半製品	素　　材	買 入 部 品
建物減価償却累計額	売 上 原 価	棚卸減耗損 （棚卸減耗費）	減価償却費
仕 掛 品 （製　造）	第1工程仕掛品 （第1工程製造）	第2工程仕掛品 （第2工程製造）	第1製造部門費
第2製造部門費	動力部門費	工場事務部門費	賃 率 差 異
本　　社	工　　場		

a．個別原価計算を採用している京都製作所の1月末における素材の実地棚卸数量は280kgであった。よって，次の素材に関する1月の資料にもとづいて，素材勘定の残高を修正した。なお，消費単価の計算は総平均法によっている。

1月　1日　前月繰越　400kg　1kgにつき ¥2,650　¥1,060,000
10日　受　入　1,200kg　1kgにつき ¥2,680　¥3,216,000
12日　払　出　1,000kg
20日　受　入　1,400kg　1kgにつき ¥2,710　¥3,794,000
24日　払　出　1,700kg

b．大阪工業製作所は，会計期末にあたり，賃率差異勘定の残高を売上原価勘定に振り替えた。なお，賃率差異勘定の前月繰越高は ¥39,000（貸方）であり，当月の賃金の予定消費高 ¥732,000と実際消費高 ¥780,000との差額は，賃率差異勘定に振り替えられている。

c．個別原価計算を採用している和歌山工業株式会社では，補助部門費を次の配賦基準によって，各製造部門に配賦した。ただし，部門費配分表に集計された補助部門費の金額は，動力部門費 ¥609,000 工場事務部門費 ¥228,000であった。

	配賦基準	第1製造部門	第2製造部門
動力部門費	kW数×運転時間数	70kW×400時間	45kW×280時間
工場事務部門費	従　業　員　数	12人	7人

d．工程別総合原価計算を採用している兵庫電器工業所は，月末に工程別総合原価計算表を次のとおり作成し，各工程の完成品原価の計上とともに第1工程の半製品を第2工程（最終工程）へ振り替えた。ただし，各工程の完成品はすべていったん倉庫に保管しており，第1工程の完成品原価をすべて第1工程半製品勘定に振り替えている。

工程別総合原価計算表（一部）
令和○年1月分

摘　　要	第1工程	第2工程
工程個別費　素 材 費	976,000	──
前工程費	──	2,529,000
〜〜〜	〜〜〜	〜〜〜
工 程 完 成 品 原 価	2,810,000	4,512,000
工 程 完 成 品 数 量	2,000個	1,600個
工　程　単　価	¥　1,405	¥　2,820

e．工場会計が独立している奈良工業株式会社の本社は，決算にさいし，建物の減価償却費 ¥2,293,000を計上した。ただし，このうち ¥1,680,000は工場の建物に対するものであり，建物減価償却累計額勘定は，本社のみに設けてある。（本社の仕訳）

公益財団法人 全国商業高等学校協会主催・文部科学省後援

第97回　簿記実務検定　1級　原価計算〔解答用紙〕

1

(1)

ア	イ

(2)

ア	¥	イ	¥
ウ	¥		

(3)

¥

(4)

¥

(5)

a	¥	b	¥
c	¥		

(6)

ア	円	イ	個
ウ	円		

1 得点		2 得点		3 得点		4 得点		総得点	

年	組	番	氏名

2

(1)

組別総合原価計算表

令和○年／月分

摘　　要		A　組	B　組
組直接費	素材費		
	加工費		
組間接費	加工費		
当月製造費用			
月初仕掛品原価	素材費	1,127,400	580,000
	加工費	564,000	456,000
計			
月末仕掛品原価	素材費		295,000
	加工費	690,000	
完成品原価			
完成品数量		個	個
製品単価		¥	¥

(2) ※A組仕掛品勘定はA組製造勘定を意味している。

A　組　仕　掛　品

前月繰越	1,691,400	(　　　)	(　　　)
素材	4,340,100	次月繰越	(　　　)
労務費	(　　　)		
経費	(　　　)		
(　　　)	(　　　)		
	(　　　)		(　　　)

2 得点	

3

(1)

	借　　方	貸　　方
1月17日		

(2) ※仕掛品勘定は製造勘定を意味している。

仕　　掛　　品

1/1 前月繰越	3,210,000	

製　造　間　接　費

(3) 製造指図書#1　　原　価　計　算　表

直接材料費	直接労務費	製造間接費	集計 摘要	集計 金額
2,184,000	756,000	270,000	直接材料費	
			直接労務費	
			製造間接費	
			製造原価	
			完成品数量	個
			製品単価	¥

製造指図書#2　　原　価　計　算　表

直接材料費	直接労務費	製造間接費	集計 摘要	集計 金額
			直接材料費	
			直接労務費	

(4) ¥

(5) ¥　　（借方・貸方）

※（借方・貸方）のいずれかを○で囲むこと

3 得点	

4

	借　　方	貸　　方
a		
b		
c		
d		
e		

4 得点	

第97回 1級原価計算 解答・解説

1 3点×12＝36点

(1)

ア	イ
3	2

③ ※2つとも合っている場合に正解とする。

(2)

ア	¥ 2,364,500 ③	イ	¥ 2,163,000 ③
ウ	¥ 5,168,000 ③		

(3)

¥ 1,840,000 ③

(4)

¥ 2,128 ③

(5)

a	¥ 12,408,000 ③	b	¥ 3,924,000 ③
c	¥ 75,000 ③		

(6)

ア	650,000 円 ③	イ	150 個 ③
ウ	100,000 円 ③		

2 4点×5＝20点

(1)

組別総合原価計算表
令和○年1月分

摘	要	A組	B組
組直接費	素材費	4,340,100	2,655,000
	加工費	5,064,000 ④	3,796,400
▶❷ 組間接費	加工費	594,000	396,000 ④
当月製造費用		9,998,100	6,847,400
月初仕掛品原価	素材費	1,127,400	580,000
	加工費	564,000	456,000
計		11,689,500	7,883,400
月末仕掛品原価	素材費	943,500 ④	295,000
	加工費	690,000	178,400
完成品原価		10,056,000	7,410,000
完成品数量		2,400個	2,000個
製品単価		¥ 4,190	¥ 3,705 ④

(2)

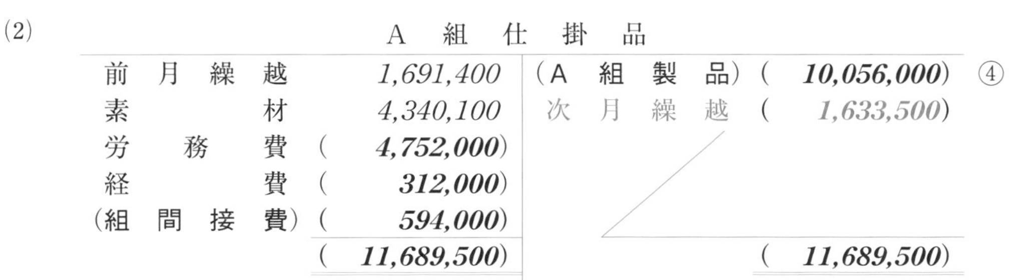

A組仕掛品

前月繰越	1,691,400	(A組製品)	(10,056,000) ④
素材	4,340,100	次月繰越	(1,633,500)
労務費	(4,752,000)		
経費	(312,000)		
(組間接費)	(594,000)		
	(11,689,500)		(11,689,500)

3 3点×8＝24点

(1)

	借方		貸方	
1月17日	仕掛品	*1,588,000*	素材	*1,588,000* ③

(2)

仕掛品

1/1	前月繰越	*3,210,000*	1/31	製品	*7,515,000*
8	素材	*1,890,000*	〃	次月繰越	*9,848,000*
17	素材	*1,588,000*			
31	賃金	*7,930,000*			
③ 〃	製造間接費	*2,745,000*			
		17,363,000			*17,363,000*

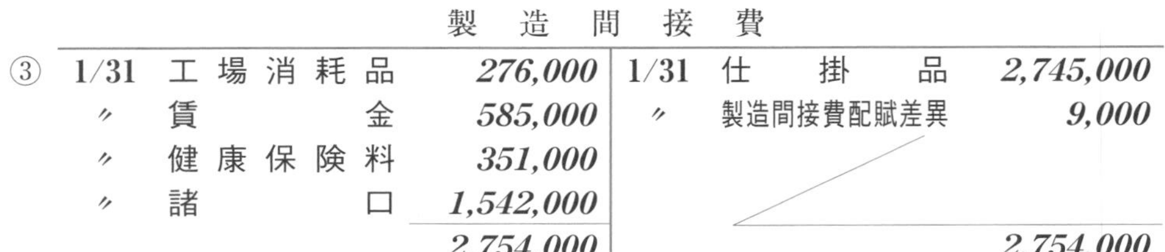

製造間接費

③ 1/31	工場消耗品	*276,000*	1/31	仕掛品	*2,745,000*
〃	賃金	*585,000*	〃	製造間接費配賦差異	*9,000*
〃	健康保険料	*351,000*			
〃	諸口	*1,542,000*			
		2,754,000			*2,754,000*

(3)

製造指図書＃1　　原価計算表

直接材料費	直接労務費	製造間接費	集計 摘要	金額
2,184,000	*756,000*	*270,000*	直接材料費	*2,184,000*
	③ *3,198,000*	*1,107,000*	直接労務費	*3,954,000*
	3,954,000	*1,377,000*	製造間接費	*1,377,000*
			製造原価	*7,515,000*
			完成品数量	50個
			製品単価	￥ *150,300* ③

製造指図書＃2　　原価計算表

直接材料費	直接労務費	製造間接費	集計 摘要	金額
③ *1,890,000*	*2,756,000*	*954,000*	直接材料費	
			直接労務費	

(4) ￥ *932,000* ③ ▶❾

(5) ￥ *11,000* （借方・(貸方)） ③ ▶❿

解説

●取引の仕訳を始める前に，注意すべき事項に赤線を引くとともに予定配賦率を計算しておこう！！

ii　素材の消費高の計算は移動平均法

iv　製造間接費の予定配賦率　￥*33,480,000* ÷ 74,400時間＝￥*450*

〔取引の仕訳〕

		借方		貸方	
▶❶	1月8日	仕掛品	*1,890,000*	素材	*1,890,000*
▶❷	10日	素材	*4,134,000*	買掛金	*4,392,000*
		工場消耗品	*258,000*		
▶❸	17日	仕掛品	*1,588,000*	素材	*1,588,000*

		借方		貸方	
25日		賃金	*8,528,000*	所得税預り金	*654,000*
				健康保険料預り金	*351,000*
				当座預金	*7,523,000*
▶❹	①	製造間接費	*276,000*	工場消耗品	*276,000*
▶❺	②	仕掛品	*7,930,000*	賃金	*8,515,000*
		製造間接費	*585,000*		
▶❻	③	仕掛品	*2,745,000*	製造間接費	*2,745,000*
	④	製造間接費	*351,000*	健康保険料	*351,000*
30日	⑤	製造間接費	*1,542,000*	電力料	*680,500*
				保険料	*154,000*
				減価償却費	*620,000*
				雑費	*87,500*
▶❼	⑥	製品	*7,515,000*	仕掛品	*7,515,000*
▶❽	⑦	製造間接費配賦差異	*9,000*	製造間接費	*9,000*

▶❶　素材の消費高は前月繰越高の@ *¥3,150* で計算し，仕掛品勘定への転記とともに製造指図書＃２の原価計算表に記入する。また，素材の在庫を200個に変更しておく。

▶❷　素材の消費高の計算は移動平均法なので，素材を仕入れた時点で平均単価を求める。

（*¥630,000* ＋ *¥4,134,000*）÷（200個＋1,300個）＝ *¥3,176*

▶❸　素材の消費高を移動平均法による単価 *¥3,176* で算出し，仕掛品勘定に転記する。

▶❹　工場消耗品の消費高の計算（棚卸計算法）

（350個＋2,150個－200個）×@ *¥120* ＝ *¥276,000*

▶❺　当月の作業時間に実際平均賃率 *¥1,300* を乗じて消費高を求め，賃金勘定から製造指図書＃１・２・３の金額合計を仕掛品勘定へ，間接作業の金額を製造間接費勘定へ振り替える。仕掛品勘定と製造間接費勘定へ転記するとともに，製造指図書＃１・２の賃金消費高を各原価計算表に記入する。

▶❻　②の直接作業時間に予定配賦率 *¥450* を乗じた金額を製造間接費勘定から仕掛品勘定に振り替える。各勘定へ転記するとともに，製造指図書＃１・２の製造間接費予定配賦額を原価計算表に記入する。

▶❼　製造指図書＃１の原価計算表を集計して完成品原価を求め，仕掛品勘定から製品勘定に振り替えるとともに，仕掛品勘定に転記する。

▶❽　答案用紙の製造間接費勘定の貸借の差額を製造間接費配賦差異勘定に振り替える。

▶❾　*¥8,528,000*（当月支払高）－ *¥945,000*（前月未払高）－ *¥8,515,000*（当月消費高）＝ － *¥932,000*

▶❿　実際発生額：*¥2,754,000*　＜　*¥2,765,000*（*¥1,240,000* ＋@ *¥250* × 6,100時間）

予算差異　*¥11,000*　固定費予算額＋変動費予定配賦額

公式法変動予算による差異分析を図解すると次のようになる。

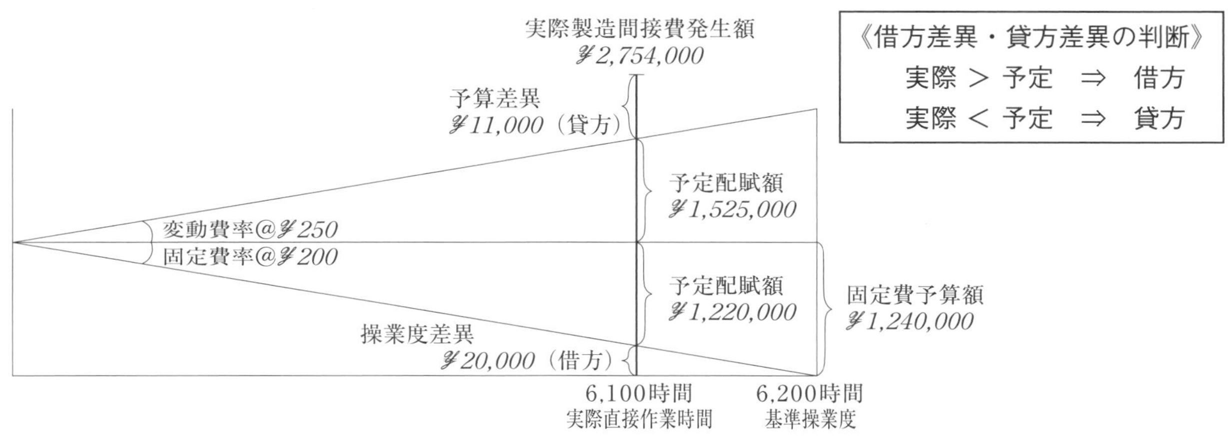

4

4点×5＝20点

	借方		貸方		
a	棚卸減耗損	***53,800***	素材	***53,800***	④
b	売上原価	***9,000***	賃率差異	***9,000***	④
c	第1製造部門費	***564,000***	動力部門費	***609,000***	④
	第2製造部門費	***273,000***	工場事務部門費	***228,000***	
d	第1工程半製品	***2,810,000***	第1工程仕掛品	***2,810,000***	④
	第2工程仕掛品	***2,529,000***	第1工程半製品	***2,529,000***	
	製品	***4,512,000***	第2工程仕掛品	***4,512,000***	
e	減価償却費	***613,000***	建物減価償却累計額	***2,293,000***	④
	工場	***1,680,000***			

解説

a.

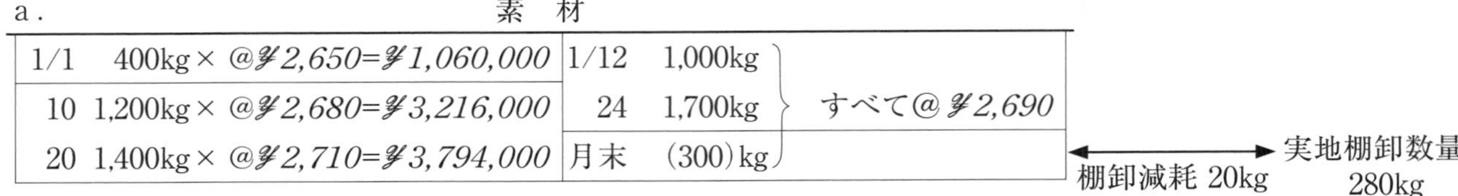

総平均法による単価

$$\frac{¥1,060,000 + ¥3,216,000 + ¥3,794,000}{400\text{kg} + 1,200\text{kg} + 1,400\text{kg}} = ¥2,690$$

棚卸減耗損　20kg×@¥2,690 = ¥53,800

b. 消費賃金勘定を用いている場合における勘定の流れを示すと次のとおりである。

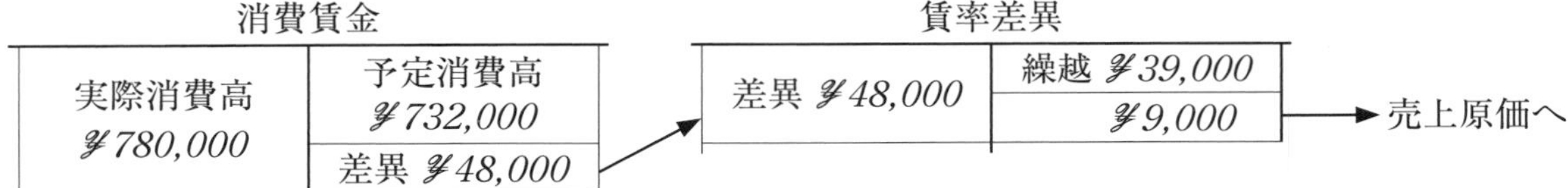

c. 補助部門費の製造部門への配賦額の計算を示すと次のようになる。

動力部門費

第1製造部門　$¥609,000 \times \frac{70\text{kW} \times 400\text{時間}}{70\text{kW} \times 400\text{時間} + 45\text{kW} \times 280\text{時間}} = ¥420,000$

第2製造部門　$¥609,000 \times \frac{45\text{kW} \times 280\text{時間}}{70\text{kW} \times 400\text{時間} + 45\text{kW} \times 280\text{時間}} = ¥189,000$

工場事務部門費

第1製造部門　$¥228,000 \times \frac{12\text{人}}{12\text{人} + 7\text{人}} = ¥144,000$

第2製造部門　$¥228,000 \times \frac{7\text{人}}{12\text{人} + 7\text{人}} = ¥\ 84,000$

d. 第1工程の完成品原価をすべて第1工程半製品勘定に振り替えているので，次のような流れとなる。

❶ 原価計算表の第1工程の工程完成品原価の金額

❷ 原価計算表の第2工程の前工程日の金額

❸ 原価計算表の第2工程の工程完成品原価の金額

e. 工場の仕訳（借）減価償却費　*1,680,000*　（貸）本　　社　*1,680,000*